© RUDYBALASKO - ISTOCKPHOTO.COM

DIRECTEURS DE COLLECTION ET AUTEURS
Dominique AUZIAS et Jean-Paul LABOURDETTE
AUTEURS
Charlène DIEF, Saliha HADJ-DJILANI, Martin FOUQUET, Frédéric HUGOT, Jean-Paul LABOURDETTE, Dominique AUZIAS et alter
DIRECTEUR EDITORIAL
Stéphan SZEREMETA
RÉDACTION MONDE
Laure CHATAIGNON, Morgane VESLIN, Pierre-Yves SOUCHET, Natalia COLLIER
RÉDACTION FRANCE
Briséis CREAC'H-MENUT, Audrey VEDOVOTTO, Marie VIGNERON, Nicolas WODARCZAK, Mélanie PEILLET
MAQUETTE ET MONTAGE
Romain AUDREN, Julie BORDES, Delphine PAGANO
ICONOGRAPHIE CARTOGRAPHIE
Anne DIOT, Julien DOUCET
DIRECTRICE DES VENTES
Bénédicte MOULET assistée d'Aissatou DIOP
RESPONSABLE DES VENTES
Jean-Pierre GHEZ assisté de Nelly BRION
RELATIONS PRESSE-PARTENARIATS
Jean-Mary MARCHAL
PRÉSIDENT
Jean-Paul LABOURDETTE
DIRECTRICE ADMINISTRATIVE ET FINANCIÈRE
Valérie DECOTTIGNIES
DIRECTRICE DES RESSOURCES HUMAINES
Dina BOURDEAU assistée de Sandra DOS REIS et Eva BAELEN
COMPTABILITÉ
Guillaume PETIT, Aminata BAGAYOKO, Jeannine DEMIRDJIAN et Adama DIABY
RECOUVREMENT
Fabien BONNAN assisté de Sandra BRIJLALL

CITY TRIP LISBONNE

LES NOUVELLES EDITIONS DE L'UNIVERSITE
18, rue des Volontaires - 75015 Paris.
✆ 01 53 69 70 00 - Fax 01 42 73 15 24
Internet : www.petitfute.com
SAS au capital de 1 000 000 € -
RC PARIS B 309 769 966
Couverture : Lisbonne
© RudyBalasko - iStockPhoto.com
Impression : IMPRIMERIE CHIRAT -
42540 Saint-Just-la-Pendue
Achevé d'imprimer : février 2023
Dépôt légal : 17/03/2023
ISBN : 9782305054834

Pour nous contacter par email, indiquez le nom de famille en minuscule suivi de @petitfute.com
Pour le courrier des lecteurs : info@petitfute.com

PEFC 10-31-1895

IMPRIMÉ EN FRANCE

BIENVENUE À LISBONNE !

Lisboa l'enjôleuse… Celui qui arpente les pavés de ses trottoirs pour la première fois fera sans doute le vœu d'y retourner. C'est que ce labyrinthe aux sept collines – et ses *miradouros*, comme autant de points d'observation – ne se laisse pas saisir au premier regard. Tant de façades garnies d'azulejos resplendissants et de jardins d'inspiration arabe à découvrir, tant d'échoppes et de restaurants où faire escale, de verres à siroter tranquillement sous le soleil lisboète, il y a ici un magnétisme dont on ne se soustrait pas.
Du Bairro Alto réputé pour ses nuits festives à la prestance antique et majestueuse du Jeronimo de Belém, des galeries d'art aux magasins tendance en passant par les salons de barbier d'un autre temps, Lisbonne combine comme nulle autre cité le charme de jadis et une créativité sans cesse en éveil. A la manière d'un immense village, jeunes et vieux partagent la même table, l'étudiant filant sur son skate, portable vissé à l'oreille, dans la rua Garrett, croise nonchalamment cette vieille femme au châle noir…
Où irez-vous ? Peu importe. C'est trop tard pour reculer. Le charme a opéré et c'est vraiment la destination idéale pour un long week-end. Longez le Tage (sans oublier de le traverser en ferry !), faites-vous une frayeur dans les tramways mythiques et découvrez une cité résolument secrète, colorée et cosmopolite. Comme écrivait en son temps Fernando Pessoa : « Aucun bouquet ne vaut pour moi, resplendissant sous le soleil, la gerbe de couleurs de Lisbonne. »

C'est en 2014 que Charlène s'installe à Lisbonne où elle va rester cinq ans. Depuis, elle y revient plusieurs fois dans l'année. A l'époque, son travail de guide lui permet de découvrir chaque recoin de la ville. Elle adore dénicher les bons plans et être au courant des derniers endroits à la mode où manger et boire un verre. Elle aime lire un livre dans le jardin de Principe Real, aller travailler dans un des coffee shops en vogue, sortir dans le quartier d'Intendente ou encore chiner à la Feira da Ladra. Son adresse du moment : Secret Garden Lx pour boire un verre au coucher du soleil.

OFFERT CE GUIDE AU FORMAT NUMÉRIQUE
Retrouvez cette offre en page 103

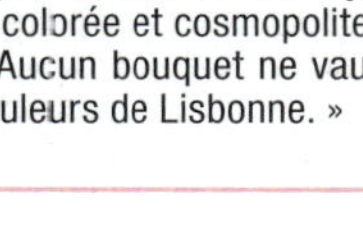

SOMMAIRE

Ils font partie du cœur de Lisbonne. Rossio et Baixa, la ville basse reconstruite après le tremblement de terre, sont un quadrillage de rues qui portent les noms de confrérie de métiers traditionnels ou ceux de saints. De nombreuses terrasses vous attendent pour y manger. Plus haut au Chiado, place au lèche-vitrine ! Plus à l'ouest, les petits bistrots et bars pullulent dans le Bairro Alto.

Trois quartiers populaires et pittoresques qui ne peuvent pas être exclus de votre séjour. Églises, musées, belvédères, les points d'intérêt ne manquent pas. Bistrots populaires, tables de qualité, pâtisseries excellentes : ces quartiers rappellent des petits villages. On s'y imprègne tout autant du Lisbonne typique que du Lisbonne historique. Et du fado à la techno alternative, il y a de quoi y passer la soirée.

119

AVENIDAS NOVAS ET LE NORD

Le Lisbonne moderne se déroule au nord de la vieille ville, au beau milieu de ces avenues nées au XIXe siècle. L'avenida da Liberdade, variante locale de nos Champs-Élysées, est l'axe principal de Lisbonne. Jadis, les familles aisées aimaient s'y promener, aujourd'hui quelques magasins et de nombreux hôtels de luxe l'animent.

À L'OUEST, DOCAS ET BELÉM

146

Deux quartiers un peu excentrés mais deux quartiers emblématiques. Le port de Belém voyait jadis partir les caravelles des découvreurs. C'est l'un des sites les plus visités de Lisbonne notamment pour son superbe monastère des Hiéronymites, classé au patrimoine mondial de l'Unesco. Autour du site sont disposés certains des plus beaux musées de la ville. Le soir, les Docas réaménagés en bars à thèmes et restaurants à la mode sont entièrement dédiés à la fête. On y descend en nombre au cœur de la nuit quand même le Bairro Alto abdique. Entre les deux, Alcântara, la ville qui monte avec son célèbre LX Factory.

ORIENTE

179

A l'est de la ville, l'Exposition universelle de 1998 a fait sortir de terre des bâtiments d'expositions colossaux, un grand centre commercial, un port de plaisance, une gare ultramoderne... Et le pont Vasco de Gama, viaduc autoroutier le plus long d'Europe, franchissant l'estuaire du Tage sur une largeur de 12,3 km en direction de l'Alentejo. Avant de vous rendre à Oriente, vous pourrez faire un arrêt à Marvila où se trouvent désormais quelques bars sympas, des restaurants branchés et la célèbre galerie Underdogs.

LES IMMANQUABLES

REPÈRES HISTORIQUES DE LA VILLE

Les Phéniciens s'installèrent sur ce site voilà quelque 3 000 ans, attirés par son port et la position stratégique de la colline de São Jorge. Ils nommèrent la ville Alis Ubbo, la « rade délicieuse ». Les Phéniciens furent suivis par les Grecs et les Carthaginois, également séduits par la position stratégique et commerciale de Lisbonne.

Les Romains, qui leur succédèrent en 205 av. J.-C., appelèrent la ville Olissipo. Elle devint la cité la plus importante de la Lusitanie. En 409, les Romains furent chassés par les Wisigoths, eux-mêmes expulsés par les Maures en 714. Ces derniers fortifièrent la ville, lui donnant le nom de Lissabona. A partir du Xe siècle, commença la Reconquista menée par les armées chrétiennes et, en 1147, les Maures furent définitivement boutés hors de Lisbonne par les troupes d'Alphonse Ier. En 1255, Alphonse III proclama Lisbonne capitale du pays. Lisbonne ne cessa pas ensuite de grandir en importance et en prospérité. Le XVe et le XVIe siècle marquèrent l'âge d'or de la capitale, que les grandes découvertes plaçaient au centre du commerce mondial. Les commerçants du monde entier y affluaient pour échanger l'or, les épices et les pierres précieuses. Au XVIIe siècle, l'or rapporté du Brésil permit de doter Lisbonne de nombreux palais.

Mais le 1er novembre 1755, à 9 h 30, un violent tremblement de terre, suivi d'un raz-de-marée et d'un énorme incendie, anéantit presque complètement la partie basse de la ville. L'intensité du séisme fut telle que ses ondes se propagèrent jusqu'en Ecosse. Près de 20 églises furent détruites pendant la messe de la Toussaint. 30 000 des 250 000 habitants périrent dans les décombres de la ville.

C'est au Premier ministre de João Ier, le marquis de Pombal, que l'on doit la reconstruction de la ville basse, selon un plan géométrique dans un style néoclassique qui caractérise la Baixa. Lisbonne perdit un nombre inestimable de monuments.

Lisbonne ne retrouvera plus alors la splendeur et le prestige qui avaient été les siens. En 1807, Napoléon envahit le territoire. En 1811, les troupes anglo-portugaises réussirent à repousser les armées de l'Empire, mais ces trois années de guerre laissèrent le pays ravagé. La famille royale s'exila au Brésil, tandis que le Portugal, déchiré par des luttes entre libéraux et conservateurs, connaissait un effondrement complet sur le plan économique et social.

En 1908, l'assassinat, à Lisbonne, du roi Carlos Ier et de son fils, fut suivi par une révolution populaire qui mit définitivement fin à plus de cinq siècles de monarchie. Les 16 premières années de la nouvelle République furent marquées par une grande instabilité politique : 45 gouvernements en moins de dix ans.

En 1926, le coup d'Etat militaire du général Gomes da Costa mit fin à la République. Appelé au poste de ministre des Finances, Salazar remettra de l'ordre dans l'économie portugaise et, à partir de 1932, devenu Premier ministre, s'arrogera tous les pouvoirs, et instituera l'Etat nouveau, caractérisé par un régime répressif et violent.

La révolution des Œillets, en 1974, mit fin à quatre décennies de dictature salazariste. La décolonisation qui s'ensuivra entraînera un afflux massif de réfugiés des anciennes colonies africaines à Lisbonne, qui ne disposait ni des structures ni des logements nécessaires pour les accueillir.

Les années 1980 et 1990 marqueront un certain renouveau. En 1986, l'entrée du Portugal dans le Marché commun entraînera stabilité sociale et économique.

En 1994, Lisbonne est déclarée ville européenne de la Culture et, en 1998, elle accueille l'Exposition universelle : pour la première fois depuis des années les Lisboètes se sont persuadés qu'ils pouvaient réaliser quelque chose de grand !

Après une intégration européenne relativement réussie et le passage à l'euro en février 2002, le Portugal et Lisbonne ont accueilli l'Euro 2004 de football, qui a, à nouveau, attiré tous les regards sur la capitale et le pays l'espace de quelques semaines.

Aujourd'hui, le Portugal doit encore faire face à de nombreux défis et surtout stabiliser son économie. Avec la crise de 2010, de nouvelles mesures impopulaires (baisse des salaires des fonctionnaires, augmentation de la TVA...) se multiplient pour renflouer les caisses de l'Etat. Fin 2011, l'application du plan d'austérité de la Troïka (FMI, UE, Fonds monétaire européen) se poursuit avec l'entrée en vigueur de nombreuses mesures très impopulaires. Un remaniement ministériel a lieu en décembre 2013, provoquant la démission notamment de Vítor Gaspar, figure de proue du plan d'austérité.

Malgré ces changements, les citoyens n'en démordent pas et le début de l'année 2014 est marqué par un nombre croissant de manifestations de fonctionnaires. Finalement, lors des élections législatives du 4 octobre 2015, la droite gagne mais perd la majorité absolue et aucun des quatre principaux candidats ne veut vraiment reconnaître sa défaite, car ils espèrent tous participer au futur gouvernement. Ceci fragilise le pays, qui se remet à peine de la crise et du plan d'austérité décidé en 2011 (en échange d'une aide de 78 milliards d'euros de l'Union européenne et du FMI). Pourtant, Coelho est tout de même reconduit comme Premier ministre fin octobre... Mais fin novembre 2015 c'est finalement Antonio Costa, ancien maire de Lisbonne et Chef du Parti socialiste qui est nommé Premier ministre à sa place grâce à un accord historique conclu entre le PS et les différents partis de gauche radicale (qui avaient obtenu 18,5% des voix aux élections législatives). Ce 21e gouvernement est le premier gouvernement du pays à s'appuyer sur une union des partis de gauche.

Cependant, Antonio Costa s'est engagé à respecter le cadre budgétaire européen en nommant deux modérés aux postes économiques. Le 24 janvier 2016, Marcelo Robelo de Sousa (provenant du PSD) est élu président de la république dès le premier tour. Alors que l'opposition, les milieux économiques – y compris internationaux – et de nombreux commentateurs ne donnaient pas plus de quelques semaines d'espérance de vie à ce gouvernement soutenu par une majorité parlementaire considérée par eux comme d'extrême gauche, un an plus tard, Antonio Costa est toujours aux commandes. Sa volonté de mettre un terme aux politiques d'austérité menées par les gouvernements précédents qui est étroitement surveillée – et parfois critiquée par la Commission européenne – est plutôt bien reçue par la population, avec l'aval souvent tacite du président de la république, soucieux de maintenir la stabilité gouvernementale. Les élections législatives de 2019 maintiennent la gauche au pouvoir. Les nouvelles élections présidentielles ont lieu en plein Covid-19 et période de confinement en 2021. Très peu de participation, seulement 39,3%. Les Portugais ne sont plus convaincus par leur gouvernement, cependant c'est le président sortant qui est réélu. Le 4 novembre 2021, le budget 2022 du gouvernement est rejeté par l'Assemblée nationale et le PS perd l'appui du PCP et du BE. Le Parlement est dissout et il faut faire des élections législatives anticipées. Le PS remporte ces élections avec une majorité absolue.

Padrão dos Descobrimentos.

POINTS D'INTÉRÊT

BELÉM

Belém, dont le nom est une contraction de Bethléem, occupe la partie occidentale de Lisbonne qui s'étend au bord du Tage. Le quartier s'enorgueillit de deux monuments parmi les plus importants de la capitale : la tour de Belém et le monastère des Hiéronymites. Absolument incontournables, vous ne pourrez pas y rester insensible.

Le monastère des Hiéronymites (Mosteiro dos Jerónimos). Le monument manuélin le plus imposant, le plus remarquable architecturalement, enveloppé d'une belle lumière qui souligne sa blancheur. Il fut bâti sur l'emplacement d'une chapelle conçue sous Henri le Navigateur. Sa construction commença en 1502 et la réalisation de cet ensemble (classé au patrimoine mondial de l'Unesco) – église, cloître et couvent – financée par l'or et les épices des colonies, dura 100 ans. Au XIXe siècle, on lui rajouta la grande aile ouest (abritant aujourd'hui le musée archéologique), qui plagie laborieusement le style de l'édifice principal. Les portails sont admirables, truffés de scènes à lire : ici les statues du roi Manuel et de sa femme, là, la statue d'Henri le Navigateur, ou encore des bas-reliefs narrant la vie de saint Jérôme. Le portail sud abonde en détails typiquement manuélins : poissons, cordages, coraux... et la croix de l'ordre du Christ qui rappelle que les expéditions maritimes furent largement financées par cet ordre. L'église elle-même a trois nefs d'une belle envolée (elle atteint 20 m de haut), les voûtes reposant sur de frêles piliers ornés. La lumière est proprement mystique, logique : l'église abrite les tombes de Vasco de Gama et de Luis de Camões. Dans le chœur, les sarcophages portés par des éléphants stylisés sont ceux de Manuel Ier, de Joaõ III et de leurs épouses. Le réfectoire est intéressant avec ses azulejos et sa voûte surbaissée. De l'église, on accède au chef-d'œuvre de l'architecture manuéline : le cloître. Un jour de soleil vous révélera sa parfaite harmonie et ses teintes crème. Règne absolu de la pierre sculptée : pas une colonne, un chapiteau, un pilier, une arche qui ne soit prétexte à motifs, entrelacs, variations sur le feuillage ornemental, la symbolique des cercles, ponctués de gargouilles différentes. Profusion et luxuriance de la nature, ordonnée en symétrie puisque – loi de l'harmonie – elle domine. (On notera, à propos de symétrie, un endroit de l'église marqué d'un carreau noir, où le Christ à l'étage coupe la rosace exactement en son milieu.) La petite fontaine, placée dans un pan du cloître, était auparavant au centre. Elle représente un lion dompté, agenouillé sur un prie-Dieu...

La tour de Belém. En venant à pied du monastère, on accède aux quais menant à ce joyau en traversant la voie ferrée et la voie rapide par les souterrains ou les passerelles. Que dire de ce symbole magnifique de Lisbonne ? Que dire de l'élégance manuéline de sa construction (de 1515 à 1521), un mélange de Renaissance et d'exotisme incluant des souvenirs de la Koutoubia de Marrakech ! Rappeler qu'autrefois cette délicate sentinelle se dressait au milieu du Tage ! La Tour avait pour but de défendre l'accès au port et servait aussi de résidence au capitaine du port. Tremblement de terre déplaçant le lit du Tage et terrassements successifs ont fait qu'elle n'est plus au milieu du fleuve, mais à quelques mètres du rivage. A visiter pour vérifier que le monument est vraiment à la hauteur de son symbole.

Le MAAT. Le Museu de Arte, Arquitectura e tecnologia a ouvert ses portes le 5 octobre 2016. Ce nouveau musée sur l'art, l'architecture et la technologie propose une alternative culturelle à la ville de Lisbonne et ses habitants. Son bâtiment moderne, au bord du fleuve, à côté de la centrale Tejo, a été conçu par le cabinet d'architectes Amanda Levete Architects, un projet innovant et impressionnant, qui relie les deux édifices d'époques différentes. Le MAAT présente des expositions d'art contemporain autour des grands thèmes et des tendances d'actualité.

MAAT.

Museu coleção Berardo. Ce musée d'art moderne et contemporain de la collection Berardo vit au rythme d'expositions temporaires et d'animations multiples. Il présente une collection permanente et des fonds comportant plus de 862 pièces (art abstrait, surréalisme, pop art...), dont une partie venant de la collection privée du richissime Joe Berardo. La visite (en version guidée) de cette moderne caverne d'Ali Baba est plus que conseillée.

MAAT ★★

Av. Brasília
Central Tejo
Belém
✆ +351 210 028 130
www.maat.pt
maat@edp.pt
Tram n° 15. Bus n° 714, 727, 728, 729 et 751. Train de Cais do Sodré, ligne de Cascais : arrêt Belém. Ferry : arrêt Belém.
Ouvert de 11h à 19h, fermé le mardi. Entrée couplée MAAT + centrale 9 €.

MUSEU COLEÇÃO BERARDO ★★★

Centro Cultural de Belém
Praça do Império
Belém
✆ +351 213 612 878
www.museuberardo.com
museuberardo@museuberardo.pt

Museu Coleção Berardo.

Tram n° 15. Bus n° 714, 727, 728, 729 et 751. Train de Cais do Sodré, ligne de Cascais : arrêt Belém. Ferry : arrêt Belém.
Ouvert tous les jours de 10h à 19h. Entrée 5 €, 2,50 € tarif réduit. Gratuit pour les moins de 6 ans.

TORRE DE BELÉM ★★★

Avenida da India
Praça do Torre São Vicente de Belém
Belém
✆ +351 213 620 034
www.torrebelem.gov.pt
mjeronimos@igespar.pt
Tram n° 15. Bus n° 727, 728, 729, 714 et 751. Train de Cais do Sodré, ligne de Cascais : arrêt Belém. Ferry : arrêt Belém.
Ouvert d'octobre à avril de 10h à 17h30 et de mai à septembre de 10h à 18h30, fermé le lundi. Entrée : 6 €.

FUNDAÇÃO MUSEU CALOUSTE GULBENKIAN

Entouré d'un parc très agréable où les locaux aiment venir le week-end, le musée de la fondation Calouste Gulbenkian propose un parcours inspiré, et ô combien riche de l'histoire de l'art depuis sa création en 1969 ! C'est somptueux ! Toutes les pièces présentées, environ un cinquième (seulement) de la collection, sont en très bon état de conservation.

La visite débute par une salle égyptienne (de 2700 av. J.-C. jusqu'à l'époque romaine) : quelques sculptures, masques, objets soigneusement choisis et exposés procurent aussitôt le plaisir de retrouver l'art hiératique et symbolique de la statuaire égyptienne fixant l'éternité. Un très beau

© JOHN FRECHET – ICONOTEC

La tour de Belém avait pour but de défendre l'accès au port de Lisbonne.

masque de momie, l'emblématique barque solaire de Djedher (en bronze), une statue du Juge Bes sont particulièrement remarquables.

Quelques pièces grecques et romaines ensuite, dont des médaillons exécutés avec minutie, un superbe vase grec aux motifs de satyres, suivi d'un bas-relief assyrien datant de 884 avant J.-C. Dessus, vous pourrez voir un personnage représenté de profil – ce qui accentue son caractère majestueux – indiquant de la main la direction du Levant

Les salles suivantes présentent une très riche collection d'art islamique de Perse, de Syrie, de Turquie : vases, tapis, manuscrits enluminés, azulejos. Un témoignage de la prédilection de Calouste Gulbenkian pour les objets du Proche et Moyen-Orient, évident attachement du collectionneur éclairé à ses racines arméniennes.

LES IMMANQUABLES

Pour continuer dans le dépaysement, une autre collection, qui vous fera voyager encore plus loin avec de la porcelaine chinoise – de la dynastie Qing. Ravissante et résistant aux époques avec sa parfaite conservation.

Vous débouchez ensuite sur la partie du musée concernant l'art de l'Occident. Les livres manuscrits sont magnifiques : livres d'heures, illustrations de l'Apocalypse venant d'Angleterre, et autres ouvrages d'exception.

La section peinture est lancée par deux portraits de Van der Weyden (XVe siècle), dont un *Saint José*, sommet de la technique de ce maître : transparence et épaisseur des matières, finesse du détail. Parmi d'autres œuvres majeures, citons un *Portrait de jeune femme* de Ghirlandaio, et une *Adoration de l'Enfant et donateurs* de Carpaccio d'une composition remarquable : l'enfant qui vient de naître est, en proportion de la toile, de très petite taille, mais le regard se concentre sur lui grâce à la structure en V qui s'ouvre sur la mer et sur l'arrivée des Rois Mages.

Un Rubens (*Centaures*) emporté par le mouvement de la vie, avec le débordement de la chair et du désir qui s'empare de ces créatures mythologiques.

En face, deux portraits de Rembrandt, dont un *Pallas Athéna*... Suit une série de peintures françaises d'un intérêt très relatif (si ce n'est de montrer la vanité de l'aristocratie décadente ou du sentiment bourgeois). Un bel espace est réservé à Francesco Guardi. Une vingtaine de peintures nous proposent différents aspects de la cité vénitienne. Dans la salle anglaise, un très grand portrait de Gainsborough d'un préromantisme délicat (*Portrait de Madame Lowndes-Stone*) et deux Turner. Plus encore que le *Naufrage*, en grand format, *L'Embouchure de la Seine à Quillebeuf* porte la puissance et l'innovation du peintre : certains « nuages » sont de la peinture déposée à même la toile, sans autre travail. L'effet de mouvement et de lumière tourmentée n'en prend que plus de réalité dans cette tentative de saisir la violence et la beauté des éléments déchaînés. Pour finir, une collection d'impressionnistes, dont des œuvres de Degas et de Monet, travaillées avec un sentiment d'urgence et une vitesse d'exécution visible...

Mais ceci n'est qu'un petit résumé de la visite, il y a aussi des œuvres de Renoir ou Fragonard, des velours italiens, du mobilier français de style ayant appartenu à l'illustre mécène... Vous ne risquerez pas non plus de manquer les deux chefs-d'œuvre de Manet, *L'Enfant aux cerises* et *Les Bulles de savon*, ni l'étrange petite toile de Degas, *Portrait d'Henri Michel-Lévy*. C'est plus une collection exhaustive qu'un musée à proprement parler, et l'ensemble est à couper le souffle !

Sans parler de la cerise sur le gâteau, en l'occurrence la dernière section, tout à fait à part et considérée comme unique au monde, abritant des objets précieux d'une finesse exquise signés René Lalique, artiste de l'Art nouveau et ami fidèle de Calouste Gulbenkian.

Et puis, pour les férus d'art moderne, il suffit de traverser le jardin pour accéder à la collection moderne, probablement la meilleure collection d'art portugais contemporain (peintures, sculptures de 1910 à nos jours : précurseurs, abstraits, pop art ou minimaliste), mais aussi à des expositions temporaires toujours très intéressantes ! Et puis, son

© EXPOSE – SHUTTERSTOCK.COM

Fundação Museu Calouste Gulbenkian.

excellente et très économique cafétéria permet de se restaurer de belle façon au milieu des jardins.

FUNDAÇÃO MUSEU CALOUSTE GULBENKIAN ★★★
45 Avenida de Berna
Praça de Espanha
✆ +351 217 823 000
www.gulbenkian.pt/museu/
Métro : São Sebastião ou Praça de Espanha.
Ouvert de 10h à 18h (fermé le mardi). Calouste Gulbenkian Museum (Founder's Collection + Modern Collection) : 10 €. Calouste Gulbenkian Museum + Founder's Collection visite guidée : 12 € (visite en anglais lundi et dimanche à 11h sans réservation). Expositions temporaires seules : prix variable, autour de 5 €. Réduction de -20 % avec la Lisboa Card. Gratuit les dimanches après 14h.

LE FADO

« Le *fado* C'EST Lisbonne », ses quartiers anciens et étriqués, ses atmosphères mélancoliques et ses gens. Passé, présent, futur s'entremêlent jusqu'au trouble qui touche l'âme émotive de chaque Lisboète. *Lisboa é fado* ! S'échappant de portes entrebâillées de restaurants, de fenêtres ouvertes d'immeubles modestes ou de taxis lancés à travers les rues : à Lisbonne, le *fado* est partout ! Et, rarement un genre musical aussi vivant et développé n'a été autant associé à une ville.

Plus qu'un chant, c'est une forte et délicate plainte interrogeant un destin contre lequel on ne peut rien, le terme *fado*, vient d'ailleurs du latin *fatum* (inéluctable destin). Les origines du *fado* prêtent encore à fâcherie, et personne ne connaît parfaitement sa provenance exacte. Pour certains, le *fado* découlerait de chants maures ou de ritournelles de troubadours du Moyen Age, pour d'autres, il aurait vu le jour, au XVIIe siècle, dans des bars de marins, à l'époque des grandes découvertes. Au commencement, il ne serait qu'un chant imprégné d'aventures et d'amours ainsi que de la douleur de ceux qui restent à quai, sans certitude de retour de leurs êtres chers.

Sans doute, aussi, un petit mélange de chansons populaires de ports – tristes et sentimentales, dans une ville où les marins ont parcouru le monde entier – et de l'évolution locale de complaintes gitanes sous influences afro-brésiliennes... Adapté au XIXe siècle par les aristocrates romantiques, avec les mots de grands poètes et écrivains, pour exprimer les sentiments amoureux, le *fado* s'attache au mot *saudade*, si difficilement traduisible, sorte d'état d'âme saturé de nostalgie aigre-douce. L'amour imparfait, les problèmes du quotidien, la difficulté à exister et les disgrâces de la vie, la jalousie, le chagrin, l'exil, la mort, les disparus mais aussi la ville... sont aujourd'hui encore les thèmes récurrents de cette poésie âpre et implorante. *O fadista* (chanteur ou chanteuse soliste, à la différence de Coimbra où seuls les hommes sont autorisés à chanter), habillé de noir, s'accompagne, en général, de deux guitaristes. L'un joue de la *viola* (guitare espagnole classique), l'autre de la *guitarra* (guitare à douze cordes, en forme de poire et au son métallique), typiquement portugaise. Après une figure historique comme Maria Severa (bohémienne courtisane, marraine du *fado* actuel, assassinée à 26 ans en 1846) et avant les nouveaux talents stylés comme Ana Moura, Anabela Duarte, Cristina Branco, Katia Guerreiro, Camané, Mísia, Mafalda Arnauth ou l'immense Mariza, entre nombreux autres, le *fado* contemporain a eu sa diva, Amália Rodrigues (1920-1999), sa figure emblématique durant plus de 60 ans. Originaire du quartier d'Alcântara, cette grande dame adulée, l'équivalent d'une Oum Kalthoum ou d'une Piaf, a fait connaître le *fado* au-delà des frontières.

Lors de votre séjour, il vous sera parfois difficile de rencontrer l'authenticité du *fado*, noyée dans certains cabarets touristiques du Bairro Alto ou de l'Alfama vendant le repas spectacle. Après avoir visité le musée du Fado et épluché les programmes des théâtres accueillant des artistes *fado* confirmés, optez aussi pour de petites *tascas* (tavernes) cachées où vibre, sans trop d'artifice marchand, le *fado vadio* (un *fado* amateur, pochtron et vagabond, chanté gracieusement avec ferveur, foi et passion). Quand le silence religieux s'installe, des protagonistes pittoresques et spontanés, bien marqués par la vie, ses joies et ses peines, déclament figés ou presque, yeux fermés, comme dans tous les chants hantés venant des tripes (flamenco, tango...). Emouvant !

TRAMWAYS & FUNICULAIRES

A eux seuls, les tramways (*eléctricos*) et les funiculaires (*ascensores*), tous de couleur jaune vif, plus un ascenseur (*elevador*) participent à une bonne part de l'envoûtement qu'exerce Lisbonne sur le visiteur ou sur l'habitant. Tirés par des chevaux, les premiers tramways commencent à circuler dans la ville à partir de 1873. Subsistent de cette époque pionnière, cinq lignes assurées par 57 véhicules sur une extension de 48 km. En plus d'améliorer la circulation, les trams vous aideront à visiter de façon folklorique et sympathique une bonne partie de la ville, les quartiers anciens (Alfama, Graça, Bairro Alto...) et le long du Tage, jusqu'à Belém. Le parcours de ces tramways, aux intérieurs tout en bois vernis et aux chromes scintillants, est souvent un enchaînement de glissades entremêlées de crissements stridents, de coups de frein brutaux

et de pauses aléatoires. Ponctués de coups de sonnette, des agissements de pickpockets agiles, de petits ou grands s'accrochant aux véhicules ou des commentaires impétueux des chauffeurs ou de certains habitués, les trams poursuivent leur chemin vaille que vaille, pleins ou vides.
Alors que le n° 12 fait une boucle de la Praça da Figueira en traversant l'Alfama et la Mouraria, le n° 15, moins dérangé par les aléas de la circulation, donne un bon aperçu des *docas* et des bords du Tage en allant de la praça do Comércio à Algés, via Belém. Le n° 18 part de rua Alfândega pour se rendre au cimetière d'Ajuda, au-dessus de Belém. Le n° 25 effectue un parcours intéressant de la praça do Comércio au Campo de Ourique, en pénétrant dans Madragoa ou Lapa. Quant au n° 28, c'est sans aucun doute le plus pittoresque, à suivre de bout en bout, le coude à la fenêtre, pour comprendre vraiment Lisbonne et ses collines. De Martim Moniz à Campo de Ourique, le circuit passe à travers des lieux singuliers de la capitale : Graça, l'Alfama ou encore, le Chiado, le haut de Bica et Estrela. Pour les tranches horaires les plus longues, les trams fonctionnent de 5h à 2h, le service est plus réduit en fin de semaine et les jours fériés. Il existe aussi des trams touristiques partant de la Praça do Comércio. Appartenant à ce réseau historique de la Carris, trois funiculaires et l'ascenseur de Santa Justa contribuent à l'acheminement des usagers vers les hauteurs des collines. Inauguré en 1902, l'ascenseur de Santa Justa fut construit non par Eiffel mais par l'un de ses élèves, Raul Mesnier de Ponsard ; il permet de monter de la Baixa au Chiado et de profiter au sommet d'une vue panoramique. Les funiculaires, drôles de petits trams antiques à crémaillère, sont apparus à Lisbonne au début du siècle sur des pentes très raides. L'*ascensor* da Bica, datant de 1892, a connu différent fonctionnement (contrepoids hydraulique, vapeur, électricité). Plus âgé des *ascensores*, il relie Cais do Sodré à Bica. L'*ascensor* da Lavra marche depuis 1894 du Largo da Anunciada vers Campo de Sant' Ana sur une côte très escarpée. Presque en face, l'*ascensor* da Glória, inauguré en 1885, a connu l'éclairage nocturne à la bougie jusqu'au début du XXe siècle. C'est l'un des plus fréquentés en soirée pour relier la Praça dos Restauradores au Bairro Alto. Souvent victimes de graffitis, bien que classées monuments nationaux depuis 2002, ces intrépides mécaniques devraient être complétées, dans le futur, par de nouveaux funiculaires sur deux axes attendus partant de la Baixa vers Castelo et Chiado. Pour poursuivre l'enchantement, une visite au musée de la Carris à Alcântara est recommandée.

PLEINS FEUX SUR L'ASIE

Sur les docks, dans d'anciens entrepôts frigorifiques à poisson du port de Lisbonne, le récent musée de l'Orient (par *Orient* on entend « Asie » !), inauguré au printemps 2008, s'articule autour de deux collections superbement mises en valeur : la collection allusive à la présence portugaise en Asie (Japon, Timor, Chine, Macao…) et la collection *Kwok On*, dédiée aux arts performatifs de source populaire et aux grandes mythologies et religions. Sans oublier les expositions temporaires pertinentes. Devant une multitude de pièces splendides, vous jaugerez l'influence de l'art asiatique sur l'art occidental (et inversement)…

En route vers Belém, le musée du Centre scientifique et culturel de Macao, indispensable pendant au précédent, bien que plus ancien, devrait vous maintenir dans le rêve. Cette création, luxueuse et à la pointe de la technologie, permet de réaliser comment les deux mondes, occidental et asiatique, se sont rencontrés dans l'ancienne possession portugaise (rétrocédée à la Chine, fin 1999). Reconstitutions minutieuses et pièces d'art exceptionnelles (porcelaines, ivoires...) s'admirent sous un éclairage intimiste.

MUSEU DO CENTRO CIENTIFICO E CULTURAL DE MACAU ★

30 Rua da Junqueira
Santo Amaro
✆ +351 213 617 570
www.cccm.gov.pt/
museu@cccm.gov.pt
Bus n °714, 727, 732, 751 ou 756.
Tram n° 15.
Ouvert du mardi au dimanche de 10h à 17h. Entrée : 3 €. Réduit : 1,50 €. Visite guidée : 5 €/personne (minimum 5 personnes).

MUSEU DO ORIENTE ★

Doca de Alcântara Norte
Avenida Brasília, Alcântara Mar
✆ +351 213 585 200
www.museudooriente.pt
info@museudooriente.pt
Bus n° 712 (arrêt doca de Alcântara), 720, 728, 732, 738, 760 (arrêt Av. Infante Santo).
Trams n° 15E et 18E (arrêt Av. Infante Santo). Train : ligne Cascais (arrêt Alcântara Mar).
Du mardi au samedi de 10h à 18h (vendredi accès gratuit de 18h à 22h). Entrée : 6 €. Visite guidée (conseillée) 8 €.

TERRASSES ET KIOSQUES

Présentes dans toute la ville, aussi bien dans les vieux quartiers pittoresques que dans les zones récentes allant de la Torre de Belém à Oriente, au beau milieu d'espaces verts (parcs et jardins), parties prenantes de belvédères ou proches du Tage, en plus d'offrir de belles vues panoramiques sans trop de nuisances, ces terrasses (*esplanadas*) constitueront de petites haltes salutaires durant l'exploration de la capitale portugaise. A proximité de la ville travailleuse et animée, ces oasis permettent, de lire, rêver, converser, contempler ou simplement passer un moment de détente, quasiment toute l'année. Attenants, les petits kiosques buvettes (souvent de couleur vert bouteille, rouge ou blanc) vous apostrophent pour un petit déjeuner, un café, un rafraîchissement, un apéritif ou du grignotage (laissez-vous tenter par *le tosta mista* [croque-monsieur] !)... Parmi les immanquables, le kiosque du miradouro de Santa Catarina, pour ses couchers de soleil et l'atmosphère alternative, celui du Largo de Graça, avec ses perspectives plongeantes et un fond musical de qualité ou encore de celui de Príncipe Real, un bon point de rendez-vous, sans oublier les deux kiosques du miradouro São Pedro de Alcântara où l'ambiance plus calme est propice à la méditation. Certains kiosques, gérés par des équipes jeunes sur l'Avenida de Liberdade proposent, en fin de semaine, des concerts et soirées DJ plus que sympathiques.
Ne manquez pas non plus les terrasses des bars du bord du Tage ou encore les cafétérias de musées qui sont souvent logées dans des patios. Vous pouvez

également choisir une terrasse en *rooftop*, elles sont de plus en plus nombreuses dans la ville.

CASTELO SÃO JORGE

Du dédale de ses remparts, qui datent en partie des Wisigoths, il offre LE regard sur la ville et sur son symbole : le Tage, omniprésent.

Mais ce château, qui servit de résidence royale de Dom Dinis à Dom Manuel, est également un lieu de promenade délicieux : jardins, bassins où paressent quelques cygnes et paons. Ceux qui l'ont connu à l'époque où l'entrée était libre seront un peu nostalgiques cependant de l'ambiance passée réunissant touristes et autochtones…

Occupé par les Wisigoths au Ve siècle, fortifié par les Maures au IXe, le Castelo servit à plusieurs reprises de centre militaire, gouvernemental et administratif du Portugal. Résolu à reprendre Lisbonne alors occupée par les Maures, Afonso Henriques, qui avait déjà battu les Maures à Ourique, en 1139, assiégea le Castelo São Jorge, avec l'aide des croisés, en 1147. Les Maures résistèrent près de quatre mois, mais en octobre, les chrétiens réussirent finalement à pénétrer dans l'enceinte du château. Ils firent preuve, à cette occasion, d'une incroyable barbarie, violant les femmes et pillant tout sur leur passage… au nom du christianisme !

En 1940, Salazar ordonna la destruction de tous les ouvrages post-manuélins qui le composaient. Tel qu'il nous apparaît aujourd'hui, avec ses tours et ses remparts intégrant d'anciennes pierres récupérées, le Castelo est quasiment une œuvre de Salazar, terrifiant non ? Mais, le château a encore refait peau neuve très récemment avec des matériaux originels. Il accueille aujourd'hui une exposition permanente qui permet aux visiteurs de découvrir les objets trouvés sur le site archéologique. La Chambre Noire (Camera Obscura) permet quant à elle de voir Lisbonne d'une façon différente, grâce à un jeu de lentilles et de miroirs (visites guidées en portugais, anglais et espagnol, toutes les 20 minutes de 10h à 17h).

CASTELO SÃO JORGE ★★★
Largo do Chão da Feira
Castelo
✆ +351 218 800 620
www.castelodesaojorge.pt
info@castelodesaojorge.pt
Tram n° 12 et 28. Bus n° 737.
Ouvert de début mars à fin octobre tous les jours de 9h à 21h, de novembre à février jusqu'à 18h. Entrée : 10 € ; 5 € pour les 13-25 ans.

© STÉPHAN SZEREMETA

Sur les remparts de Castelo São Jorge.

CASA DO ALENTEJO

Implantée dans le palais d'Alverca, présumé de la fin du XVIIe siècle et réhabilité au XXe, la maison régionale de l'Alentejo s'avère un improbable assemblage de multiples architectures d'intérieur, plus ou moins bien conservées. Sur l'ancien site d'un abattoir, l'édifice eut différentes utilités, du lycée au casino en passant par le magasin d'objets d'art. Sa réappropriation artistique par l'architecte António Rodrigues da Silva Júnior, en 1917, entouré par des grands peintres et spécialistes en azulejos de l'époque en fit une petite merveille. Passée une façade assez discrète et une entrée ne laissant pas présager la beauté intérieure de ce palais des mille et une nuits, vous accéderez à un patio arabe avec arcades, azulejos et plantes vertes... Un vaste escalier en marbre mène ensuite à une succession de surprises. Un grand hall en bois avec du mobilier en cuir, une ancienne salle de bal, un salon de lecture, un fumoir, des cabinets de toilettes, quelques petites salles en boudoirs, une salle de jeux... Vous serez sidéré par les grands panneaux et les frises d'azulejos, les superbes fresques et les plafonds mauresques ainsi que par les fenêtres à vitraux, les éléments Art nouveau, les corniches en bois sculpté, les colonnes en plâtre peintes ou le mobilier de style arabe aux incrustations en nacre. Rococo, le plus grand salon consacré à Louis XVI jouit d'un foisonnement de miroirs et de motifs décoratifs distribués avec intelligence. Aujourd'hui restaurant de cuisine rustique, il est souvent pris d'assaut par les touristes.

Casa do Alentejo.

CASA DO ALENTEJO
58 Rua Portas de Santo Antão
Restauradores
✆ +351 213 405 140
https://casadoalentejo.pt/
Métro : Restauradores ou Rossio.
Taverne tous les jours de 12h à 22h30 ; restaurant : coupure entre 15h et 19h. A partir de 15 €.

BELVÉDÈRES OU MIRADOUROS

Sur ses hauteurs, Lisbonne dispose de nombreux lieux pour contempler sa beauté. De ces *miradouros*, debout, assis ou même allongés vous observerez, au loin, l'architecture variée, la vie des Lisboètes ou bien la mer de paille (le fleuve Tage). Chaussez vos baskets, vous pouvez aussi vous aider de quelques trajets en tramway, pour jauger la ville depuis le *miradouro* de Santa Luzia. Depuis sa corniche sous une tonnelle de vigne vierge, profitez d'une vue plongeante sur les toits de l'Alfama. A quelques mètres au-dessus, le Largo das Portas do Sol, est un vaste balcon proposant une vue encore plus spectaculaire ainsi qu'une esplanade terrasse pour un verre. A Graça, près de l'église du même nom, le *miradouro* de Graça, l'un des plus hauts belvédères vous placera le château à portée de main et vous permettra, attablés au kiosque, de détailler à loisir les collines du Chiado, les massifs du jardin botanique et même les lointains environs, au-delà des précipices formés par les grandes avenues. Certainement l'un des plus excentrés (avec celui de Penha França, un peu plus au nord), mais aussi l'un des plus captivants, le *miradouro* de Senhora do Monte avec ses pins parasols et sa vieille église, autorise la vue la plus ample et la plus lointaine. Parmi les acteurs principaux, le Tage et son mouvement incessant de bateaux et ferries ainsi que l'incroyable imbrication de quartiers multicolores de la ville. Enfin allez retrouver la jeunesse locale au *miradouro* de Santa Catarina.

MUSÉE NATIONAL DE L'AZULEJO

Hébergé dans le cloître et les annexes du couvent de Madre de Deus, bijou d'art manuélin et baroque, ce musée, au nord-est de la gare Santa Apolónia, présente l'histoire et les méthodes de fabrication de l'azulejo depuis le XVe siècle. L'art de l'azulejo, omniprésent dans l'ornement mural de Lisbonne s'exporta dans tout l'Empire portugais. Grâce à une bonne mise en valeur, vous découvrirez parmi les plus beaux modèles commentés ainsi qu'une explication de l'évolution des techniques. Là des thèmes animaliers, ici des azulejos indiens bénéficiant de teintes autres, ne pas manquer les azulejos hollandais évoquant déjà la narration propre à la bande dessinée. Vous prendrez, aussi, un malin plaisir à ramener au présent le clou du spectacle, un panneau géant de 23 m représentant une large vue panoramique de

© JOHN FRECHET – ICONOTEC

Intérieur de l'église Madre de Deus.

Lisbonne, avant le tremblement de terre de 1755. Captivant ! La visite se faufile entre cloîtres pleins de grâce, crypte occulte, chapelle notoire et fastueuse salle capitulaire. L'église de Madre de Deus dont l'entrée s'effectue par le musée, comporte, quant à elle, un superbe portail manuélin, des parquets en bois brésilien, des peintures croquant la vie de saint François et surtout une profusion de panneaux d'azulejos. Une boutique et une agréable cafétéria restaurant complètent les installations.

MUSEU NACIONAL DO AZULEJO ★★★

4 Rua de Madre Deus, Xabregas
✆ +351 218 100 340
geral@mnazulejo.dgpc.pt
Bus n° 718, 742 et 794.
Ouvert du mardi au dimanche de 10h à 13h et de 14h à 18h. Fermé le 1er janvier, le dimanche de Pâques, le 1er mai et le 25 décembre. Entrée : 5 €, 2,50 € pour les seniors, gratuit pour les enfants jusqu'à 12 ans. Gratuit avec la Lisboa Card.

MUSÉE NATIONAL D'ART ANCIEN

Etabli suite à l'exposition d'art ornemental de 1882 sur une base de biens enlevés aux couvents, après l'élimination des ordres religieux en 1833, ce musée d'Art ancien, est certainement l'un des musées les mieux garnis du pays. Bien loti dans le palais aux fenêtres vertes (XVIIe), ancien palais de Comtes d'Alvor, donnant son nom à la rue de caractère, le musée comporte trois étages : au premier, objet d'art (XVe-XVIIe) et peintures des grands artistes européens, au second, orfèvrerie religieuse et arts décoratifs orientaux et des ex-colonies portugaises et, au dernier étage, une rétrospective achevée de la peinture portugaise du Moyen Age au XIXe. Parmi les œuvres de références, entre autres, Zurbarán ou Van Dyck, il faudra s'attarder sur le *Saint-Jérôme* de Dürer, peint en 1521, à partir d'un modèle de 93 ans, les panneaux de l'adoration Saint-Vincent (XVe) de Nuno Gonçalves, polyptyque en l'honneur du saint patron du Portugal ou le triptyque de l'hallucinant Bosch : *La tentation de Saint-Antoine*. Alors que le sublime ostensoir de Belém fut réalisé avec l'or ramené par Vasco de Gama d'Afrique orientale (1503), de superbes paravents japonais (1593-1602), immortalisent l'arrivée des Portugais au Japon et les témoignages de la splendeur passée du pays sont légion. Après un petit tour dans la boutique du musée, très bien pourvue, baladez-vous à loisir dans le jardin oasis, évoqué par l'écrivain Antonio Tabucchi dans *Requiem*, il est purement merveilleux. Du belvédère, une vue splendide sur le port s'offre à vous !

MUSEU NACIONAL DE ARTE ANTIGA ★★★

Rua das Janelas Verdes, Lapa
✆ +351 213 912 800
www.museudearteantiga.pt/
mnarteantiga@imc-ip.pt
Bus : n° 727 et 760. Tram : n° 15 et 18. Train de Cais do Sodré, ligne de Cascais (arrêt Santos).
Ouvert du mardi au dimanche de 10h à 18h. Entrée : 6 €, 3 € en tarif réduit, gratuit jusqu'à 12 ans.

Museu Nacional de Arte Antiga.

© TOM PEPEIRA – ICONOTEC

Palácio Nacional de Queluz.

PALAIS NATIONAL DE QUELUZ

A une dizaine de kilomètres à l'ouest de Lisbonne, c'est un exemple harmonieux et parfait d'architecture rococo. Au XVIIIe siècle, ce pavillon de chasse fut profondément remodelé (de 1747 à 1786), et transformé en résidence d'été pour la famille royale. Mélange de baroque et de néoclassicisme, il conserve pourtant des dimensions humaines. C'est une ravissante pâtisserie rose et or qui symbolise un peu l'ultime éclat de l'âge d'or du Portugal et qui devint une sorte de tombeau de la famille royale lors du « protectorat » anglais, au début du XIXe siècle. La visite du château passe par une enfilade de pièces couvertes de miroirs et habillées de mobilier de style sur lesquelles plane le souvenir de la reine Maria Ire (1734-1816), promise de Louis XV, et qui sombra doucement dans la folie. Repousser les avances de l'Angleterre pour faire alliance avec la France quelques années avant la Révolution ne laisse pas indemne ! Sans compter que le raffinement qui prévalait pendant l'occupation de ce palais par la reine se doublait d'intrigues qui menacèrent notamment le marquis de Pombal, et que Junot s'installa à demeure lors de l'invasion napoléonienne en 1807 ! Vous visiterez les appartements, le salon de musique (pour ne pas affecter l'acoustique, les colonnes sont en bois peint imitant le marbre), la salle du Trône, la salle des Ambassadeurs (avec grand vase chinois et fresque au plafond), le boudoir de la reine et la chambre du roi.

PALÁCIO NACIONAL DE QUELUZ ★★

Largo do Palácio Nacional, Queluz
SINTRA
✆ +351 219 237 300
www parquesdesintra.pt
info@parquesdesintra.pt
Depuis Lisbonne (à partir de la gare de Rossio ou de Sete Rios) prenez le train direction Sintra pour descendre à la station Queluz-Belas et marchez environ 1 km en suivant le fléchage.
Ouvert de 9h à 17h30 (jardin jusqu'à 19h de mars à fin octobre). Entrée palais et jardin : 10 € et 8,50 € tarif réduit.

RESTAURANTS

On peut vivre longtemps au Portugal, surtout en été, de sardines et de poivrons grillés : c'est délicieux et, après tout, ce n'est pas un péché de ne pas tester en profondeur la gastronomie locale. Ce qui serait un péché c'est d'oublier qu'au Portugal on mange bien et assez bon marché dans des milliers de petits restaurants, que le poisson est frais et qu'il y a rarement des pièges dans un menu, à part les petits amuse-gueules à régler.
Les plus modestes restaurants sont des casas de pasto (des adresses simples et bon marché) et les tascas (tavernes), très nombreux à Lisbonne, ces petits bistrots sombres et simples ont un rôle social très important : les Lisboètes s'y retrouvent pour déjeuner, boire un bica (café) entre amis et discuter, pendant des heures, sur le temps qui passe ou sur le dernier match du Benfica ou du Sporting.
Dans les catégories supérieures, vous pourrez vous rendre dans les cervejarias (brasseries), marisqueiras (pour le poisson et fruits de mer) ou churrasqueiras (spécialisées en viandes grillées) et puis aussi dans des grands restaurants. Les portions servies étant souvent pantagruéliques, demandez une meia dose (demi-portion) par personne, c'est amplement suffisant. Le menu (lista ou menu) n'est pas systématiquement proposé car on mange plus souvent à la carte (ementa) au Portugal. Efficace : si vous êtes du genre curieux, demandez : o prato do dia (le plat du jour) ; il présente le double avantage d'être servi rapidement et, bien sûr, d'être frais. Ne vous y trompez pas, les entrées (ace-

PASTELARIAS, CONFEITARIAS ET CAFÉS COM HISTÓRIA

Londres possède ses pubs, Paris est fière de ses cafés, Madrid de ses bars à tapas, Lisbonne, elle, détient ses formidables *pastelarias*. Des pâtisseries où l'on s'installe à toute heure, seul ou entre collègues de bureau en papotant, ou bien avec les gamins, pour commander : café, thé, jus de fruit frais, grignotage au comptoir (*balcão*), un déjeuner, une mousse... Quelque part entre le salon de thé et le café à l'italienne, c'est le cœur battant de la vie lisboète.

Plus ou moins kitsch ou rococo, avec un décor convivial ou un peu basique, avec parfois une longue histoire jalonnée d'illustres clients, elles sont pourtant toujours accueillantes. La mention *fabrico proprio* indique que tout est fait maison, vous y dégustez alors les meilleures pâtisseries : *pastéis de nata* (tartelettes à la crème), *queijadas* (gâteau au fromage), *bolos* (gâteaux) divers et variés... Si la caisse indique la mention *prepagamento*, vous passerez commande et payerez avant d'être servi. Pour vous imprégner du Lisbonne d'autrefois, allez faire un tour à la Brasileira au Chiado ou à la Confeitaria Nacional.

pipes) disposées sur la table (fromage, charcuterie, pâte à tartiner, beignets, olives) sont payantes !
Si autrefois il n'était pas très facile de trouver de la cuisine d'ailleurs à Lisbonne et d'avoir dans son assiette autre chose que de la viande et du poisson grillé, sachez que ce temps est bel et bien révolu. Depuis une dizaine d'années, de nombreux restaurants ont ouvert dans tous les quartiers de la ville, offrant le meilleur de chaque pays. Lisbonne est devenue une capitale de la bistronomie, des bars à vin et des restaurants de tapas revisitées. Vous trouverez une offre large de restaurants proposant une cuisine portugaise moderne et revisitée, de quoi ravir les foodistas en vacances. Il y a également beaucoup plus d'options pour les végétariens, qui ne devront pas se contenter d'une omelette ou d'une salade basique. Autre tendance bien présente : celle des brunchs, qui pullulent un peu partout. Bien sûr, tout cela a un coût. L'addition finale a fortement augmenté au fur et à mesure que les restaurants haut de gamme ont ouvert. Il reste désormais beaucoup moins d'options bon marché même si les tascas traditionnelles perdurent avec leur plat du jour et le célèbre vinho da casa.

SHOPPING

Lisbonne offre quantité de possibilités au visiteur amateur de lèche-vitrines ou désireux de rapporter quelques petits souvenirs authentiques à la maison.
En ce qui concerne le vin, vous pourrez faire quelques dégustations dans le Bairro Alto ou dans les restaurants. Il existe aussi de très bons cavistes. Quoi qu'il en soit, généralement, les vins de Porto sont parfois moins chers à Lisbonne qu'à Porto, prestige nordiste oblige ! Soyons clairs, Lisbonne regorge de merveilleuses antiquités, très certainement au-dessus de vos moyens ! Vous pouvez vous rincer l'œil en descendant la rua São Bento qui mêle antiquaires et boutiques vendant des objets anciens tous azimuts, ou remonter la vraie rue des antiquaires plus chic, la rua Dom Pedro V (Bairro Alto), à proximité de Misericórdia (en aval) et d'Escola Politécnica (Príncipe Real, en amont). Là, le plaisir des yeux est total ! Pour les amateurs de brocante, la route entre Sintra et Ericeira est truffée de petits brocanteurs. Négociez les prix, car certains ont souvent une fâcheuse tendance à surévaluer leurs petits trésors. C'est notamment vers Campo de Ourique que se trouvent toutes les boutiques dédiées aux objets décoratifs et traditionnels de l'artisanat portugais. Lisbonne, c'est le bonheur pour les inconditionnels et le cauchemar pour ceux qui se juraient d'être raisonnables et vont, de toute manière, craquer au moins une fois. Tissus, vaisselle, verres et accessoires… Vous allez sans doute en perdre la tête. Les amateurs de design pourront directement se rendre dans le quartier Santos qui fourmille d'espaces pour satisfaire leur appétit de jolies choses. Lisbonne, c'est également un petit paradis pour ceux qui aiment le beau linge. Si vous êtes déjà contaminé par le Fabrico próprio (fait maison), de nombreux tissus pas chers s'exposent dans les multiples boutiques nichées au bout de la rua Silva Carvalho. Pour les tissus chics, vous trouverez un immense choix rua Augusta à Baixa, ou dans les boutiques de décoration de Príncipe Real.

Si vous avez l'âme chineuse et des envies de dénicher une vieille vue de Lisbonne, une jolie carte ou des livres anciens, c'est vers le Chiado que cela se passe ! Ah, le parfum de l'encre d'antan et le charme du papier jauni ! Le secteur Misericórdia-Trindade-Calçada do Sacromonte est particulièrement bien fourni, mais quelques boutiques sont aussi situées dans le Bairro Alto. Pour les bibliophiles glaneurs de livres rares et précieux : direction l'église São Roque, dans le Carmo, tout autour plusieurs bouquinistes vous attendent…

Lisbonne est l'une des capitales européennes de la mode avec notamment l'organisation des présentations Moda Lisboa. On connaît d'ailleurs en France : Fátima Lopes, Antonio Tenente ou Ana Salazar. Et des nouveaux venus comme Katty Xiomara, Lena Aires ou Luis Buchinho commencent à se faire un nom au niveau international… Mais Lisbonne regorge aussi de boutiques de fripes qui pourront satisfaire toutes les bourses. Finalement encore pas mal de raisons de changer de vêtements !

SORTIR

Sortir à Lisbonne est un réel plaisir dont il ne faut pas se priver. Outre la qualité des espaces, c'est aussi leur diversité qui fait le succès des nuits lisboètes : le choix est immense ! Depuis une vingtaine d'années, la nuit explose ; difficile de savoir où donner de la tête après minuit. D'ailleurs, bien qu'on puisse, souvent dans le même café, prendre un verre, dîner, écouter un groupe en live ou danser, personne n'imagine passer sa soirée dans un seul et même endroit ! Le but du jeu, c'est de faire du porte-à-porte en tentant sa chance, sans devoir consommer à chaque fois. Même dans les lieux les plus branchés, l'ambiance reste toujours bon enfant. Différentes zones concentrent de nombreux lieux. Voici une large sélection qui s'adresse à tous les goûts, toutes les bourses, tous les styles, des plus amusants aux plus huppés, mais cela peut évoluer à tout moment. Aussi, si vous repérez une foule de bonnes têtes quelque part, notez !

Réservée jadis à quelques privilégiés, la nuit s'est aujourd'hui démocratisée. L'amoureux du fado, le fan de musiques électroniques, le passionné de jazz, le rockeur invétéré, le néogothique, le danseur de salsa ou de samba ou l'amoureux de musique du Cap-Vert ou d'Angola… Tout le monde trouvera son bonheur à Lisbonne. Les filles ne doivent pas rater les ladie's night (souvent en début et milieu de semaine), elles deviennent les reines avec entrée gratuite et souvent consommations illimitées offertes.

Les deux pôles principaux de la nuit sont le Bairro Alto (plutôt populaire) avec Bica et la zona Ribeirinha (près du fleuve) : les Docas (globalement un peu plus chic). De Cais do Sodré à Alcântara, les anciens entrepôts le long du Tage ont été totalement réaménagés en bars, pubs, restaurants, clubs et boîtes. Les docks sont devenus l'endroit à la mode. C'est le Bairro Alto abritant la jeune garde contemporaine qui reste le meilleur quartier de Lisbonne pour commencer la nuit (d'autant plus en piéton), dans les ruelles n'hésitez pas à vous laisser guider par votre instinct et par les ambiances des bars au moment de votre passage…

NOS BONNES ADRESSES

Pour rapporter quelques saveurs portugaises, direction A Vida Portuguesa au Chiado. Cette enseigne remet au goût du jour les produits portugais d'antan, comme les bonnes vieilles boîtes de sardines, mais en les customisant. Vous allez adorer. A la fois délicieux et vintage !

Une bonne bouteille pour le réveillon de Noël ou l'anniversaire de beau-papa ? Rendez-vous chez Napoleão, à Baixa. Vins, porto et autres liqueurs vous attendent dans cette enseigne qui possède un choix incroyable.

Pour l'artisanat local, vous pouvez vous rendre soit à A Vida Portuguesa soit à son jumeau Depozito qui vend un artisanat moderne et de qualité.

Pour trouver des savons au packaging design et coloré et au parfum divin, rendez-vous chez Claus Porto.

Enfin, pour des produits de beauté 100 % *made in* Portugal, vous pouvez vous rendre à la nouvelle boutique de Benamor.

BENAMOR
20A rua dos Bacalhoeiros
LISBONNE
✆ +351 21 800 3037

CLAUS PORTO
135 Rua da Misericórdia
LISBONNE
✆ +351 917 215 855

GARRAFEIRA NAPOLEÃO
70 Rua dos Fanqueiros
Baixa
LISBONNE
✆ +351 218 872 042

Autre adresse : 15, rua da Conceição – Baixa ; 121-123, rua da Misericórdia – Chiado ; 8 A Avenida de Roma – Praça de Londres/Roma ; 14 C/D, Rua Engenheiro Vieira da Silva – Saldanha ; 13-21 rua Cavaleiro de Oliveira – Arroios/Chile ; 2 D, rua Luís Augusto Palmeirim – Alvalade.

A VIDA PORTUGUESA
Rua Anchieta, 11
Chiado
LISBONNE
✆ +351 213 465 073

Autre adresse : 25 Avenida Almirante Reis, Largo do Intendente Pina Manique (Martim Moniz) dans l'ancienne super boutique recouverte d'azulejos de la Fábrica de Cerâmica da Viúva Lamego !

Descendez ensuite jusqu'à Cais do Sodré et allez faire la fête dans l'un des nombreux bars de la rue Nova do Carvalho, aussi appelée la « rua Rosa » car son sol est peint en rose. Avantage non négligeable : même si vous arrivez bien imbibé du Bairro Alto, vous reconnaîtrez facilement cette rue grâce à son sol rose bonbon.
Entre Santos et São Bento, l'avenida Dom Carlos I et ses environs constituent une excellente alternative, d'autant que ce troisième pôle est essentiellement fréquenté par des Lisboètes. Les week-ends, des milliers de jeunes et des embouteillages monstres encombrent le Bairro Alto, les docks et l'avenida 24 de Julho. Alors que Principe Real regroupe de nombreux lieux gay (mais pas que), Alfama, Santa Apólonia ou même parfois le site de l'Exposition peuvent s'avérer de bons choix, plus confidentiels certes. Depuis quelque temps, la zone de Intendente s'est beaucoup développée et vous y trouverez quelques bars bien sympathiques avec terrasse pour les beaux jours. Des soirées avec DJ sont régulièrement organisées les week-ends.

BUVETTES À GINJINHA

Que serait Lisbonne sans la *ginja* ? Une liqueur, très parfumée, à la cerise aigrelette et pas vraiment recommandée aux âmes sensibles (surtout à forte dose). Basée sur l'expérience d'un frère de l'église Santo António, Francisco Espinheira qui, au milieu du XVIIIe siècle laissa macérer des griottes dans de l'eau-de-vie avec du sucre, de l'eau et de la cannelle, la *ginja*, *ginjinha* pour les intimes, connut un succès immédiat. Digestive ou apéritive, elle est servie dans des verres aussi grands que des dés à coudre, elle s'accompagne ou non de fruits (*com ou sem frutos*), c'est vous qui voyez !

Histoire de rajeunir un peu la moyenne d'âge de la clientèle et de vérifier que les bonnes traditions ne se perdent pas, ne manquez pas ces minuscules troquets ancestraux identifiables grâce à leurs enseignes évocatrices, leurs vitrines décorées de bouteilles aux liquides carmin, et les petits attroupements débonnaires devant le pas de la porte. Près du Rossio : A Ginjinha Espinheira (8, Largo de São Domingos), canal historique, pour ainsi dire, c'est la première buvette à avoir commercialisé le nectar, Ginjinha Sem Rival-Eduardino (7, Rua Portas de Santo Antão), Tendinha do Rossio (6, Praça Dom Pedro V) ou encore l'interlope Ginjinha Rubi (27, Rua Barros Queirós)...

REPÉREZ LES MEILLEURES VISITES

★ INTÉRESSANT ★★ REMARQUABLE ★★★ IMMANQUABLE ★★★★ INOUBLIABLE

IDÉES DE SÉJOUR

LA VILLE POUR LA PREMIÈRE FOIS

Nichée entre sept collines sur la rive nord de l'estuaire du Tage, Lisbonne, la capitale cosmopolite portugaise, est, à elle seule, une destination touristique digne d'un long week-end consacré à découvrir la ville la plus visitée du Portugal, envoûtement garanti !
Pour ne pas perdre de temps à optimiser les déplacements et les horaires, voici un petit programme express qui a fait ses preuves.

JOUR 1 - VENDREDI : MUSÉES ET SHOPPING

Selon vos préférences, consacrez la matinée à la visite d'un ou plusieurs musées. Le merveilleux musée de la Fondation Gulbenkian est incontournable. Ses collections sont remarquables et son jardin est un véritable havre de paix. Celui du Museu do Oriente permet de découvrir quelques trésors coloniaux. Installés dans un ancien entrepôt, porcelaines Ming et éventails peints à la main sont la garantie d'un voyage à travers le temps. Enfin, le Musée national de l'azulejo ou le Musée national de l'art ancien sont d'autres possibilités des plus intéressantes.

A midi, retournez dans le centre pour un déjeuner dans une tasca. Rendez-vous soit dans le quartier de la Mouraria soit dans le Bairro Alto.

Puis l'après-midi, flânez dans la Baixa (le cœur de Lisbonne) et le Chiado. La ville basse possède pas mal de magasins où acheter des souvenirs, qui se mangent ou pas. Ensuite, vous irez faire un peu plus d'emplettes en vous rendant au Chiado. Boutiques branchées et luxueuses vous attendent dans l'un des plus agréables quartiers de la ville.

Après vous partirez à la découverte du quartier da Bica. Populaire et informel, voilà très certainement un des lieux les plus authentique de Lisbonne. Grimpez ensuite jusqu'au miradouro de São Pedro de Alcantâra, pour apprécier le point de vue et le coucher du soleil. Ce sera l'heure d'un apéritif bien mérité en compagnie de la jeunesse alternative locale dans un des bars *rooftop* du quartier.

Ensuite repas typique dans un des nombreux restaurants du Bairro Alto. Les bistrots branchés pleins de tapas pullulent aux quatre coins du quartier.

Enfin, vous passerez une soirée fado ou électro non loin dans les multiples enseignes du quartier branché. Les boissons sont bon marché et une tournée des bars s'impose pour finir une journée bien remplie.

JOUR 2 - SAMEDI : VILLE ANCIENNE - VILLE NOUVELLE

Le matin, grimpez, à pied ou avec les fameux tramways n° 28 ou 12. Jaune vif, bruyant et résolument authentique, voilà une façon des plus pittoresques d'appréhender la ville. Vous effectuerez une petite pause à la cathédrale et au belvédère de Santa Luzia. Voilà un superbe point de vue sur les toits de l'Alfama.

Puis direction le château São Jorge qui offre également un magnifique point de vue sur la ville et la mer de Paille (Tage). Une promenade entre ses jardins et ses bassins est l'assurance de passer un moment délicieux. Du dédale de ses remparts, qui datent en partie des Wisigoths, le Tage est omniprésent.

Puis continuez à pied vers São Vincente da Fora pour visiter le cloître et dénicher un petit souvenir à la Feira da Ladra, le marché aux puces de Lisbonne (les mardis et samedis seulement). Camelote personnelle, petites échoppes d'objets anciens ou vêtements neufs, n'hésitez pas à marchander et profitez de cette ambiance si particulière. Vous pourrez également y faire une pause gourmande dans un des jolis cafés.

© ANTONIO RIBEIRO

Torre de Belém.

A l'heure du déjeuner, perdez-vous ensuite dans Alfama et Graça, des quartiers anciens typiques et restés populaires. Vous trouverez certainement une petite adresse agréable pour déguster des sardines en plein air.

Dès l'après-midi, place à la nouvelle Lisbonne, promenade dans le parc des Nations à la découverte de l'emplacement de l'Exposition universelle en 1998, téléphérique et visite de l'Oceanarium. Une visite indispensable : 8 000 espèces plongées dans 7 millions de litres d'eau de mer ! Les pingouins vont vous snober et les loutres faire leur cirque...

Puis, soirée dans les très animés, voire mondains et certes un peu surfaits, Docas. Sous le pont du 25-Avril, la foule se presse dans des grands restaurants à thèmes, des boîtes en tous genres et des bars, des plus classiques aux plus excentriques. Profitez donc de la vue sur les navires et santé !

JOUR 3 - DIMANCHE : BELÉM ET LES RIVES DU TAGE

Vous démarrerez tôt, grâce au tram n° 15 direction Belém, pour la visite du Musée national des carrosses. Ce musée emblématique et centenaire rassemble l'une des plus belles collections mondiales de carrosses. On y entend presque hennir les chevaux !

Ruelle du quartier d'Alfama.

© BENNY MARTY - SHUTTERSTOCK.COM

Ensuite, vous pourrez donc profiter des Jerónimos après les messes et, avant le débarquement des Lisboètes sur les bords du Tage, vers 16h. Edifié par Dom Manuel Ier en 1502, c'est le plus bel édifice manuélin de la ville. Admirer son architecture est absolument incontournable !

Pour déjeuner, attablez-vous sur une terrasse avant d'aller déguster les célèbres *pasteis de nata* à l'Antiga Confetaria de Belém, véritable institution et unique endroit où vous pourrez vous délecter de la recette originale.

Puis, poussez jusqu'à l'emblématique tour de Belém et le Monument des Découvertes. La célèbre tour est un mélange de Renaissance et d'exotisme. L'imposant monument des Découvertes se dresse, lui, tel une proue sur le Tage.

Puis, s'il reste un peu de temps, Ajuda, son palais et son jardin botanique. Ce jardin est le premier du Portugal et ses 4 hectares présentant la flore des colonies sont un délice pour se promener avec l'être cher une façon des plus agréables de finir son week-end.

Apéritif ensuite sur la terrasse du Centro Cultural de Belém, espace culturel moderne et représentatif d'une ville dans l'air du temps. Mais le temps presse, alors direction l'aéroport, votre avion ne vous attendra pas !

LISBONNE L'ARTISTE

JOUR 1 - SUR LES TRACES DE FERNANDO PESSOA

Débutez par la découverte de la dernière demeure de l'écrivain portugais le plus important du XXe siècle. Au 16-18, rua Coelho da Rocha, quartier du Campo de Ourique, elle est devenue la maison de la Poésie.

Vous pourrez ensuite vous rendre dans les bars et restaurants qu'il a fréquentés : le mythique A Brasileira (120, rua Garrett, quartier du Chiado) proche de la statue érigée en hommage à l'homme de lettres ou bien le Café Martinho da Arcada (3, Praça do Comércio). Cela tombe bien c'est déjà l'heure du déjeuner !

En début d'après-midi, vous pourrez vous promener dans les lieux et quartiers qu'il appréciait et les fanatiques pourront visiter l'endroit où il est né (4, place São Carlos), celui où il a vécu une quinzaine d'années à son retour d'Afrique du Sud.

Ensuite, le cimetière dos Prazeres où il a été enterré dans le tombeau familial (avant que son corps soit transféré au monastère des Jerónimos). A noter qu'un tableau de José de Almada Negreiros, représentant l'écrivain peut être apprécié au Centre d'art moderne José de Azevedo Perdigão (Rua Dr Nicolau de Bettencourt).

Pour compléter le circuit, vous ne manquerez pas de vous replonger aussi dans *Lisbonne* dont il est l'auteur, un guide touristique très pertinent, et toujours d'actualité, de la ville qu'il n'a pratiquement jamais quittée ! Mais vous l'aurez sûrement déjà fait dans l'avion...

JOUR 2 - L'ART DE L'AZULEJO

Ces céramiques ornementales typiques aux thèmes décoratifs inépuisables ne manqueront pas d'aiguiser votre regard dans la capitale portugaise. Des belles façades d'azulejos, aux fabriques, aux stations de métro en passant par les musées de la ville, un petit parcours s'annonce.

Débutez par le palais des Marqueses da Fronteira à Benfica (XVIIe-XVIIIe siècles) et ses panneaux d'azulejos exceptionnels. A l'intérieur ou dans le splendide jardin à la française, les azulejos du XVIIe siècle sont à ne manquer sous aucun prétexte.

Puis faites un tour au Musée national des azulejos (Xabregas) et sa petite mais précieuse collection présentée de manière chronologique.

Le couvent de São Vicente de Fora, et ses illustrations des *Fables* de La Fontaine, présente également des pièces très intéressantes.

Pendant votre balade dans l'Alfama, passez par le Panthéon et contournez-le pour découvrir la superbe fresque réalisée par l'artiste André sur la façade du jardin Botto Machado.

Un itinéraire qui pourra être complété par l'église de São Roque, le colégio dos Meninos Orfãos (Graça), les fabriques de Viúva Lamego et de Sant'Anna et leurs boutiques de présentation…

Enfin, le métro sera un lieu de surprises remarquables pour le visiteur. Les stations Campo Grande et Campo Pequeno, la station Cidade Universtaria, mais surtout la Gare do Oriente vous raviront, comme tous les amateurs qui s'y arrêtent.

JOUR 3 - AU SON DU FADO

De jour, ce sont quelques sons échappés de fenêtres entrouvertes dans les rues de la ville ou de la discothèque ambulante de la rua do Carmo qui donneront le *la* et éveilleront votre curiosité…

Le musée du Fado. Plongez-vous dans cette culture aux origines ouvrières et à la dimension désormais internationale.

La maison musée de la grande Amália Rodrigues (São Bento) vous permettra de voir portraits, costumes et d'écouter des enregistrements

Le fado, musique traditionnelle du Portugal.

remarquables de ce qui sera bientôt votre musique préferée.

Ensuite, vous vous rendrez à la Discoteca Amalia pour faire quelques emplettes afin de rapporter quelques CD pour faire découvrir le fado à toute la famille en rentrant.

Le soir, c'est en poussant la porte de quelques populaires et obscures gargotes et tavernes que vous rencontrerez le *fado* de Lisbonne et ses acteurs pittoresques. En essayant d'éviter les lieux trop mercantiles, vous irez vous émouvoir, rire et pleurer (beaucoup !) de ces mélopées aigrelettes et juger par vous-même si le réalisateur Carlos Saura est proche de la réalité avec son documentaire musical *Fados* (2008).

VISITES GUIDÉES

En dehors des inévitables autobus à impérial (proposés par des multinationales comme Cityrama ou Grayline), les transports de la ville (bus, tram, ferry) développent des circuits touristiques adaptés.

CARRISTUR – YELLOW BUS

Praça do Comércio
Terreiro do Paço
✆ +351 213 613 193
www.yellowbustours.com
yellowbus@carris.pt
M° Baixa/Chiado
ou Terreiro do Paço.

Selon le circuit, de 20 à 70 €. Certains circuits proposent une réduction enfant. Et réductions pour tous sur le site Internet. Départ de la Praça do Comércio.

Emanation de la Carris, société des transports en commun, Carristur organise tout au long de l'année des circuits guidés de la ville en bus panoramiques (à deux étages), depuis la praça do Comércio. Deux options : le Tagus Tour et l'Olisipo Tour. Un service complémentaire de tramways rouges vifs à l'ancienne, effectue un parcours touristique (durée 1 heure 20, de 12 à 22 départs par jour de 10h à 19h) faisant un grand tour de la ville : le circuit des Collines.

EVOA – SANCTUAIRE ET OBSERVATION DES OISEAUX

Ponta da Erva
Lezíria Sul de Vila Franca de Xira
GPS : 38° 50' 59,00' 'N 8° 58' 27.00'' O
✆ +351 926 458 963
www.evoa.pt
evoa@evoa.pt

Ouvert tous les jours sauf lundi. Ateliers et visite guidée à pied ou en voiture électrique : 1h30 à partir de 14 €.

Rizières, pâturages et lagunes s'étendent sur 14 000 ha. La réserve de l'estuaire du Tage (zone humide la plus grande du Portugal) accueille plus de 120 000 oiseaux et 200 espèces différentes. Un centre d'interprétation permet de comprendre la faune et la flore locales. On peut découvrir la réserve et observer les oiseaux à son propre rythme, tout au long des 5 km de parcours pédestre, des 3 lagunes et 6 observatoires. Plusieurs abris aménagés pour prendre des photos.

GRAY LINE PORTUGAL

Praça Marquês de Pombal
✆ +351 213 191 090
www.cityrama.pt
circuitos@cityrama.pt
Métro : Marquês de Pombal.

Circuits « hop on hop off » en bus ou en bateau. Consultez les tarifs sur le site Internet (achat de billets possible).

Tout un choix de visites qui permettent de découvrir l'histoire, les légendes et les traditions du Portugal. Des guides agréés accompagnent, par exemple, la visite de six des sept merveilles du pays : le monastère des Hiéronymites, la tour de Belém, le palais de Pena, le monastère d'Alcobaça, le monastère de Batalha et Óbidos. Pour bien finir la journée, Cityrama vous propose de dîner aux chandelles, d'aller écouter du fado ou alors de faire une croisière sur le Tage. Pour ceux qui souhaitent s'imprégner de la lumière de Lisbonne et en connaître tous les recoins, le célèbre bus « hop-on hop-off », est un véritable must, avec son toit ouvert pour mieux apprécier la ville et ses environs.

LISBOA CARD ET LE LISBON SHOP

LISBOA CARD

✆ +351 218 45 06 60
www.visitlisboa.com
info@lismarketing.pt

Valable 24, 48 ou 72 heures après sa première utilisation, adulte : 20 €, 34 € et 42 € ; enfant : 13 €, 19 € et 22,50 €.

Dans chacun des Offices de Tourisme ASK Me Lisboa, vous pourrez acheter la Lisboa Card accompagnée de son guide descriptif. Elle garantit, à l'utilisateur, un moyen simple et avantageux de découvrir la ville de Lisbonne. Elle permet d'emprunter tous les transports publics gratuitement (bus, tram, funiculaires, métro) ainsi que le train jusqu'à Cascais (via Cais do Sodré, Belém et Estoril), Sintra (via Rossio, Queluz) ou bien Oriente (Parque das Nações), de visiter gratuitement certains musées, sites et monuments de la ville (Mosteiro dos Jeronimos, Torre de Belém, Museu dos Coches, Museu de Arte Antiga, Arco da Rua Augusta, Lisboa Story Centre, Sintra Mitos e Lendas, Experiência Pilar 7), Museu do Tesouro Real et de béneficier de nombreuses réductions, notamment, pour la plupart des musées et des sites privés (l'oceanarium, le jardin zoologique, le centre culturel de Belém, le planétarium du musée Calouste Gulbenkian) même pour certains achats. N'oubliez pas de la valider avant la première utilisation.

Visitez aussi le Lisbon Shop et emportez Lisbonne avec vous ! Lisbon Shop est une boutique située dans le Páteo da Galé, un espace incontournable dans le quartier emblématique du Terreiro do Paço. La boutique vaut à elle seule une visite pour son architecture et son design, mais c'est aussi l'endroit où vous pourrez trouver le souvenir spécial et original que vous emporterez de Lisbonne voire du Portugal. Des *azulejos* au design urbain, de la musique aux livres, de la joaillerie aux bijoux en matériaux recyclés, en passant par les vêtements, l'artisanat contemporain, la gastronomie et autres. En somme une très grande variété de produits dont certains s'inspirent de traditions portugaises.

HIPPOTRIP

Immeuble Hippotrip
Doca de Santo Amaro
✆ +351 211 922 030
www.hippotrip.com
info@hippotrip.com

Visites tous les jours de l'année (sauf l'hiver, seulement sur réservation). Consulter les horaires et tarifs sur le site Internet avec achat de billet possible.

C'est certainement une des meilleures expériences de visite touristique de la charmante Lisbonne ! A bord d'un bus amphibie, explorez les différentes facettes de la capitale du Portugal, par terre et par mer, sans quitter le confort de votre siège, avec une plongée spectaculaire à Belém ! Avant de ressortir sur l'avenida Brasília vers Algès, près du siège de la Fondation Champollimaud, oeuvrant contre le cancer. Dynamique, motivée et humoristique, la visite (circuit de 1h30 dont 30 minutes sur le Tage), en plus du plein d'émotions, nous apprend des choses sur les quartiers de Lisbonne et sur l'histoire de la ville.

INSIDE LISBON

48, 6º Dir. Campo Pequeno
✆ +351 968 412 612
www.insidelisbon.com
info@insidelisbon.com
Métro : Campo Pequeno.

Excursions à pied (3h) : à partir de 18 €. Circuits dans les environs de Lisbonne : à partir de 65 €, 8 personnes max.

Pedro Costa et sa sympathique équipe proposent aux globe-trotters indépendants des excursions – sur mesure et commentées – à la journée : dans Lisbonne (à pied, durée 3 heures) et vers les sites touristiques de sa proche région (en petites navettes) : Sintra, Cascais, Palmela, Sesimbra, Fátima, Batalha, Nazaré et Óbidos.

LISBOA AUTENTICA

Largo Severa
✆ +351 913 221 790
www.lisboaautentica.com
info@lisboaautentica.com

A partir de 25 € pour la visite de Lisbonne classique (environ 3h).

Lisboa Autentica proposent aux visiteurs curieux de faire des balades à pied dans Lisbonne, sans doute le meilleur moyen de locomotion dans la capitale portugaise. Il est possible d'orienter la visite sur un thème particulier (Essentiel, Fado, Vintage, L'autre rive du Tage, Pour dessiner...) ou de composer son itinéraire sur mesure. Des jeux de pistes et des activités de « Team Building » en milieu urbain sont également concoctés avec soin par ces marcheurs invétérés ! Une alternative originale pour découvrir les secrets de Lisboa...

LISBON AROUND

✆ +351 96 148 60 10
www.lisbonaround.com
claire@baudouin.org

Une quinzaine de visites guidées en français de Lisbonne et de la région. Durée : matinée ou journée. A partir de 95 €.

Propose plusieurs visites : « Lisbonne authentique », « Lisbonne élégante », « La Route des épices », « L'Art de l'azulejo », « Fernando Pessoa » et autres circuits passionnants, à découvrir en famille ou en groupe, en compagnie d'un guide diplômé, une garantie d'excellence. Un bon moyen de contourner les parcours classiques des tour-opérateurs et d'opter pour une visite personnalisée et agréable.

LISBON BY BOAT

Doca de Belém
Face au Monument des Découvertes
✆ +351 933 914 740
www.lisbonbyboat.com
lisbonbyboat@gmail.com
Tous les jours. Tour historique de 1h, 38 € par personne. « Spécial coucher de soleil » de 2h, 45 € (boissons incluses).

Il serait dommage de ne pas découvrir Lisbonne en bateau, particulièrement magique quand le soleil se reflète sur le Tage. Embarquez en toute sécurité sur un semi-rigide confortable (Zodiac) pour visiter la ville historique et ses principaux points d'intérêt. Pour les amateurs de sensations fortes, possibilité de terminer ce tour en beauté, avec quelques minutes à « haute vitesse » (en option). À ne pas manquer non plus, le tour « spécial coucher de soleil » en bateau à voile : 2 heures de glamour tout en dégustant un verre de vin. D'autres formules sont proposées sur le site internet. En groupe ou entre amis (minimum 2 personnes), l'équipe à bord vous accompagne en toute convivialité. Une expérience à ne pas manquer.

LISBONNE ÂME & SECRETS

4 - 4E Avenida Almirante Reis
Martim Moniz
✆ +351 963 967 967
www.lisbonne-ame-secrets.com
resa@lisbonne-ame-secrets.com
Métro : Martim Moniz.
Départs possibles à 9h30 et 16h, tous les jours. 3 parcours différents : Mouraria-Alfama, Graça et Belém. 25 €/personne. Réductions pour les moins de 26 ans.

Cette entité réalise des balades culturelles, au-delà des esthétiques habituelles. Ses visites guidées sont orientées vers l'authentique, l'interaction avec la vie locale, l'expérience des sens, la découverte de recoins méconnus de Lisbonne, l'objectif étant de saisir l'âme de différents quartiers de la capitale. Par petits groupes, afin de conserver un aspect intimiste et

Lisbon by Boat.

d'assurer une prestation de qualité, deux visites guidées se réservent dès à présent : Alfama-Mouraria (berceau de la ville et du fado) et Graça-Intendente (berceau culturel).

LISBONNE À PIED

Rua do Sol ao Rato
✆ +351 96 11 64 296
https://lisbonneapied.com/
info@lisbonneapied.com

Visites privées en français de 45 min. Prix en fonction du nombre de personnes à partir de 80 €. 115 € pour une famille.

Cette agence vous fait visiter les rues de la ville en famille ou entre amis, c'est vous qui constituez votre groupe. Avec de nombreuses années d'expertise, ils vous plongeront dans la Lisbonne authentique. Les visites se font à pied pour prendre le temps de s'arrêter. N'hésitez pas à leur poser des questions, ils pourront vous donner des conseils pour la suite de votre séjour. Plusieurs options de visites s'offrent à vous : Baixa-Chiado, Alfama-Graça, autour du château (visite plus courte de 1h30) ou encore « découverte » qui offre un aperçu de chaque quartier.

LISBON STREET ART TOURS

✆ +351 936 825 383
www.lisbonstreetarttours.com
lisbonstreetarttours@gmail.com

Tours en anglais mercredi matin et samedi après-midi ou en français le samedi matin (donation minimale de 15 €). Possibilité de tours privés en français.

Cette enseigne vous propose de découvrir Lisbonne autrement avec une balade de 2h30/3h sur le thème du street art et du graffiti. Vous en apprendrez ainsi beaucoup sur les artistes portugais, sur les différentes techniques, le développement du street art...

Lisbon Street Art Tours.

LIVE HISTORY

Praca Dom Pedro IV
www.livehistory.pt
info@livehistory.pt

Tous les jours à 10h30 en anglais et en espagnol. Tour basé sur donation.

Quoi de mieux pour découvrir une ville, son histoire et ses lieux insolites qu'être accompagné par un local ? Live History propose des *free walking tours*, des visites gratuites à pied de la ville se déroulant en anglais ou en espagnol, et démarrant la place Dom Pedro IV. En trois heures vous parcourez la ville avec d'autres curieux et votre guide local est aux petits soins. Une bonne occasion également de rencontrer d'autres voyageurs. Ces tours ne sont pas 100 % gratuits puisqu'il faut faire une donation au guide en fin de visite.

FESTIVITÉS

Très étoffé, tout au long de l'année, le calendrier des festivités de Lisbonne et de ses environs connaît de grands pics d'activités durant le printemps, le début de l'été et la rentrée. De juin à septembre, la ville s'anime et beaucoup de concerts gratuits en plein air sont organisés. Le seul hic, c'est qu'il y a peu de communication dans les rues, tout passe par des canaux moins visibles ou sur Facebook.

FÉVRIER

FESTIVAL RESCALDO

http://festival-rescaldo.info
info.rescaldo@gmail.com
Mi-février ou début mars.
Festival musical pointu faisant converger les mouvements émergents portugais dans les domaines de l'électronique, l'improvisation, le rock ou le jazz.

MARS

EDP MEIA MARATONA DE LISBOA

www.meiamaratonadelisboa.com
geral@maratonaportugal.com
Généralement en mars.
Ce semi-marathon est l'événement d'athlétisme le plus important de Lisbonne : un parcours de 21 km

© MANUEL FERNANDES – SHUTTERSTOCK.COM

Semi-marathon de Lisbonne.

© MAX ZVONAREV – SHUTTERSTOCK.COM

Fête de la Liberté.

effectué par des coureurs du monde entier, c'est l'unique occasion de traverser le pont du 25-Avril à pied et à 100 m de hauteur.

AVRIL

FÊTE DE LA LIBERTÉ

25 avril.

Fête commémorative de la « révolution des Œillets », célèbre révolution qui a été une des plus pacifiques de l'histoire et qui a marqué la fin de la dictature de Salazar. Beaucoup de manifestations ont lieu ce jour-là, dont une grande marche descendant l'avenida da Liberdade, où les gens ont des œillets à la main (évidemment !).

MAI

SOMERSBY OUT JAZZ

www.ncs.pt
geral@ncs.pt

De mai à septembre.

Tous les week-ends, dans les parcs et jardins (Estrela, Monsanto, Eduardo VII, Torre de Belém, Tapada das Necessidades), places historiques et lieux publics ou touristiques (belvédères, hôtels, gares...), des concerts suivis de DJ sets.

AGENDAS

La mairie de Lisbonne édite l'*Agenda Cultural*, un agenda culturel papier mensuel, gratuit et complet et disponible dans les postes de tourisme, les hôtels, les musées et les commerces... Le site Internet associé – www.agendalx.pt – est remis à jour quotidiennement.

JUIN

BAIRRO EM FESTA

largo do Intendente
www.bairroemfesta.pt
Lisbonne est une ville où l'art de rue a toute la place pour s'exprimer. Il n'est pas rare de tomber sur un concert ou du spectacle vivant au détour d'une rue ou sur une place, c'est ce qui rend la ville tellement accueillante et vivante. Bairro em Festa est un événement qui dure tout le mois de juin dans les quartiers populaires du centre-ville. Il y a des concerts, des spectacles, des ateliers pour les familles, des marchés d'artisanat... Tout est gratuit pour que la culture soit accessible au plus grand nombre.

FESTAS DA CIDADE (SANTOS)

www.egeac.pt – geral@egeac.pt
Tout le mois de juin avec en point culminant le 12 juin.
C'est la célébration de saint Antoine (dont la date est le 12 juin). Le jour J, attendez-vous à une confusion énorme dans les rues de la ville totalement transformées avec des guirlandes multicolores. Il y a également un grand défilé sur l'avenida da Liberdade à ne pas manquer (arriver très tôt).

ROCK IN RIO

http://rockinrio.com/rio/en/tickets
A lieu tous les deux ans à Lisbonne.
Au parque Bela Vista (proche de l'aéroport), les plus grands artistes internationaux se mettent au service de la paix dans le monde sur trois scènes. Depuis 2004 (une année sur deux, en alternance avec Rio de Janeiro), ce festival a déjà accueilli à Lisbonne la plupart des grands noms de la scène mondiale.

JUILLET

FESTIVAL SUPER BOCK SUPER ROCK

Parque das Naçoes
www.superbocksuperrock.pt
Du 18 au 20 juillet.
Bien que majoritairement rock, le festival explore aussi les univers pop,

Nos Alive.

© COURTESY OF FESTIVAL IMINENTE, PHOTO BY NATASHA CABRAL

Iminente.

hip-hop et électro, avec la participation d'artistes comme Kendrick Lamar, Future, Fatboy Slim et Disclosure.

NOS ALIVE

Passeio Marítimo de Algés
✆ +351 21 393 3770
nosalive.com – geral@nosalive.com
Début juillet. En 2023, les 6, 7 et 8 juillet.
Un grand moment de musique moderne en bord d'océan à Algés, à deux pas de certaines des meilleures plages du surf de la région. Avec des têtes d'affiche telles que Radiohead, alt-J, James Blake ou encore Muse lors d'éditions précédentes, ce festival est celui où les légendes côtoient les talents en émergence. Se renseigner sur le site pour connaître la programmation et les prix.

AOÛT

JAZZ EM AGOSTO

www.musica.gulbenkian.pt/jazz
info@gulbenkian.pt
Première quinzaine d'août.
Dans l'amphithéâtre du jardin de la Fondation Calouste Gulbenkian, les pointures internationales et les jeunes talents du jazz font vibrer un public enthousiaste. Se renseigner au printemps pour la programmation.

SEPTEMBRE

FESTA DO AVANTE

www.festadoavante.pcp.pt
geral@festadoavante.pcp.pt
Début septembre, pendant 3 jours.
C'est la fête de l'Huma (l'*Avante* c'est le journal du Partido Comunista Português !), beaucoup de monde pour des spectacles, de très bons concerts de musique portugaise et, accessoirement, quelques débats et grands discours.

IMINENTE

Monsantos
www.festivaliminente.com
geral@festivaliminente.com
Autour du 20 septembre. Entrée 20 € pour une journée.

Créé en 2016, le festival Iminente combine l'art urbain sous toutes ses formes. Organisé par Vhils et Underdogs, il traduit l'ambiance multiculturelle qui se développe à Lisbonne. Pendant 3 jours se succèdent des artistes internationaux pour des performances live, concerts... Depuis 2018, Iminente a investi le parc de Monsantos et compte y rester pour les années à venir. A ne pas manquer si vous êtes fan de street art. Penser à prendre ses tickets à l'avance.

OCTOBRE

DOCLISBOA

www.doclisboa.org
doclisboa@doclisboa.org
Généralement pendant le mois d'octobre.
Festival dédié aux documentaires, qui prend place notamment à Culturguest.

FESTA CINEMA FRANCÊS

www.festadocinemafrances.com
Début octobre à fin novembre.
Également présent dans d'autres villes portugaises, c'est un bon panorama du cinéma français (rétrospectives, hommages, premières œuvres, grands films, avant-premières, courts-métrages...).

NOVEMBRE

ALKANTARA FESTIVAL

www.alkantarafestival.pt
Seconde quinzaine de novembre.
C'était au départ, en 1993, un festival de danse appelé Danças na Cidade, créé par Mónica Lapa. Il en fut ainsi jusqu'en 2004. C'est seulement en 2006 que le festival changea de nom et s'ouvrit à d'autres disciplines comme le théâtre ou les performances artistiques. Cette biennale est aujourd'hui une affaire qui roule, mobilisant de nombreux bénévoles à chaque édition.

DÉCEMBRE

RÉVEILLON DU NOUVEL AN

www.visitlisboa.com
atl@visitlisboa.com
Praça do Comércio et près de la Torre de Belém, spectacles de rue, concerts, fêtes et feux d'artifice.

BAIXA, CHIADO ET BAIRRO ALTO

Ascenseur de Santa Justa.

© SAIK03P – SHUTTERSTOCK.COM

IMMANQUABLE DANS CE QUARTIER

- Se rendre à la *Praça do Comercio* et faire un selfie.
- Faire les concept-stores de la *Rua da Escola Politécnica* et prendre un café dans le jardin de *Príncipe Real*.
- Sentir l'ambiance du quartier de Bairro Alto tard le soir.
- Visiter le MNAC (musée national d'art contemporain).
- Aller au mirador de Santa Catarina pour le coucher du soleil.

BAIXA ROSSIO, CHIADO ET BAIRRO ALTO
vers Largo do Rato
Rua do salitre
Rua do Salitre
Avenida
Avenida da Liberdade
Rua dos Portas de Santo Antão
Rua do Telhal
Rua Instituto Bacteriológico
Rua do São Lazaro
Hôpital de São José
R. Nova de São Mamedes
Jardim Botânico
Museu de historia natural
Rua das Pretas
Rua da Alegria
J. de A. Keil
Praça da Alegria
Elevador do Lavra
Calçada de Santana
Martim Moniz
vers Bairro Lopes
Museu etnológica da sociedad de geografica de Lisboa
Real Irmandade de Nossa Senhora da Saúde e do Mártir de São Sebastião
Praça da Martim Moniz
Rua da Conceição da Glória
Rua da Glória
Rua da Escola Politécnica
C. Engenheiro Pais
Rua do monte Olivete
Rua de São Marça
Rua de Sousa
Praça do Principe Real
Rua Dom Pedro V
Rua das Taipas
Praça dos Restauradores
R. prof Rodrigues
Rua Cecílio
Rua do Jasmin
R. Luisa Todi
Tv. conde do Soure
Mirador de São Pedro de Alcântra
Rua de São pedro de Alcântara
Restauradores
Gare ferroviaire centrale de Rossio
Rua Barros Queiros
São Domingo
Poço do Borratem
Rua Dom Duarte
Convento dos Cardais
Rua do Século
Rua Nova do Loureiro
Rua da Rosa
Rua da Atalaia
Rua de Dario
Elevador da Glória
Musée des arts sacrés, musée et église São Roque
Rossio
Praça Dom Pedro IV
Dom. Antão
Praça da Figueira
Eduardo Coelho
das Ciências
BAIRRO ALTO
Rua Luz Solario
Rua do G. Lusitano
Museu Maçónico Portugês
Tv. da Queimada
Tv. dos Fiéis de Deus
L. Trinda de Coelho
ROSSIO
Rua do Duque
Rua da Condessa
Rua da Oliveria
C. do Carmo
G.N.R
Musée archéologique
Rua Augusta
Rua dos Correei
Rua da Prata
Rua dos Douradores
Rua do Norte
Rua das Gaveas
Rua da Miseri
R. Nova da Trind
de Noticias
Rua da Barr
Rua da At
Largo de Jesus
da Quintinh
BAIRRO ALTO SANTA
BAIXA

CATARINA
CHIADO
Musée archéologique du couvent do Carmo
d. Sta. Justa
Nossa Sen. do Loreto
Nossa Sen. de Mártires
Nossa Senhora da Encarnação
Baixa-Chiado
Núcléo arqueológico
Banco comercial Portugues
Musée du design et de la mode
Musée do Chiado
Mir. de Santa Catarina
Fábrica Sant'Anna
Elevador da Bica
Praça Luis de Camões
Largo de São Carlos
Praça do Comércio
Praça Don Luis I
Praça Duque de Terceira
Merca do da Ribeira
Station ferroviaire Cais do Sodré
Cais do Sodré
Station fluviale Terréiro de Paço
vers Museu da Marioneta
vers Alcântara
vers Alfama
Tv. das Mêrces
Calçada do Combro
Rua dos Poais de São Bento
Rua do Roço das Negros
Rua Gaivotas
Rua Fernandes Tomas
Tv. do Alcaido
Comdessa do Rio
Tv. Sta. Catarina
Rua Mar. Saldanha
Rua da Bica Duarte Belo
Rua das Chagas
Rua de Loreto
R. das Salgadeiras
Rua da Horta Seca
Tv. Guilherme Cossul
Rua do Alecrim
Rua Garett
Rua Capelo
Rua Antonio Maria Cardoso
R. Duques de Bragança
Rua Serpa Pinto
Rua Ivens
Rua Nova do Almeda
Rua do Crucifixo
Rua Aurea (Rua do Ouro)
Rua da Vitória
Rua dos Correeiros
Rua de São Nicolau
Rua Augusta
Rua da Prata
Rua dos Douradores
Rua do Conceiçao
R. de São Julião
Calçada de São Francisco
Rua do Comércio
Rua do Arsenal
Rua Vitor Cordon
Largo São João Nepomuceno
R. Cordoeiros
Rua da Boavista
Rua do Instituto industrial
Rua Bcqueirão de Ferreiros
Rua da Moeda
Rua de São Paulo
Rua do Ataíde
Rua das Flores
Rua Nova do Carvalho
Rua dos Remorales
Rua do Ferriagal Baixo
Rua do Corpo Santo
TV. Corpo S.
Rua Dom Luis I
Avenida 24 de Julho
Avenida da Ribeira das Naus
Avenida de Brasilia
Musée
Curiosité
Edifice religieux
Funiculaire
Marché et C. commercial
Poste
Parking
Station de métro
Gare ferroviaire
Gare maritime
0
200 m
N

BAIXA, CHIADO ET BAIRRO ALTO

Ces quartiers proches constituent le cœur historique de Lisbonne. La Baixa (prononcez « Baillecha ») est encastrée entre le Chiado, la colline du château et le Tage, c'est la ville basse. En plus d'être l'un des rares endroits complètement plats de Lisbonne, c'est un quadrillage de rues baptisées avec des noms de métiers (cordonniers, orfèvres...) pour les artères verticales, des noms religieux ou de saints pour les horizontales. Après le tremblement de terre de 1755, c'est au marquis de Pombal que l'on doit la reconstruction du quartier. La Baixa s'anime la semaine, en journée, avec une concentration très dense de commerces en tous genres. Vous y trouverez également beaucoup de boutiques de souvenirs un peu cliché. Du nord au sud, quatre grandes places, Restauradores, Rossio, Praça da Figueira et Praça do Comércio attirent les badauds mais, aussi les pigeons. Le nom de la praça dos Restauradores évoque la révolte populaire de 1640 contre l'emprise espagnole, signe avant-coureur de la restauration de l'indépendance du Portugal. Un peu plus haut, le Palácio Foz, initié au milieu du XVIIIe siècle, abrite un office du tourisme, un peu plus bas, la gare du Rossio, se remarque par ses extravagantes portes néomanuélines et son encadrement en fer à cheval. Le Rossio (« Rossiou » ou praça Dom Pedro IV) est une large place où la circulation ne s'arrête que rarement, point de rencontre pour certains, bordée par de nombreux cafés. Sa voisine, praça da Figueira, est plus discrète et possède son épicerie gourmet. Un peu plus haut, entre l'église São Domingos, taillée dans le roc, et le théâtre Dona Maria II, le Largo de São Domingos est le rendez-vous de la communauté africaine. Quelques buvettes à *ginjinha* (liqueur de griottes) et des restaurants touristiques participent à l'attraction de la rua das Portas de Santo Antão, sans oublier la Casa do Alentejo (un édifice à ne pas rater) ou le Coliseu dos Recreios (salle de spectacles)... Plus bas en empruntant la très appréciée et piétonne rua Augusta, vous déboucherez sur la célèbre praça do Comércio (place du Commerce), également appelée Terreiro do Paço, l'esplanade du Palais en souvenir de l'ancien palais royal détruit par le séisme de 1755. La perspective est magnifique, comme une impression que le fleuve inonde la place entourée de hautes façades peintes d'un jaune inédit. Bourse, ministères et administrations... Et puis, à quelques blocs à l'ouest, la praça do Município hébergeant l'hôtel de ville, le Paços do Concelho, un palais néoclassique. En continuant vers l'ouest, vous pourrez rallier la gare de Cais do Sodré, très fréquentée pour sa ligne ferroviaire côtière jusqu'à Cascais et le grouillant marché da Ribeira. Quittez cette ambiance portuaire en empruntant l'*elevador da Bica,* minuscule funiculaire comme un jouet qui vous mènera au *miradouro de Santa Catarina*, offrant l'une des plus belles vues de la ville.Sur la grande colline, le Chiado est assurément l'un des quartiers les plus agréables de la ville, surtout depuis sa renaissance, orchestrée par l'architecte Alvaro Siza Vieira, après le grand incendie de 1988 qui dévasta son cœur. La rua do Carmo, comporte des boutiques anciennes ou branchées, grâce à la Discoteca ambulante du Carmo, la musique d'ambiance est le fado. Stimulés par les Armazens do Chiado (centre commercial), la rua Garrett et le Largo du Chiado attirent des enseignes de grande classe ou très populaires tout en conservant quelques enseignes traditionnelles et des institutions comme le café A Brasileira, tout proche de la statue du poète Fernando Pessoa. Mais le Chiado, c'est aussi son intéressant musée d'Art contemporain, quelques beaux théâtres et les ruines du Carmo agrafées au sommet. Plus haut, une partie du Bairro Alto (« Baïrou Altou », le quartier haut qui s'est développé au XVIIIe siècle) était autrefois intellectuel (opéra, sièges de journaux, libraires). A la nuit tombée, tout se réveille brusquement grâce à une multitude de bars, de restaurants et de clubs.

VISITER

Baixa et Rosso constituent le cœur historique de la ville et sont certainement les plus intéressants et les plus typés de Lisbonne. Bairro Alto et Chiado, plus à l'ouest, sont également des quartiers mythiques de la cité portugaise.

ARCO DA RUA AUGUSTA ★★★

2 a 10 Rua Augusta
Praça do Comercio
✆ +351 210 998 599

© VENTURA – SHUTTERSTOCK.COM

Arco da Rua Augusta.

Métro : Terreiro do Paço.
Tram n° 15 et 25
Tous les jours de 9h à 20h, 21h l'été. Billet : 3 €, couplé avec le Lisboa Story Centre : 8 €, gratuit jusqu'à 5 ans.

Depuis 2013, le belvédère de l'arc de triomphe de la rua Augusta est accessible. Il offre un superbe panorama de 360° sur la cité lusitanienne : Baixa, praça do Comércio (Terreiro do Paço), le Tage, le château, la cathédrale Sé ou l'Alfama. Accessible en ascenseur en passant ensuite par l'étroit escalier de la salle de l'horloge où l'on peut voir une exposition sur l'histoire de cet arc. Situé dans la partie Nord de la place du Commerce il fut initié après le tremblement de terre de 1755. Sa construction s'est achevée en 1875. L'arc de triomphe possède des dimensions symboliques en rapport avec la statue équestre centrale du roi Dom José et le quai des colonnes, plus bas au bord du Tage. L'Arc permet le passage vers l'une des rues les plus nobles de Lisbonne, la rua Augusta.

CAPELA DE NOSSA SENHORA DA SAÚDE

Rua da Mouraria
Mouraria – Socorro
✆ +351 218 862 093
Métro : Martim Moniz.
Ouvert du lundi au vendredi de 9h à 18h, jusqu'à 12h le dimanche.
Non loin du Rossio, si vous passez près de la place Martim Moniz, cela vaut la peine de pousser discrètement la porte (il y a souvent des messes !) de cette adorable petite chapelle pour admirer les superbes azulejos anciens à la mémoire des prophètes. Elle fut édifiée à la suite d'épidémies de peste.

CENTRO INTERPRETATIVO DA HISTORIA DO BACALHAU

Terreiro do Paço, Torreão Nascente
✆ +351 910 517 914
www.historiabacalhau.pt
info@historiabacalhau.p
Ouvert tous les jours de 10h à 19h. Entrée 4 €, 3 € seniors et étudiants, 2 € 6-15 ans. Gratuit avec la Lisboa Card.
Plongez dans une expérience immersive et interactive à travers l´histoire de la morue, depuis sa découverte dans les eaux de Terre-Neuve. Vous embarquerez à bord d´un dori, barcasse avec laquelle les marins pêchaient la morue en haute mer. Ces derniers devaient faire face à des conditions difficiles, écoutez leurs fascinants témoignages. La morue et ses plats sont aussi à l´honneur par le biais du numérique. La visite interactive se termine au magasin : morue à déguster ou à acheter.

CONVENTO DOS CARDAIS ★★

123 Rua do Século, Bairro Alto
✆ +351 213 427 525
www.conventodoscardaes.com
Bus n° 758 ou 773.
Ouvert tous les jours sauf mardi de 13h à 17h. Prix d'entrée pour la visite du couvent : 5 €, 4 € en tarif réduit.
Couvent magnifique, surtout intéressant par son architecture et sa décoration, intacte, à la différence de tous les autres édifices religieux expropriés et pillés, voire laissés à l'abandon au XIXe siècle lors de l'expulsion des congrégations. Le bon état de conservation de cet établissement, fondé en 1681, occupé par des sœurs dominicaines s'explique par le fait que ces dernières recueillaient à l'époque (et aujourd'hui encore) des jeunes filles aveugles et handicapées – ces bonnes actions ont probablement sauvé le couvent du pillage.

POUR LES PETITS

Plusieurs musées (d'Histoire naturelle, de la Marionnette, de la Ville, des Communications, des Carrosses, de la Science, du Costume ou du Théâtre, d'Ethnologie, archéologique du Carmo, du Dr Anastácio Gonçalves...) ainsi que le centre culturel de Belém, Culturgest et certaines bibliothèques proposent régulièrement des animations, activités et ateliers pour enfants. Vous pouvez également vous rendre au Pavilhão do Conhecimento ou à l'Oceanário au Parque das Nações. Le programme est détaillé dans le mensuel *Agenda Cutural*, l'agenda culturel de Lisbonne (www.agendalx.pt). Vous vous renseignerez pour savoir si ces activités sont envisageables en différentes langues.

ENTRETIEN AVEC MONA MALACAR, POÈTE AUX ÉDITIONS 10 PAGES AU CARRÉ ET DYNASTES

A quand remonte ta première fois à Lisbonne et quel souvenir en gardes-tu ?

Je suis venue à Lisbonne pour la première fois en 2003. J'en ai un souvenir imprécis, un contraste fort d'obscurité et de lumière. Les rues blanches, presque aveuglantes à cause du réfléchissement du soleil sur les pavés clairs des trottoirs. Les établissements où l'on entrait, l'hôtel, une petite pension très sombre, les restaurants, des salles à manger austères, le fameux café A Brasileira, dont j'ai le souvenir du bois foncé des chaises et des tables. Des gens très pauvres dans les rues, des gens très accueillants dans les établissements.

Quelle serait pour toi une journée idéale à Lisbonne ?

Cela pourrait commencer par une promenade au Jardim Botânico, un parc conçu au XIXe siècle comme un jardin d'étude pour l'école polytechnique de Lisbonne. Déjeuner dans une *tasca*, nom générique qui désigne des petits restaurants de quartier à l'ambiance familiale et à la cuisine simple et traditionnelle. Se promener de la Praça das Flores à la Praça do Carmo en empruntant les petites rues à la découverte des merveilles architecturales de la ville. Une pause chez Benard pour un thé sans oublier un crochet par la librairie d'occasions et objets anciens voisine de la pâtisserie. En fin de journée, une balade le long du Tage pour profiter du soleil couchant, et pourquoi pas traverser le fleuve pour dîner dans un restaurant de poisson à Cacilhas.

© AIRES GOUVEIA

Mona Malacar.

ENTRETIEN AVEC MONA MALACAR, POÈTE AUX ÉDITIONS 10 PAGES AU CARRÉ ET DYNASTES

Quel est ton quartier préféré et pourquoi ?

Difficile de ne choisir qu'un quartier de Lisbonne. Marvila, Arroios, Santos sont autant de quartiers que j'apprécie pour des raisons différentes. Si je ne devais parler que d'un quartier, et d'autant plus à des personnes de passage, ce serait sans doute São Bento, car il mêle tradition et modernité. Il y a beaucoup à découvrir pour qui visite Lisbonne. Pour ma part, j'aime m'y rendre car on y trouve une grande concentration de cafés et de librairies. Le Portugal n'est pas connu comme une nation de thé et pourtant c'est un des seuls producteurs européens de cette boisson. C'est aussi une reine portugaise qui a introduit le thé à la cour d'Angleterre. À São Bento, la boutique Companhia Portugueza do Chá est incontournable.

Comment trouves-tu les Lisboètes ?

Si j'essaie de résumer le caractère des Portugais que j'ai pu croiser ou fréquenter ces dernières années, je dirais sans aucun doute courageux. Je dirais aussi souvent trop résignés. Pour moi les Portugais sont aussi chaleureux, pleins d'humour, simples et profonds ; ils ont une forme de mélancolie heureuse.

Peux-tu nous partager quelques bonnes adresses littéraires à Lisbonne ?

Ma librairie préférée s'appelle Palavra de Viajante. C'est une librairie dédiée au voyage au sens large. On y trouve bien sûr des guides mais surtout des livres (romans, récits, biographies) en lien avec cette thématique. Les libraires y sont d'excellent conseil. La Fundação José Saramago et la Casa Fernando Pessoa sont deux visites intéressantes pour les amateurs de littérature. Ne manquez pas non plus de pousser la porte des nombreux alfarrabistas de la ville, des petites enseignes de livres rares et d'occasion. Si vous voulez aller plus loin et découvrir des éditeurs portugais, je recommande Sr Teste et Tinta da China.

COMPANHIA PORTUGUEZA DO CHA
105 Rua do Poço dos Negros
✆ +351 213 951 614
https://companhiaportuguezadocha.com
Voir page 172.

CASA FERNANDO PESSOA ★★
16 Rua Coelho da Rocha – Campo de Ourique
✆ +351 213 913 270
http://casafernandopessoa.cm-lisboa.pt
info@casafernandopessoa.pt
Voir page 154.

FUNDAÇÃO JOSÉ SARAMAGO
Casa dos Bicos – 10 Rua dos Bacalhoeiros
www.josesaramago.org

ELEVADOR DE SANTA JUSTA (ASCENSEUR DE SANTA JUSTA) ★★

Rua de Santa Justa
✆ +351 213 613 054
De 7h à 21h, 23h en été, 9h le dimanche. Mieux vaut payer avec la carte de transport et la formule zapping.
Inauguré en 1902, avec sa carapace en fer forgé, il fut considéré comme le roi des *elevadores* (ascenseurs-funiculaires). Construit non par Eiffel mais par l'un de ses élèves, Raul Mesnier de Ponsard, il s'élève au niveau du Chiado. Lorsqu'il n'est pas embouteillé (matin ou soir), le sommet offre, une vue unique sur la ville et le Tage.

IGREJA DA NOSSA SENHORA DA ENCARNAÇÃO ★

Largo do Chiado, Chiado
✆ +351 213 424 623
Métro : Baixa/Chiado. Tram n° 28.
Bus n° 758.
Ouvert du lundi au vendredi de 8h à midi et de 15h à 19h et le week-end de 8h à 19h.
Face à l'église Nossa Senhora do Loreto. Comme sa voisine, elle fut construite aux limites de la ville du XVIIIe siècle. Son fronton est rococo et sa décoration intérieure riche.

IGREJA DA NOSSA SENHORA DO LORETO

2 Rua da Misericórdia, Bairro Alto
✆ +351 213 423 655
Métro : Baixa/Chiado. Tram n° 28.
Bus n° 758.
Ouvert tous les jours de 8h à 12h30 et de 15h à 20h.
Reconstruite après le tremblement de terre de 1755 (mais la première pierre a été posée en 1519 !) cette église d'une seule nef est surnommée « l'église des Italiens » en raison de sa décoration : les fresques baroques de Antonio Machado Sapeiro. Datant de 1702, elles n'ont retrouvé leur splendeur que dernièrement. Le peintre portugais a introduit dans son pays la peinture en perspective.

IGREJA/MUSEU DE SÃO ROQUE ★★★

Largo da Trindade Coelho, Bairro Alto
✆ +351 213 235 444
Métro : Baixa-Chiado, puis Funiculaire/Elevador da Glória.
Bus n° 758.
Ouvert du mardi au dimanche de 10h à 18h. Entrée au musée : 2,50 €, tarif réduit : 1,25 €.
Bâtie à la fin du XVIe siècle, l'église São Roque dépendait de la Compagnie de Jésus. Sa chapelle São Baptista commandée par Dom João V et réalisée à Rome, fut amenée par navire jusqu'à Lisbonne, où elle fut remontée de toutes pièces. L'église renferme quelques toiles de Zurbaran et, si vous êtes sensible à la peinture ou l'art religieux, la visite du petit musée rénové récemment vaut aussi le coup.

© ARPAD BENEDEK – ISTOCKPHOTO

Eglise Saint-Roch de Lisbonne.

Jardim Botanico.

JARDIM BOTANICO ★★

56/58 Rua da Escola Politécnica
Príncipe Real ✆ +351 213 921 800
www.mnhnc.ul.pt
geral@museus.ul.pt
Métro : Rato (ou Avenida, pour l'entrée secondaire si ouverte).
D'octobre à mars de 9h à 17h et d'avril à septembre de 9h à 20h. Entrée : 4 €.
Aéré par une extraordinaire allée de palmiers, ce jardin de 4 hectares dégringole vers le lot de théâtres fantômes du Parque Mayer et l'élyséenne avenida de la Liberdade. Ce jardin botanique est un dédale romantique de plantes exotiques et tropicales des plus rares (plus de 2 500 espèces). Impressionnant et merveilleux, créé en 1873, ce jardin est considéré comme l'un des plus beaux d'Europe !

JARDIM DO PRÍNCIPE REAL ★

Praça do Príncipe Real
Príncipe Real
Bus : n° 758 ou 773.
Ouvert sans interruption.
A un moment ou à un autre, vos pas vous guideront naturellement vers ce jardin longé par la rua da Escola Politécnica, en surplomb sur le Bairro Alto. Petite oasis de verdure, il abrite quelques arbres remarquables dont

Jardim do Príncipe Real.

© 4KCLIPS – SHUTTERSTOCK.COM

Lisboa Story Centre.

un gigantesque cyprès qui étend ses branches sur 20 m de diamètre. Le samedi matin, il héberge un sympathique petit marché bio. En sous-sol du jardin, un trésor bien caché peut se visiter : le Reservatório da Patriarcal.

LISBOA STORY CENTRE ★★

Ala Nascente
Praça do Comércio
Terreiro do Paço
✆ +351 914 081 366
www.lisboastorycentre.pt
info@lisboastorycentre.pt
Métro : Terreiro do Paço. Tram n° 15 et 25. Bus n° 711, 714, 728, 732, 735 ou 736.
Ouvert tous les jours de 10h à 20h. Entrée : 6,50 €. Pack avec Arco da Rua Augusta : 8 €.
Un espace qui a ouvert ses portes sous les arches de Terreiro do Paço durant l'automne 2012. Il s'agit d'un parcours ludique et interactif à la découverte de l'histoire et des mythes de Lisbonne. Un focus important est fait sur le tremblement de terre de 1755, où le spectateur revit l'événement grâce à un film reconstitutif. On en ressort déboussolé. Et pour continuer et approfondir la visite, il faudra aller voir au premier étage des maquettes de la ville. On s'amuse, grâce à une application interactive, à découvrir Lisbonne sous toutes ses facettes, et à différentes époques. Une carte retrace les évènements forts qui ont changé la ville, photo, musique défilent sous nos yeux, tous les sens en éveil. Compter 60 minutes de visite, avec un audioguide en français. Très bien conçu, parfait pour une introduction sur l'histoire de la capitale.

MIRADOURO DE SANTA CATARINA ★★★

Miradouro de Santa Catarina
Bairro Alto
Tram n° 28. Funiculaire/Elevador de Bica.
Fermé pendant un an et demi, il a rouvert en octobre 2019. Désormais fermé la nuit.

Miradouro de Santa Catarina.

Non loin de Bica, c'est la statue de pierre du géant Adamastor, surgi de l'inconscient du poète classique Luis de Camões qui domine le belvédère. Sans doute, notre belvédère préféré, pour lorgner sur le pont du 25-Avril, s'élevant au-dessus du Tage, et sur l'autre rive. Le moment d'un apéritif bien mérité en terrasse pour profiter des derniers rayons du soleil en rêvassant au milieu d'une jeunesse lisboète bohème...

MIRADOURO DE SÃO PEDRO DE ALCÂNTARA ★★★

Rua São Pedro de Alcântara
Bairro Alto
Bus : n° 758. Funiculaire/Elevador da Glória.

Accessible par le funiculaire da Glória depuis Restauradores, il offre un bel espace ombragé et surtout un somptueux panorama sur le château, la Sé et les toits de Lisbonne. Au frais dans la brise, vous voyez grouiller la ville plus bas. Restaurées au mieux, ses deux terrasses avec kiosques buvettes (accueillant régulièrement des animations) vous permettront d'oublier les soucis et de faire le point sur les visites restant à réaliser...

MUSÉE ARCHÉOLOGIQUE DO CARMO ★

Monasteiro do Carmo
Largo do Carmo
Chiado
✆ +351 213 460 473
www.museuarqueologicodocarmo.pt
secretaria@arqueologos.pt
Tram : n° 28, elevador Santa Justa.
Bus : n° 758. Métro : Baixa-Chiado.
Ouvert du lundi au samedi : de 10h à 18h (19h en été), sauf les jours fériés. Visite guidée 5,50 €.

De l'église du couvent, bâtie au XVe siècle, ne subsistent que les ruines (tremblement de terre de 1755 oblige) ! Vous n'oublierez pas de si tôt la voûte et la rosace intacte de la nef s'inscrivant en plein cœur

Le Bairro Alto et le Mirador de São Pedro de Alcântara.

à ciel ouvert de Lisbonne. En plein centre du musée archéologique, surgit le tombeau très imposant, presque primitif de Dom Fernand Ier, taillé dans une belle pierre brune et sculpté de blasons royaux. Parmi les autres grandes surprises, deux momies précolombiennes, en position fœtale, recroquevillées.

MUSÉE DE LA SOCIÉTÉ DE GÉOGRAPHIE DE LISBONNE ★

100 Rua das Portas de Santo Antão
Restauradores
© +351 213 425 401
www.socgeografialisboa.pt
geral@socgeografialisboa.pt
Métro : Restauradores.
Visite possible sur réservation. Ouvert du lundi au vendredi de 10h à 16h.
Le Musée ethnologique de la Société de Géographie de Lisbonne réunit des éléments récoltés au cours des expéditions dans les anciennes possessions portugaises en Afrique et en Asie. Il propose notamment une intéressante collection d'art africain, depuis longtemps en dépoussiérage « sans prévision de délai » ; sa bibliothèque est accessible.

Musée archéologique du couvent do Carmo.

MUSEU DO CHIADO – MNAC ★★★

4 Rua Serpa Pinto
Chiado
✆ +351 213 432 148
www.museuartecontemporanea.gov.pt
museuchiado@mnac.dgpc.pt
Bus : n° 758 et 760. Tram : n° 28.
Métro : Baixa/Chiado.
Ouvert du mardi au dimanche : de 10h à 18h (avec 1h de pause déjeuner). Entrée : 4,5 €, gratuit jusqu'à 12 ans.
Dans le joli cadre d'un ancien couvent, une collection considérable illustrant les périodes romantique, naturaliste et moderne : tableaux, dessins et sculptures du XIXe siècle à nos jours. Ne manquez pas les sculptures de Rodin et Bourdelle et deux splendides et remarquables œuvres du futuriste José de Almada Negreiros (1893-1970), l'une des grandes figures de l'avant-garde portugaise. Depuis juin 2016, le musée s'étend sur un deuxième bâtiment relié au premier par un couloir et il est désormais accessible par deux entrées : rua Serpa Pinto et rua Capelo.

Autre adresse : (Autre entrée : Rua Capelo n°13)

MUSEU NACIONAL DE HISTÓRIA NATURAL E DA CIÊNCIA ★

58 Rua da Escola Politécnica
Príncipe Real – Rato
✆ +351 213 921 808
www.museus.ulisboa.pt
geral@museus.ul.pt
Métro : Rato.
Du mardi au dimanche : 10h à 17h. Entrée : 6 €. Billet avec le jardin botanique : 8 €. Gratuit le dimanche de 10h à 13h.
Ce musée d'Histoire naturelle appartenant à l'université de Lisbonne comprend trois parties : le *museu Bocage* (zoologique et anthropologique), le musée minéralogique et géologique et le laboratoire du jardin

Museu do Chiado – MNAC.

© AUTHOR'S IMAGE

Statue de Dom João I sur la Praça da Figueira.

botanique. Egalement plusieurs expositions temporaires par an sont organisées.

NÚCLEO ARQUEOLÓGICO BANCO COMERCIAL PORTUGUES ★★

21 Rua dos Correeiros, Baixa
✆ +351 211 131 004
fundacao@millenniumbcp.pt
Métro : Baixa/Chiado.
Visites sur réservation du lundi au samedi, chaque heure de 10h à 17h. En anglais ou en portugais.
Ces vestiges très anciens de Lisbonne ont été mis à jour lors de travaux. Intelligemment aménagé, le site en sous-sols dévoile une ancienne voie romaine, des vestiges d'habitations, de puits et de bassins, où l'on salait le poisson. Une belle opportunité de contempler les multiples phases d'occupation du terrain de la Baixa, de l'époque romaine à celle du marquis de Pombal.

PRAÇA DA FIGUEIRA ★★

Praça da Figueira
Baixa
Métro : Rossio.
Durant le tremblement de terre son principal occupant, l'Hôpital royal de tous les saints, l'un des plus importants hôpitaux au monde de l'époque, fut consumé dans un incendie avec plusieurs centaines de ses patients. Devenue lieu principal de marché, avec des halles couvertes, de 1885 aux années 1950, la place aux façades bourgeoises concentre aujourd'hui bon nombre de lignes de transports (bus, métro, tramway).
Zone de passage surveillée par le Castelo São Jorge (juste au-dessus) et la statue équestre de bronze de Dom João I, appréciée des pigeons, elle recueille toute la journée, jeunes *skateboarders*, touristes en goguette, vendeurs de billets de loterie, ou habitants des périphéries venus en ville.

Arc de triomphe de la praça do Comércio.

PRAÇA DO COMÉRCIO ★★★★

Praça do Comércio
Baixa
Métro : Terreiro do Paço.

La praça do Comércio ou Terreiro do Paço (l'esplanade du Palais), a été reconstruite, après le tremblement de terre, sur les décombres de l'ancien palais royal érigé pour Dom José Ier.

Statue équestre de João Ier.

La statue équestre de ce dernier siège sur le centre de la place, quant à l'arc de Triomphe ouvrant la rua Augusta, il présente les allégories des trois grands fleuves portugais : le Tage, le Douro et le Mondego. Plus bas sur la rive, marqué par les colonnes d'Hercule, on déchargeait naguère épices, or et esclaves venant des lointaines colonies. L'hôtel de ville n'est qu'à quelques blocs à l'ouest, Praça do Município. Les sièges taillés dans la pierre, sur les rives du Tage, sont un bien bel endroit pour profiter du coucher du soleil.

PRAÇA DOM PEDRO IV ★★

Praça Dom Pedro IV
Baixa
Métro : Rossio.
Aussi appelée Rossio.

Cette large place est le poumon de la ville où l'on vient se mélanger dans le brouhaha ininterrompu de la circulation. Celle qui accueillait jadis maintes réjouissances populaires (combats de taureaux, marchés ou exécutions publiques) comporte différents cafés emblématiques où se déroulaient les débats (XVIIIe siècle). Au centre, la statue est censée être celle de Dom Pedro IV, empereur du Brésil dont la chevelure rousse aurait donné son nom au lieu. En réalité, c'est celle de Maximilien de Habsbourg, empereur du Mexique, qui est restée à Lisbonne après l'assassinat de son commanditaire. A voir aussi tout proche, le noble théâtre Dona Maria II, l'Igreja de São Domingos à l'histoire mouvementée ou la gare du Rossio de style néomanuélin.

THERMES ROMAINS ★
Rua da Prata
Baixa
© +351 217 513 200
info@museudelisboa.pt
Métro : Baixa/Chiado.
Visites possibles seulement en avril et en septembre sur réservation auprès du Museu de Lisboa.
Constitués de différentes galeries où s'attardent quelques vestiges d'architecture romaine, ces thermes, datant probablement du Ier siècle apr. J.-C., se présentent sous la forme d'énormes bassins. On doit leur découverte, effectuée par les architectes du marquis de Pombal, au tremblement de terre ! Pour les visites, renseignez-vous au musée da Cidade, qui organise très exceptionnellement des visites guidées à des dates bien précises.

SE RESTAURER

Les petits bistrots branchés pullulent dans le Bairro Alto. Vous y trouverez de tout, de la tasca à la pizzeria en passant par des tapas. Dans les quartiers Baixa et Rossio, la calçada do Duque et la rua das Portas de Santo Antão sont de bonnes options pour manger en terrasse, par contre la qualité n'est pas toujours au rendez-vous, vous payez souvent l'emplacement...

SUR LE POUCE

A CULTURA DO HAMBURGUER
38 Rua das Salgadeiras
© +351 213 430 272
Ouvert de 12h à 15h30 et de 18h30 à minuit, samedi et dimanche de 12h à minuit. Environ 10 € le burger + une boisson.
Drôle de manière de manger des burgers : ce petit restau situé dans le bas du Bairro Alto propose sa vision du steak et de ses deux tranches de pain. La décoration est plutôt travaillée, pourtant, oui oui, il s'agit bien d'un restaurant de hamburgers, non non, pas besoin de réserver ! Cuisine ouverte, service impeccable et rapport qualité-prix plutôt impressionnant. On se régale avec ces burgers servis sur des ardoises avec leurs pains multicolores.

OÙ BRUNCHER À LISBONNE ?

Lisbonne est devenue le paradis des adeptes des brunchs ! Vous trouverez de nombreux cafés où manger de délicieux pancakes, tostas, croissants, etc. Voici une sélection de plusieurs établissements qui valent le détour.

BASILIO
111 Rua dos Bacalhoeiros
© +351 218 863 075

NICOLAU
17 rua São Nicolau
© +351 218 860 312

LEITARIA ACADÉMICA

1 Largo do Carmo
Carmo
✆ +351 213 469 092
leitaria-academica.eatbu.com
leitariacademica@hotmail.com
Métro : Baixa/Chiado. Bus n° 758.
Ouvert tous les jours sauf le dimanche de 8h à minuit.
Anciennement Casa do Carmo, cette jolie pâtisserie à l'ancienne (elle date de 1787 !) tout en stucs et en chromos, sur la non moins jolie place du Carmo, fut fréquentée par Fernando Pessoa. Idéale pour faire un break après avoir monté la colline du Chiado, tout en profitant de l'ambiance de la place. Un endroit sympathique, en été comme en hiver, envahi par les élèves de l'école voisine. Cela renforce l'ambiance villageoise, bien reposante après le shopping. Lieu parfait pour un sandwich ou une douceur : les plats ne sont pas trop chers, surtout à l'intérieur.

PASTELERIA CASA BRASILEIRA

267 Rua Augusta
Baixa
✆ +351 213 469 713
Métro : Rossio ou Baixa/Chiado.
Ouvert tous les jours de 7h à minuit.
Un lieu de vie indémodable avec terrasse et éclairage de néons verts et bleus, à ranger dans la section « appropriée pour touristes et locaux ». C'est plutôt à l'intérieur que ça se joue avec les habitués venus, au comptoir debout, faire une petite pause. Dans une déco exotique et portugaise, un de nos endroits favoris pour un en-cas économique fait maison ou un plat combiné bon marché, une boisson chaude ou un jus de fruits frais tropical. Rien que sa devanture vaut damnation avec pâtisseries, sandwichs, pommes au four, *pão de carne…*

LA PIADINA

8 Calçada do Combro
✆ +351 210 990 668
www.lapiadina.pt
Ouvert à partir de 12h. Piadina entière de 6 à 8 €, possibilité d'acheter une moitié seulement.
La piadina vous connaissez ? C'est une spécialité italienne, sorte de crêpe épaisse à base de farine de froment. Pas très local, on vous l'accorde mais cela change du sandwich et cela reste facile à manger dans la rue en marchant. Dans ce restaurant, vous aurez un choix très varié en salé comme en sucré. Vous pouvez également ajouter des ingrédients voire faire des échanges moyennant supplément.

PAUSE GOURMANDE

BETTINA & NICCOLO CORALLO

4 Rua da Escola Politécnica
Príncipe Real
✆ +351 239 222 22 36
www.claudiocorallo.com
info@claudiocoralloshop.com
Du lundi au samedi de 10h à 20h.
La boutique-laboratoire de Claudio Corallo, agronome italien et expérimentateur écologiste, est spécialisée en chocolat 100 % naturel et en café de haute qualité, les deux venus de São Tomé e Príncipe, archipel de l'océan Atlantique sud et ancienne plus petite colonie portugaise. C'est Bettina, son épouse, qui tient l'échoppe, les bons produits viennent directement des

plantations de la famille et sont présentées sous différentes formes : fèves torréfiées, tablettes variées, grains de cafés recouverts de chocolat ou sorbet cacao.

CONFEITARIA NACIONAL

18 B Praça da Figueira
Baixa
✆ +351 213 424 470
www.confeitarianacional.com
info@confeitarianacional.com
Métro : Rossio.
Ouvert tous les jours de 9h30 à 19h. Boisson chaude plus pâtisserie à partir de 2,50 €. Pâtisseries à partir de 1 €.
C'est l'une des plus anciennes *pastelarias* (pâtisseries) de Baixa, fondée en 1829 par Baltazar Roiz Castanheiro ; depuis cinq générations, elle est dirigée par ses descendants. Derrière la vitrine rococo de cette sublime et charmante confiserie, vous apercevrez les délicieuses spécialités ayant fait la renommée de cette institution à l'atmosphère cosy et accueillante. Arrêtez-vous pour le petit déjeuner ou le goûter : mémorable chocolat chaud, multitude d'excellentes douceurs et gâteaux secs délicats.

COTIDIANO LISBOA

2 rua do Crucifixo
✆ +351 968 688 594
Ouvert tous les jours de 10h à 18h. Part de gâteau autour de 5 €. Menu petit déjeuner à 15 €.
Pour les journées qui commencent tard et les early drinks, Cotidiano est un café au cœur de la Baixa, à l'angle des rues Crucifixo et da Conceição, un peu en retrait de la place du Commerce. On vous propose de quoi prendre un bon brunch ou un déjeuner sous forme de toastas et de salades, le tout dans une ambiance décontractée et branchée. Jolie décoration avec des tables bistrot et des abat-jour en rotin. Il y a de très bons gâteaux et du café pour les goûters. Le menu petit déjeuner contient : yaourt avec granola, toast à l'avocat, jus d'orange et café.

MANTEIGARIA

2 Rua do Loreto
Ouvert tous les jours de 8h à minuit. Autre adresse dans la Baixa et à Belém.
Ici c'est le paradis des *pastéis de nata.* C'est l'adresse à tester si vous n'avez pas l'occasion de goûter ceux de Belém car ils sont presque aussi bons. Ils sont cuits et préparés sous vos yeux. Un régal. Parfait pour un petit creux entre deux visites dans Baixa, ou entre deux bars dans la soirée.

PAU DE CANELA DA BAIXA

57 rua da Vitoria
✆ +351 218 059 132
Ouvert tous les jours de 7h30 à 20h30.
Pau de Canela est une institution. Cette pâtisserie traditionnelle, présente depuis de nombreuses années pas loin de Principe Real, possède désormais une adresse dans la Baixa. Vous pourrez y goûter toutes les douceurs traditionnelles ainsi que des snacks salés. Vous pouvez également y déjeuner avec des plats chauds et des salades.

BIEN ET PAS CHER

BASILIO

111 Rua dos Bacalhoeiros
✆ +351 218 863 075
www.ilovenicolau.com
info@ilovenicolau.com
Ouvert tous les jours de 8h30 à 22h. Menu brunch à 16 € ou à la carte pour le même prix environ.

Basilio est une autre adresse de I love Nicolau. Avec leur première adresse ouverte en 2016, le succès leur a permis d'ouvrir d'autres lieux, dont Basilio. Dédié aux amoureux des brunchs, ce restaurant-café souhaite contenter ces derniers à n'importe quelle heure de la journée. Le brunch n'est plus seulement réservé au dimanche comme souvent mais il désormais possible tous les jours !

BOA BAO

30 largo Rafael Bordalo Pinheiro
✆ +351 919 023 030
www.boabao.pt
ola@boabao.pt
Ouvert du dimanche au mercredi de 12h à 15h30 et de 18h30 à 22h30, du jeudi au samedi jusqu'à 23h30.
Un joli voyage dans les contrées asiatiques, voilà ce que nous propose ce restaurant. Vous trouverez des plats d'inspiration chinoise, thaïlandaise, japonaise, avec quelques spécialités issues de la street food.

Boa Bao.

La décoration est joliment faite avec un aspect vintage. On recommande les samoussas avec leur sauce à la coriandre légèrement piquante.

CANTINA DAS FREIRAS

1 Travessa do Ferragial
Baixa
✆ +351 213 240 910
ferragial@gmail.com
M° Baixa/Chiado. Entre le Chiado et Cais do Sodré, angle de la Rua Victor Cordon, 21.
Ouvert de lundi à vendredi de 11h30 à 15h. Compter 10,50 € pour un repas complet.
Dans une petite travessa, non loin du musée des Beaux-Arts, au sommet d'un immeuble, une petite cantine avec une terrasse, offrant une vue sur le Tage à couper le souffle. Entre midi et deux, les employés du quartier viennent manger un plat du jour et profiter d'une des plus belles vues du quartier. C'est sans doute l'un de nos endroits préférés pour manger à ce prix-là, avec cette vue, en plein centre de Lisbonne.

CASA DA ÍNDIA

49-51 Rua do Loreto
Bairro Alto
✆ +351 213 423 661
Métro : Baixa-Chiado. Tram n° 28. Bus n° 758.
Ouvert de 12h à 2h, fermé le dimanche. Environ 13 €. Comptez 7 € pour un poulet grillé à emporter.
A quelques mètres du Largo de Camões, une étape recommandée pour qui veut s'immerger dans un Lisbonne populaire et gouailleur. En entrant dans cette grande cantine brute de décoffrage, vous ne manquez pas les poulets ouverts grillant sur le feu avant d'aller vous installer dans les grandes tablées d'habitués, où vous trouverez

de la place… pour acquiescer à la vue d'une bonne *cerveja preta* (bière brune) accompagnée d'une assiette de *caracois* (escargots) ou de crevettes servies dans une petite caisse en bois plutôt que pour un vrai repas.

CASA DO ALENTEJO

58 Rua Portas de Santo Antão
Restauradores
✆ +351 213 405 140
Voir page 18.

CERVEJARIA DA TRINDADE

20 C Rua Nova da Trindade
Chiado-Carmo
✆ +351 213 423 506
www.cervejariatrindade.pt
ct.chiado@cervejariatrinidade.pt
Métro : Baixa/Chiado.
Ouvert du dimanche au jeudi de 10h à minuit, vendredi et samedi jusqu'à 1h.
Une vraie brasserie populaire installée dans un ancien couvent du XIIIe siècle : deux belles et longues salles voûtées couvertes d'azulejos anciens aux couleurs très vives et un jardin. Longtemps un lieu où l'on venait au cours de la nuit après une soirée arrosée, cette cervejaria (devenue un peu trop touristique), sert une cuisine assez classique : viandes, poisson ou fruits de mer.

DA TERRA BAIRRO ALTO

51 Rua da Rosa
www.daterra.pt
Ouvert de 12h à 15h30 et de 19h à 22h30. Fermé le mardi. Buffet 9,50 € (la semaine) ; 11,50 € (week-end et jours fériés).
Un restaurant plutôt sur un concept de cantine-self-service ou plats à emporter mais qui possède une grande variété de plats végétariens et/ou sains. Parfait pour faire une pause des

Cervejaria da Trindade.

plats typiques portugais qui peuvent être parfois un peu lourds. Vous y dégusterez burgers, salades, plats de pâtes mais aussi des soupes ou des snacks salés et sucrés. Le midi, c'est un lieu très prisé par les personnes qui travaillent dans le quartier.

GYOZA BAR

242 rua da Prata
✆ +351 218 862 238
Ouvert tous les jours de 12h à 15h et de 19h à 23h. comptez environ 20 €/pers.
Lisbonne compte de plus en plus de restaurants dont la carte propose des saveurs d'Asie. Situé en plein cœur de la Baixa, ce restaurant a pris la place d'un restaurant végétarien. Vous pourrez le reconnaître grâce à sa vitrine où sont exposés des barils de saké. A l'intérieur, ils ont recréé une ambiance typique de restaurant japonais. La carte possède un large choix de plats : des dim sum, les fameux gyozas, des nouilles sautées, des plats traditionnels japonais, des sushis…

© NICOLAU

Nicolau.

NICOLAU

17 rua São Nicolau
✆ +351 218 860 312
www.ilovenicolau.com/en
info@ilovenicolau.com
Métro ligne verte Rossio.
Ouvert tous les jours de 8h30 à 22h30. Formule brunch autour de 15 € sinon, possibilité de composer soi-même son brunch pour 10-15 €.

Il ne désemplit jamais, surtout le week-end. C'est LA bonne adresse pour prendre un brunch gourmand et sain. Entre jus de fruits frais, pancakes, crêpes de tapioca, hummus de betterave, on ne sait plus quoi choisir ! L'été vous profiterez de leur terrasse dans une rue cachée de la Baixa, l'hiver vous vous abriterez du froid dans leur intérieur cosy. Vous pouvez aussi tester leurs autres adresses : Amalia, Olivia ou Basilio.

TO.B – TO BURGER OR NOT TO BURGER

24 rua Capelo
✆ +351 213 471 046
to-burger@gmail.com
Ouvert tous les jours pour le déjeuner et le dîner.

C'est l'un des meilleurs restaurants de burgers de la ville. La preuve, il existe depuis déjà plusieurs années et résiste à la concurrence chaque jour plus importante. Toujours plein, ce qui démontre la qualité de la nourriture. Tout est dit dans le nom, c'est un restaurant dédié aux burgers. Une salle spacieuse avec des tables en bois et des chaises en métal. Une terrasse extérieure donne sur une rue calme à côté du MNAC. Il y a également des options veggies.

TOMA LÁ DÁ CÁ

38 Travessa do Sequeiro, Bica
✆ +351 295 732 243
Métro : Baixa-Chiado. Tram : n° 28, depuis Cais do Sodré on empruntera le funiculaire da Bica.
Ouvert pour le déjeuner et le dîner. Fermé le dimanche. A partir de 15/20 €.

Légèrement cachée près de l'*elevador da Bica* et du mirador de Santa Catarina, une simple taverne de bonne cuisine portugaise. Très informelle et plutôt décontractée avec cuisine ouverte et une quarantaine de couverts, elle présente des viandes et poissons grillés, bien cuits et assaisonnés comme il faut, ainsi que quelques préparations maison plus ou moins élaborées qui vont bien.

BONNES TABLES

ANTIGO 1° DE MAIO

8 Rua da Atalaia, Bairro Alto
✆ +351 213 426 840
Ouvert du lundi au vendredi pour le déjeuner et le dîner et le samedi soir. Comptez minimum 45 € pour 2 personnes.
Le rendez-vous des artistes et des journalistes dit-on, mais aussi de plein de gens du coin. Fondé en 1899, en voilà un qui n'a pas succombé à la fièvre de modernité du quartier, en conservant une ambiance traditionnelle dans une salle classique avec des murs blancs et des hautes plinthes d'azulejos. La carte est réduite (ce n'est pas le cas pour celle des vins) mais de qualité. Portions généreuses, et il ne reste pas toujours la place de goûter les excellents desserts ! Le Primeiro de Maio fait toujours partie des restaurants les plus recommandables de la capitale !

AS VELHAS

21 Rua da Conceição da Glória
Alegria
✆ +351 213 422 490
asvelhas.restaurante@gmail.com
Métro : Avenida.
Ouvert du lundi au vendredi de 12h à 15h et de 19h à 22h, le samedi 19h-22h, fermé le dimanche. Minimum 30 €/pers.
Le nom de cet établissement, au cadre délicat avec plafond en poutres apparentes et à la décoration composée de peintures et de statues de personnes âgées, provient des deux vieilles femmes qui jadis faisaient la cuisine. Ici, les fines gueules sentiront bien que les plats sont toujours élaborés avec grand soin : *cataplana de peixe*, *bacalhau no forno à minhota* (morue au four) et *rojões à transmontana* (porc).

UN CAFÉ MYTHIQUE

CAFÉ MARTINHO DA ARCADA

3 Praça do Comércio, Baixa
✆ +351 218 879 259 – www.martinhodaarcada.pt
Métro : Terreiro do Paço.
Ouvert de 12h à 15h et de 19h à 22h, fermé le dimanche. Autour de 35 € le repas.
Une institution discrète (depuis 1782) qui se mérite sans se donner. De nombreuses personnalités sont passées dans cette brasserie, notamment Fernando Pessoa. Du bois, du marbre, des comptoirs en cuivre, du temps, des fantômes, du silence. De nos jours s'organisent encore quelques *tertúlias* (réunions intellectuelles conviviales) dans sa salle intérieure historique mais, sa terrasse appelle, aussi, à une pause sous les arcades… La cuisine (beaucoup de poisson) est correcte mais sans plus, même si parfois le plat du jour s'avère économique.

ATALHO REAL

Embaixada
Calçada do Patriarcal
✆ +351 213 460 311
www.grupoatalho.pt
info@grupoatalho.pt
Ouvert de midi à minuit. Comptez de 15 € à 30 € le repas. Réservation très fortement recommandée.

Installé dans le concept store Embaixada, avec une salle au rez-de-chaussée et une superbe terrasse au milieu d'un jardin très British, cet établissement est le meilleur restaurant de viande de la ville. C'est simple, il faut toujours faire la queue pour avoir une table et parfois on repart bredouille car l'attente est décidément trop longue... Seuls ceux qui ont réservé ont finalement droit à leur place bien au chaud. Et si ce restaurant ne désemplit pas, c'est en raison de la qualité exceptionnelle de sa viande. C'est un délice, on ne s'en est toujours pas remis.

© ATALHO REAL

Atalho Real.

BASTARDO FISH BAR

Internacional Design Hotel
3 Rua da Betesga
Rossio
✆ +351 213 240 993
www.restaurantebastardo.com
info@restaurantebastardo.com
Métro : Rossio.
Ouvert tous les jours de 12h30 à 23h. Comptez environ 40-50 € par personne.

C'est le restaurant de l'hôtel Internacional Design. Dans un cadre moderne, le « Bâtard », portant maintenant l'appellation *fish bar* (bar à poisson), affiche une carte dédiée aux produits de la mer. Situation exceptionnelle pour cuisine ambitieuse sous l'impulsion du chef Renato Bonfim (conseillé par Aimé Barroyer, ancien du Tavares passé aussi par la Tour d'Argent, le Ritz, Paul Bocuse, etc.). La déco est aussi très originale et colorée, avec une belle vue sur la place et un petit jardin intérieur pour se ressourcer. A ne pas rater !

BISTRO 100 MANEIRAS

9 Largo da Trindade
Chiado
✆ +351 910 307 575
www.100maneiras.com
info@restaurante100maneiras.com
Métro : Baixa-Chiado. Tram n° 28. Bus n° 758.
Du lundi au vendredi de 18h30 à 2h et le week-end de 12h à 15h en plus du soir. La cuisine ferme à minuit. De 30 à 100 € selon les options.

Encore gagné pour Ljubomir Stanisic, jeune chef trentenaire dans le vent, avec cette enseigne à la mode, initiée en septembre 2010, tout près du Teatro da Trindade. Dans un édifice

Boubou's.

Art déco, sur deux niveaux, l'espace dévoile une certaine classe, en noir et blanc avec quelques vitrines, relooké façon clubbing par des pointures de la mode et du design de Lisbonne. Le Bistro présente des *petiscos* du monde et une carte de saison d'auteur, d'inspiration portugaise, française ou même yougoslave. Après (ou avant) un passage obligé au bar à cocktails (expérimentez le sublime Tatin, à base de vodka Zubroska), les plats proposés dans cet établissement régalent le palais en soufflant sur les parfums d'une gastronomie d'excellence, sans cesse renouvelée !

Autre adresse : Restaurant 100 Maneiras. Rua do Teixeira, 35 (Bairro Alto).

BOUBOU'S
32 A Rua Monte Olivete 32 A
✆ +351 213 470 804
www.boubous.com
hello@boubous.com
Métro Rato.
Ouvert du mardi au samedi de 19h à 2h du matin. Menu à partir de 75 €.
Situé au cœur du quartier du Príncipe Real, ce restaurant surprend par sa décoration sophistiquée avec quelques touches bucoliques. Il est composé de deux espaces, un donnant sur la cuisine où l'on peut voir la préparation des plats, et l'autre formant un petit jardin intérieur verdoyant et lumineux. Des entrées et plats faits avec des produits locaux, aux saveurs rehaussées par des condiments méditerranéens ou orientaux. Un menu unique, classique ou végétarien. Aux commandes en cuisine, la célèbre Louise Bourrat.

CAFÉ BUENOS AIRES
31 Calçada do Duque
✆ +351 213 420 739
www.cafebuenosaires.pt
buenosairesreservas@gmail.com
Métro : Restauradores, Rossio, Baixa Chiado.
Ouvert du lundi au samedi de 18h à 1h. A partir de 30 € pour entrée-plat-dessert.

Dissimulé entre la gare centrale du Rossio et le Bairro Alto, ce restaurant au décor mi-tango mi-fado est tenu par trois jeunes femmes d'origine argentine et propose une carte qui pour Lisbonne sort de l'ordinaire ! Quelques salades et tartines, des pâtes, des assiettes repas selon l'inspiration du jour et de copieuses viandes sud-américaines, mais aussi une grande variété de plats végétariens. Quel que soit le jour, il est nécessaire de retenir une place dans ce coup de cœur décontracté pour clientèle branchée.

Autre adresse : 31 B Calçada do Duque (Escadinhas)

CANTINHO DO AVILLEZ

7 Rua dos Duques de Bragança
Chiado
✆ +351 211 992 369
www.cantinhodoavillez.pt
Tram n° 28. Bus n° 758. Métro : Baixa/Chiado.
Fermé le dimanche. Comptez 20 € pour un plat (options végétariennes), 6 € pour les desserts. Carte de cocktails.

Un peu camouflé près du musée du Chiado, entre théâtre São Carlos et São Luíz, voici une petite salle bistrot avec miroir et décoration épurée, si ce n'est certains conglomérats artistiques d'objets de la vie courante. Faisant les beaux jours des restaurants Belcanto ou du Ja (take away à Cascais), José Avillez, jeune chef lisboète (étoilé Michelin à l'époque où il était chez Tavares), s'est fait un nom auprès d'une clientèle exigeante. Sa cuisine inventive et fraîche, toujours à base de produits de qualité, privilégie la matière première plutôt que la quantité et la garniture.

Autre adresse : Rua Bojador, 55 à Parque das Naçoes.

CERVEJARIA REAL FABRICA

275-283 Rua da Escola Politecnica
✆ +351 213 852 090
Compter entre 15 et 30 € le repas. Ouvert de midi à minuit tous les jours, fermé le dimanche.

Situé à l'angle de la place du Rato, dans la rue qui va vers le Príncipe Real, cette brasserie se remarque par sa façade imposante. Elle est installée dans un immeuble d'intérêt public datant de 1741. À l'époque, c'est dans ce quartier qu'on fabriquait la soie, l'immeuble abritait d'ailleurs la fabrique à soie du Royaume. A l'intérieur, un cadre spacieux et chaleureux, et un service attentionné. Côté plats, on y sert une cuisine portugaise, beaucoup de choix : du beefsteack-frites – servi avec sa sauce – au riz aux fruits de mer, en passant par le poisson grillé – nous recommandons le *mero* – le poulpe au four, les spécialités de morue... Pour un petit en-cas, dans l'apres-midi, les *petiscos* ne manquent pas. Excellent rapport qualité-prix.

MAXIME RESTAURANTE BAR

58 Praça da Alegria
✆ +351 218 716 600
www.maximerestaurantelisboa.com
esperoporti@maximerestaurante.com
Métro : Avenida. 73.2507389.
Restaurant du mardi au samedi de 17h à 23h. Bar ouvert tous les jours. Spectacles différents toute l'année.

Ici on a voulu rester dans l'esprit de l'emblématique Cabaret Maxime qui a jadis, à cette adresse, marqué les Lisboètes. Refait à neuf, ce restaurant à la décoration intimiste et ultra sélecte propose des plats aux saveurs surprenantes (crevettes au Martini et piment, taco de calamars et fenouil...). Le soir, des spectacles sont programmés avec chanteurs, danseurs, illusionnistes, jongleurs et même une vraie revue de cabaret ! Le Boudoir Garden, un petit patio, est parfait pour se détendre pendant l'entracte. Bonne sélection de vins et service parfait.

OS BONS MALANDROS

51 rua da Bica de Duarte Belo
✆ +351 963 593 000
Ouvert du lundi au samedi de 18h à 23h. Environ 6-9 €/tapas.
Il vous faudra descendre ou monter une partie de la rua da Bica pour vous y rendre. Un peu d'exercice avant de manger, c'est pas mal. Le menu est composé de tapas en tout genre, plutôt élaborées avec une jolie présentation à chaque fois. Pour accompagner le tout, il y a du vin et de la bière artisanale. La salle n'est pas très grande, donc il est impératif de réserver si vous voulez de la place.

OVEN LISBOA

232 rua dos Fanqueiros
✆ +351 218 273 826
https://ovenlisboa.com/
Ouvert du mardi au dimanche de 12h à 15h et de 19h à 23h. Prix moyen 30-35 €/pers.
Oven, en référence au fameux four tandoor utilisé dans la cuisine indienne depuis plus de 5 000 ans ! Ce restaurant en a fait venir un, fabriqué artisanalement depuis Delhi : pas moins de 8 500 km parcourus jusqu'aux rues de la Baixa Pombalina. Le chef Hari Chapagain a composé un menu avec les plats les plus traditionnels de la cuisine indienne et népalaise comme le célèbre poulet tandoori.

PALÁCIO CHIADO

70 Rua Alecrim ✆ +351 210 101 184
www.palaciochiado.pt
geral@palaciochiado.pt

Palácio Chiado.

Métro : Baixa-Chiado. Tram n° 28.
Ouvert tous les jours de 12h30 à 16h et de 19h à minuit ; jeudi à samedi jusqu'à 2h du matin.
En avril 2016, en plein cœur du quartier du Chiado, un nouvel espace a vu le jour avec une offre diversifiée. Il s'agit d'un concept unique développé par trois associés qui ont redonné vie à un ancien palais datant de 1781. C'est dans ce décor chaleureux que sont servis des plats de qualité. Au choix des noms reconnus de la restauration lisboète.

LA PAPARRUCHA

18 - 20 Rua D. Pedro V
✆ +351 213 425 333
www.lapaparrucha.com
reservas@lapaparrucha.com
Metro : Baixa-Chiado. Bus n° 758.
Elevador da Glória.
En semaine ouvert de 12h à 23h30, le week-end de 13h à minuit. Compter en moyenne 35-40 € le repas.

Entre le Bairro Alto et le jardin du Principe Real, ce restaurant offre une vue sans égale sur les collines de Lisbonne. De quoi passer un agréable moment à l'intérieur, derrière la grande baie vitrée, ou par beau temps à l'extérieur sur la terrasse. L'atmosphère est accueillante, les murs présentent des photos de la pampa argentine, invitant au voyage. Un lieu confortable, informel mais raffiné, où l'on peut aussi tout simplement prendre un verre au bar accompagné des fameuses *empadillas* (sortes de beignets avec différents ingrédients à l'intérieur).

RESTAURANTE 100 MANEIRAS

39 Rua do Teixeira
Bairro Alto
✆ +351 910 918 181
www.restaurante100maneiras.com
info@restaurante100maneiras.com
Métro : Baixa-Chiado.
Tous les jours de 19h30 à 1h du matin. Dernière réservation à 20h30. Prix moyen 130 €.

Dans une rue tranquille du Bairro Alto, le concept à la mode *low-cost food*, est une expérience féerique à vivre. Ljubomir Stanisic, talentueux jeune auteur d'origine yougoslave, vous invite à un parcours composé de petits délices à base de produits typiques provenant du Mercado da Ribeira, servis en amuse-bouches, émulsions, *shots*, sorbets, verrine... Les mini-plats goûteux et bien présentés se succèdent par vagues sur des tables familiales, de tourtereaux ou de groupes de jeunes filles argentées. Excellence.

Autre adresse : Bistro 100 Maneiras. Largo da Tindade, 9 (Chiado). La version fashion et détendue du resto.

RESTAURANTE GEOGRAPHIA

1 Rua Conde
✆ +351 213 960 036
www.restaurantegeographia.pt
ola@restaurantegeographia.pt
Ouvert du lundi au samedi de 12h30 à 15h et de 19h30 à 22h30. Fermé le dimanche. Compter environ 15 € pour un plat.

Le Geographia est situé à l'intersection de Lapa, Janelas Verdes et Santos. C'est un nouveau concept de restauration qui s'inspire des grandes découvertes du pays, du Cap-Vert au Mozambique, en passant par le Brésil, Goa et Macau. Ici, les influences de ces pays lointains sont servies à table, mêlées aux saveurs portugaises. L'emblème du restaurant est le rhinocéros, symbolisant le carrefour des cultures.

RESTAURANTE PHARMACIA

2 Rua Marechal Saldanha
Chiado
✆ + 351 213 462 146
pharmacia@chef-felicidade.pt
Tram 28. Miradorio San Pedro de Alcántara.
Ouvert tous les jours de 12h à 1h. Budget moyen pour un repas complet : environ 30 €.

Dans une ambiance et une atmosphère inspirées d'une ancienne pharmacie, ce restaurant avec sa grande esplanade sur le Tejo propose une variété correcte de *petiscos* (tapas portugaises), à picorer tout au long de la journée. Tous les petits détails et les ustensiles font référence à une pharmacie, jusqu'au nom des cocktails... Un concept original, avec une vue splendide pour siroter un bon remède en fin de journée.

SEA ME

21 Rua do Loreto
✆ +351 213 461 564
www.peixariamoderna.com
geral@peixariamoderna.com
Ouvert 12h30-15h30 et 19h-minuit du lundi au jeudi, vendredi jusqu'à 1h et le week-end de 12h30 à minuit. Comptez environ 35 € le repas en moyenne. Réservation fortement recommandée, mais si vous venez à la dernière minute, vous pourrez toujours trouver une place au bar.

Attention si vous aimez le poisson, la cuisine portugaise et les sushis, ce restaurant pourrait bien devenir votre adresse préférée à Lisbonne ! Dans une grande salle à la déco marine, vous dégusterez des sushis uniques en leur genre : ils sont préparés à la japonaise avec une bonne dose d'ingrédients portugais. Un régal de bonnes surprises gustatives ! Et le poisson est aussi frais qu'au marché de poissons de Tokyo car il y a une petite poissonnerie sur place, au fond de la salle et tout est préparé là. Gros coup de cœur. Inoubliable pour vos papilles.

TABERNA DAS FLORES

103 Rua das Flores
Chiado
✆ +351 913 377 053
tabernadasflores@gmail.com
M° Baixa/Chiado. Tram n° 28.
Ouvert tous les jours de 12h à 15h30 et de 18h à 23h30. Le menu change tous les jours.

De vieux carrelages, un évier d'une autre époque, des petites tables façon brasserie et une petite musique lounge vaguement jazzy en fond sonore... Voici le cadre de ce restaurant installé dans une ancienne

© HAYLEY KELSING

Taberna das Flores.

épicerie encore dans son jus, avec un amusant coin banquette escalier. De bons produits à la vente, quelques plats du jour originaux vous sont ici proposés. Le soir, le tapis rouge est déroulé aux *petiscos* (tapas à la portugaise).

TAPISCO

81 Rua Dom Pedro V
✆ +351 213 420 681
www.tapisco.pt
tapisco@tapisco.pt
Ouvert du lundi au vendredi de 12h à 16h et de 19h à 23h, le week-end de midi à minuit. Tapas entre 6 et 20 €.

« Si d'une part l'union fait la force, chez Tapisco le partage fait la table », comme ils l'annoncent sur leur site internet. Le Chef Henrique Sá Pessoa, ayant travaillé dans des restaurants étoilés au Michelin, vous invite à découvrir son concept de tapas provenant des deux côtés de la frontière de la péninsule ibérique.

TERROIR RESTAURANTE

182 rua dos Fanqueiros
✆ +351 218 873 823
www.terroirrestaurante.com
info@terroirrestaurante.com
Ouvert du mardi au samedi de 19h à 23h. Menu dégustation à 55 ou 75 € sans les boissons.
Terroir est un restaurant qui a ouvert en 2020 et qui propose des menus dégustation de 5 ou 8 plats. La carte change régulièrement et est entièrement revue à chaque changement de saison. Le chef, Tiago Rosa, vous propose une cuisine actuelle en utilisant des produits locaux mixés avec des saveurs exotiques. Un véritable voyage autour du monde que vous pourrez combiner avec des vins sélectionnés avec choix. Le restaurant se compose de deux salles dont une avec un comptoir derrière lequel vous pouvez voir le chef s'activer. Le tout avec un service au top.

THE DECADENTE

81 Rua de São Pedro de Alcântara
Bairro Alto ✆ +351 213 461 381
www.thedecadente.pt
geral@thedecadente.pt
M° Baixa/Chiado.
Ouvert tous les jours pour le dîner uniquement de 19h à 23h. Plats entre 8 et 15 €. Verre de vin à partir de 5 €.
Il est situé au sein de l'hostel The Independente. Côté déco, l'ambiance se veut bohème et décontractée avec une touche industrielle. L'endroit se prête bien à un début de soirée, aux portes de l'agitation du Bairro Alto. Côté fourneaux, des plats portugais avec une petit touche d'originalité comme la morue avec miel et amandes ou le carpaccio, *massada*, *arroz* et *pica-pau*. Les quantités ne sont pas des plus abondantes mais les préparations de qualité, notamment pour les *petiscos*. Mention spéciale pour l'agréable terrasse intérieure.

ZEROZERO – PRÍNCIPE REAL

32 Rua da Escola Politécnica
✆ +351 213 420 091
www.pizzeriazerozero.pt
Ouvert du lundi au vendredi de 12h à 16h et de 18h à minuit ; le week-end et jours fériés sans coupure. Pizza à partir de 10 €.
ZeroZero, un nom bien curieux pour un restaurant ! Il fait référence à la pâte à pizza, confectionnée ici à base de farine 00. Tout respire l'Italie dans cette pizzeria. Du bar à vin avec une carte de plus de 80 nectars italiens aux proseccos, en passant par l'étal de charcuterie et de fromages que l'on peut déguster sur place ou emporter… Les produits, tous certifiés, proviennent de la Botte, et plus particulièrement de la Vénétie. Par beau temps, on apprécie la superbe terrasse donnant sur le jardin botanique.

LUXE

ALMA

15 Rua Anchieta, Santos
✆ +351 213 470 650
www.almalisboa.pt
alma@almalisboa.pt
Bus n° 727. Tram n° 15.
Ouvert du mardi au samedi de 12h30 à 15h30 et de 19h à 23h. Menus à 175 €. A la carte, comptez environ 40 € le plat.
Situé désormais au cœur du Chiado, dans un immeuble datant du XVIIIe siècle, ce restaurant – 2 étoiles au *Michelin* – tenu par le chef Henrique Sá Pessoa, saura combler vos attentes. La volonté est de garder l'aspect historique du bâtiment, ses grandes colonnes et son plafond en pierre de taille qui s'harmonisent avec le style classique

des tables. Ici on revisite la cuisine portugaise en y apportant modernité et légèreté. Côté desserts, un nuage de citron avec des fruits rouges et de la rhubarbe ainsi qu'une « bombe » de chocolat et caramel au beurre salé.

BELCANTO

10 largo São Carlos
✆ +351 21 342 0607
www.belcanto.pt
belcanto@belcanto.pt
Ouvert de 12h30 à 15h et de 19h à minuit, fermé les dimanches et lundis. Menu à partir de 175 €, plats à la carte à 49 €.
Ce restaurant existe depuis 1958. Il a été repris en 2012 par le célèbre chef José Avillez (qui possède cinq restaurants à Lisbonne et un à Porto). Dès 2014, il obtient deux étoiles au guide Michelin (ce n'est pas rien !), ce qui en fait une des tables les plus réputées de Lisbonne. Il est considéré comme un des meilleurs restaurants au monde et c'est l'unique établissement doublement étoilé de la ville. Un voyage gastronomique et sensoriel...

SALA

103 rua dos Bacalhoeiros
✆ +351 21 887 3045
https://restaurantesala.pt/
Ouvert le mardi de 19h à 23h et du mercredi au samedi au déjeuner et au dîner. Menus à 60 et 75 €.
Bienvenue dans la « salle à manger » du chef João Sa. Vous serez accueilli dans une ambiance chaleureuse et élégante. L'idée est que vous vous sentiez comme chez vous. Le chef João a fait ses armes dans des restaurants renommés comme Viridiana, un restaurant de Madrid avec une étoile au *Michelin*. Il propose, dans son restaurant ouvert depuis 2018, une cuisine méditerranéenne mettant en avant les saveurs portugaises. Pour accompagner vos plats, vous aurez le choix parmi une vaste carte des vins.

SHOPPING

Magasins de luxe, friperies plus informelles ou magasins d'artisanat, vous pourrez trouver à peu près ce que vous voulez. Vous êtes dans le centre de Lisbonne.

D'AQUINO

16A Rua Comercio
✆ +351 912 277 783
daquinolisbon@gmail.com
Ouvert de 10h à 19h. Fermé le dimanche. De 25 € à 100 € le chapeau.
Un magasin pour les amateurs de chapeaux, qui en trouveront forcément un à leur taille ici. Il y en a pour tous les goûts et de toutes les marques. C'est une vraie référence à Lisbonne, alors n'hésitez pas à mettre le prix si vous craquez sur un article, la qualité sera au rendez-vous.

© D'AQUINO
D'Aquino.

ARMAZÉNS DO CHIADO

Rua do Carmo, 2
✆ +351 213 210 600
www.armazensdochiado.com
Métro : Baixa/Chiado.
Tous les jours de 10h à 22h ou 23h (restauration).
En 1988, un incendie effroyable ravage les grands magasins Grandela et, en raison des accès difficiles, une bonne partie de la zone. Pendant dix ans, la rua do Carmo et la falaise du Chiado demeurent défigurées avant qu'un promoteur néerlandais et l'architecte portugais Álvaro Siza Vieira réussissent à faire sortir de terre un centre commercial pour l'an 2000, une réussite plutôt impressionnante (54 magasins, 12 restaurants et un hôtel), une locomotive pour tout le quartier. Quelques grands espaces (Fnac, Kiko, Sephora) puis deux niveaux de boutiques sympathiques et enfin un espace de restauration varié et sublimement placé face au château, visible par des fenêtres.

AS DE ESPADAS

117 Rua da Conceição
Ouvert du lundi au samedi de 11h30 à 20h. Fermé le dimanche.
Une très belle boutique de vêtements vintage avec des tenues de marque et de qualité. La déco est très amusante et insolite avec beaucoup d'objets récupérés datant des années 50/60. Egalement des vinyles en vente. Une excellente adresse.

BENAMOR

20A rua dos Bacalhoeiros
✆ +351 21 800 3037
benamor1925.com
contact@benamor1925.com
Ouvert tous les jours de 10h à 20h. Autre adresse à Principe Real et dans le centre commercial d'Amoreiras.
Connue depuis 1925, la célèbre marque lisboète de crèmes et soins a ouvert un magasin à l'entrée de l'Alfama. Vous retrouverez ici toutes les gammes de produits avec explications en prime de la part

Benamor.

des vendeuses. On craque pour le packaging tout droit issu des années 1930 qui en fait un cadeau à mettre sous le sapin ou à offrir tout simplement. Vous y trouverez des produits comme des crèmes pour le visage, pour les mains mais aussi des produits pour le rasage.

A CARIOCA – VEGAN NATA

9 Rua da Misericórdia
Chiado
✆ +351 211 628 143
https://vegannata.pt/
Métro : Baixa/Chiado. Tram n° 28. Bus n° 758.
Ouvert tous les jours de 9h à 19h.
Ce fut pendant plusieurs décennies un magasin de vente de thé et de café. A Carioca, fondée en 1936 par Isidoro Teixeira, a laissé place à une boutique de vente de pastéis de nata végans (c'est-à-dire sans aucun produit animal). Cependant, la boutique historique n'a pas complètement disparu car vous pouvez toujours acheter son café, voire même le déguster directement avec un bon pastel de nata. La décoration a été aussi conservée telle quelle. La nuit, on admire sa façade aux néons colorés et vintage qui lui donnent un cachet fou.

CERÂMICAS NA LINHA

16 rua do Capelo
✆ +351 21 598 4813
www.ceramicasnalinha.pt
Ouvert du lundi au samedi de 10h à 20h, le dimanche de 10h à 19h. Tasses et mug à partir de 4 €.
Cette boutique vend uniquement de la céramique produite au Portugal. Attention, ici vous ne trouverez quasiment pas de pièces avec des

© B.I.COMUNICAÇÃO E IMAGEM / CERÂMICAS NA LINHA

Cerâmicas Na Linha.

motifs traditionnels, par contre, si vous aimez la vaisselle, vous pourrez y dénicher de très belles pièces pour beaucoup moins cher qu'en France !

CLAUS PORTO

135 Rua da Misericórdia
✆ +351 917 215 855
www.clausporto.com
support@clausporto.com
Ouvert de 10h à 20h tous les jours. Comptez environ 9 € pour un savon de 150 g. Deuxième adresse rua do Carmo.
En descendant depuis le *miradouro* de São Pedro de Alcantara, vous rencontrerez cette boutique sur votre droite. Votre œil sera immédiatement attiré par les packaging rétro et colorés, non sans rappeler le style art déco des années 1930. On craque aussi pour les odeurs envoûtantes des savons. L'origine de cette marque remonte à 1887 !

CORK & CO

6 Rua das Salgadeiros
Bairro Alto
✆ +351 216 090 231
www.corkandcompany.pt
info@corkandcompany.pt
Métro : Baixa/Chiado. Bus n° 758. Tram n° 28.
Du lundi au samedi de 11h à 19h. Fermé le dimanche.

Le liège ne sert pas qu'à faire des bouchons pour les bouteilles de vin, le Portugal, en est, au passage, l'un des premiers producteurs au monde ! Du sac à main *trendy* à l'étui à lunettes qui va bien, en passant par le porte-feuille, le parapluie ou le gilet, c'est peut-être le moment de se faire plaisir ou de faire plaisir ! A votre échelle, participez à l'exportation de ces bons produits 100 % naturels, recyclables et portugais, déjà appréciés aux quatre coins du monde.

DISCOTECA AMÁLIA

272 Rua de Áurea, Baixa
✆ +351 213 420 939
Métro : Baixa/Chiado.
Du lundi au samedi de 9h à 13h et de 14h à 19h.

Assurément une toute petite échoppe ne payant pas de mine avec un stock réduit mais comportant toute l'histoire du *fado* et des musiques traditionnelles portugaises. Rua do Carmo (Chiado), vous ne pouvez pas rater son annexe mobile, une camionnette (A Carrinha do Fado) de collection d'origine française (Fleur de Lys), car elle joue, à longueur de temps, ces chants aux passants.

EMBAIXADA

26 Praça do Príncipe Real
Príncipe Real
✆ +351 965 309 154
www.embaixadalx.pt
embaixada@eastbanc.com
Bus n° 773.
Tous les jours de midi à minuit, jusqu'à 2h pour la restauration du jeudi au samedi.

Longtemps resté inaccessible, le palais Ribeiro da Cunha, résidence privée datant de 1877, dans un style néo-mauresque aux détails Art nouveau représentatif de l'époque roman-

Cork & Co.

tique de Lisbonne, est dorénavant ouvert au public avec une pléiade de boutiques sympathiques (mode, musique, cadeaux...) et un espace de restauration, O Talho, un excellent restaurant de viande avec une très belle terrasse installée dans un jardin fleuri à l'arrière de l'immeuble ! Continuer le shopping à Uzina (www.uzina.com), l'espace branché voisin au n° 22. Magnifiquement éclairé la nuit, il en impose aux passants qui longent le parc.

FÁBRICA SANT'ANNA

95 Rua do Alecrim, Chiado
✆ +351 213 422 537
www.santanna.com.pt
info@santanna.com.pt
Métro : Baixa-Chiado.
Ouvert du lundi au samedi de 9h30 à 18h30.

La boutique de l'une des plus anciennes fabriques artisanales d'azulejos, qui perpétue, depuis 1741, les techniques traditionnelles et manuelles. Un beau choix d'azulejos inspirés de motifs classiques ou modernes. Vous dénichez des lampes, des panneaux, des blasons, des accessoires de salle de bains assez originaux, des carreaux seuls (ne ratez pas la série des chiens, spéciale clientèle *british*). Il y a de jolis petits cadeaux à faire.

Autre adresse : Demandez à visiter la fabrique, c'est plutôt très intéressant : Calçada da Boa-Hora, 96 (entre Santo Amaro et Ajuda) ✆ +351 213 628 292. Du lundi au vendredi de 9h30 à 12h30 et de 13h30 à 18h.

GARRAFEIRA NAPOLEÃO

70 Rua dos Fanqueiros, Baixa
✆ +351 218 872 042
www.napoleao.co.pt
wine@napoleao.co.pt

© GASTÃO BRITO E CUNHA

Embaixada.

Métro : Baixa-Chiado ou Terreiro do Paço.
Ouvert du lundi au samedi de 9h30 à 20h, le dimanche de 15h à 20h.

Cette estimable maison détient un choix prodigieux de bons vins portugais (Minho, Dão, Douro, Alentejo...), de portos (ruby, reserva, tawny, vintage, blend... avec de très bons millésimes), des liqueurs artisanales régionales (la fameuse *ginja* avec ses griottes, l'*amarguinha* aux amandes amères ou d'autres des Açores...) et des *aguardentes* (eau-de-vie portugaise). La sélection est très large mais rigoureuse, les conseils avisés et les prix accessibles à toutes les bourses.

Autre adresse : 15, rua da Conceição – Baixa ; 121-123, rua da Misericórdia – Chiado ; 8 A Avenida de Roma – Praça de Londres/Roma ; 14 C/D, Rua Engenheiro Vieira da Silva – Saldanha ; 13-21 rua Cavaleiro de Oliveira – Arroios/Chile ; 2 D, rua Luís Augusto Palmeirim – Alvalade.

© NAPOLEÃO

Garrafeira Napoleão.

HUMANA

225 rua dos Fanqueiros
✆ +351 21 246 7696
https://www.humana-portugal.org/
Humana est une chaîne de vêtements de seconde main. A l'image des ressourceries, ils récupèrent les vêtements que donnent les gens et les vendent à petit prix. Ces boutiques sont très prisées des locaux car ils font régulièrement des soldes pour changer de collection.

LIVRARIA BERTRAND

17 Rua Garrett, Chiado
✆ +351 210 305 590
www.bertrand.pt
chiado.livraria@bertrand.pt
Métro : Baixa/Chiado. Tram n° 28.
Ouvert tous les jours de 10h à 22h. Conférences et dédicaces régulières.
Une excellente librairie portugaise présente dans tout le pays ! Celle du Chiado, fondée par deux Français en 1732, est, sans doute l'une des plus anciennes au monde. Cette vénérable maison dispose d'une belle enfilade de pièces recouvertes de boiseries remplies d'un choix d'ouvrages impressionnant (artisanat, art, langues étrangères, technique, etc.). Tout ce qui n'est pas en stock peut être commandé sur place (ou grâce à la librairie en ligne).

Autre adresse : Avenida da Roma, 13 B Centro Cultural de Belém, Praça do Império Picoas Plaza, Rua Tomás Ribeiro, 65 Loja 9 Centro Vasco da Gama, Loja 2.071/73 A C. Comercial Colombo, Loja 0.135 Olivais Shopping Center, Rua Cidade de Bolama, Loja 23 Ou Shopping Amoreiras, loja 2.108

LOJA DAS CONSERVAS

130 Rua do Arsenal
✆ +351 911 181 210
lojadasconservas@gmail.com
Ouvert tous les jours de 10h à 20h.
Des murs entiers de conserves colorées avec en fond des carreaux de céramique blancs pour les mettre en valeur. Ici, on vous propose plus de 300 différentes sortes de conserves venant de tous les endroits du Portugal, même des îles ! Pour joindre l'utile à l'agréable, vous en apprendrez également sur

l'origine des boîtes et de leur usine grâce aux panneaux explicatifs.

LUA DE PRATA

260 rua da Prata
✆ +351 218 874 172
www.luadeprata.com
loja@luadeprata.com
Ouvert du lundi au samedi de 10h à 19h.
Avez-vous déjà entendu parlé de l'art du filigrane ? C'est une technique typique de bijouterie au Portugal, qui consiste à créer des bijoux à partir de fils torsadés très fins. Chez Lua de Prata, vous trouverez un large choix de bijoux en filigrane, que ce soit en or ou en argent.

MANTEIGARIA BACALHOARIA SILVA

1C/D Rua Dom Antão de Almada
Baixa
✆ +351 213 424 905
www.manteigariasilva.pt
geral@manteigariasilva.pt
Métro : Rossio. Bus : n° 711, 714, 732, 736, 737, 744, 759, 760 et Aerobus. Tram : n° 12 et 15.
Ouvert du lundi au samedi de 9h à 19h30.
Au pied de l'église de São Domingos, près de la praça da Figueira, une petite institution qui semble venir du fond des âges. Beaucoup de fromages, de la morue, des produits régionaux et du vin. Accueil très sympathique.

MANUEL TAVARES

1A-1B Rua Betesga
Baixa
✆ +351 213 424 209
www.manueltavares.com
info@manueltavares.com
Métro : Rossio. Bus : n° 711, 714, 732, 736, 737, 744, 759, 760 ou Aerobus. Tram : n° 12 et 15.
Ouvert du lundi au samedi de 10h à 18h.
Cette vénérable maison, vieille de plus d'un siècle, pourra vous procurer toute l'épicerie fine authentique : fromage (chèvre, brebis...), charcuteries (boudin, saucisson...) et vins, d'origine strictement lusitanienne. En complément, une belle sélection de cafés et, sur le comptoir principal, fruits confits ou glacés et bien d'autres douceurs...

Manteigaria Bacalhoaria Silva.

A OUTRA FACE DA LUA

22 Rua da Assunção
Baixa
✆ +351 218 863 430
www.aoutrafacedalua.com
baixa@aoutrafacedalua.com
Métro : Baixa/Chiado.
Ouvert du lundi au samedi de 10h à 20h, le dimanche de 12h à 19h.
L'autre face de la lune, c'est un loft assez psychédélique, pour venir fouiner dans des vêtements d'occasion et vintage (des années 1950 à 1980) ou des créations de stylistes. Sympa aussi pour faire une halte, dans un salon de thé cosy ou en terrasse, pour prendre un verre (sans alcool), grignoter et papoter.

PELCOR

16 Pátio do Tijolo
Baixa
✆ + 351 218 864 205
www.pelcor.pt
geral@pelcor.pt
M° Baixa/Chiado ou Terreiro do Paço.
Tous les jours sauf le dimanche de 10h à 13h et de 14h à 19h, le samedi jusqu'à 18h. Autre magasin dans la Baixa.
Si vous ne le saviez pas, le Portugal est l'un des premiers pays producteurs de liège au monde. La marque Pelcor existe depuis une dizaine d'années, une industrie autour du chêne-liège née à São Brás de Alportel dans l'Algarve. Cette marque a su se faire reconnaître nationalement et internationalement pour son travail unique et d'une grande qualité. Elle s'est développée autour de produits design et de la mode. Sac à main, porte-monnaie, ceinture, tablier mais aussi étui de portable...

SILVA & FEIJÓO

50-52 rua de São Nicolau
Baixa
✆ +351 916 487 225
M° Baixa-Chiado.
Ouvert tous les jours de 10h à 20h.
Une petite boutique qui est une ancienne corderie où l'on venait s'approvisionner en rafia, toile de jute, et panier... Ici on trouve beaucoup de produits issus de la Serra d'Estrela : pain, fromage artisanal. Leur provenance et leur qualité sont de source sûre, ils se font livrer chaque jour. Ce magasin appartient au musée du pain de Seia, vous y trouverez toutes les fabrications de cette région : compote, miel, gâteau, chorizo.

Autres adresses : Rua Bartolomeu de Gusmão, n° 4 • Rua de São Nicolau 50-52

A VIDA PORTUGUESA

Rua Anchieta, 11
Chiado
✆ +351 213 465 073
www.avidaportuguesa.com
lojalisboa@avidaportuguesa.com
Métro : Baixa/Chiado.
Du lundi au samedi de 10h à 20h. Autre adresse Largo do Intendente.
Cette jolie boutique à l'atmosphère de vieille droguerie, comme l'une des meilleures adaptations mercantile du concept de la fameuse « madeleine de Proust », développe le bon filon « souvenirs, souvenirs, made in Portugal ». L'enseigne rend disponible une gamme de produits ayant marqué la mémoire collective portugaise : du populaire cahier d'écolier au luxueux savon gravé Mariposa, en passant par l'hirondelle en terre cuite de Rafael Bordalo Pinheiro... A la recherche du temps perdu et

© PAULO SEABRA 2015

A Vida Portuguesa.

des parfums de l'enfance, cette galerie de l'art populaire et ses vitrines (librairie, jouets, épicerie, bijoux, produits de beauté...) donnent vraiment envie de faire plaisir. En plus, tous les emballages vintage sont certifiés d'origine !

Autre adresse : 25 Avenida Almirante Reis, Largo do Intendente Pina Manique (Martim Moniz) dans l'ancienne super boutique recouverte d'azulejos de la Fábrica de Cerâmica da Viúva Lamego !

VISTA ALEGRE
20-23 Largo do Chiado
Chiado
✆ +351 213 461 401
www.vistaalegreatlantis.com
va.chiado@vaa.pt
Métro : Baixa/Chiado.
Du lundi au samedi de 10h à 19h.
Depuis 1824, le grand nom de la porcelaine portugaise peinte à la main. Les collections valent le coup d'œil, et les prix sont finalement incroyablement bas comparés à ceux de Limoges.
Pour le plaisir, explorez les nombreuses lignes inspirées de motifs vieux Chine ou de décoration portugaise de toute beauté. Vista Alegre réalise des services spéciaux destinés aux têtes couronnées, et possède aussi Casa Alegre, une chaîne dédiée aux petits budgets présente en centres commerciaux.

Autre adresse : Dans tous les centres commerciaux (Amoreiras, Colombo, El Corte Inglés, Vasco de Gama…) et Avenida Guerra Junqueiro, 28-D – Roma.

SORTIR

Entre les innombrables bars du Barrio Alto et de Bica et les mythiques petits bars à ginjinha, vous ne serez pas déçu par la vie trépidante du centre lisboète.

CAFÉS – BARS

BICAENSE EST.1959

42 Rua da Bica de Duarte Belo, Bica
✆ +351 213 257 942
Métro : Baixa-Chiado. Tram : n° 28, depuis Cais do Sodré on empruntera le funiculaire da Bica.
Ouvert du mardi au samedi de 19h à 2h du matin.
Synonyme de cosmopolitisme et de diversité, avec ses deux salles, il fait partie de l'histoire du quartier puisque son cadre fut immortalisé dans *A Janela – Marialva Mix*, le film d'Edgar Pêra, véritable ode à Bica. Le cadre : une taverne à l'ancienne avec un bien beau comptoir en marbre pour déguster des cocktails et une curieuse collection de réveille-matin.

A BRASILEIRA

120-122 Rua Garrett, Chiado
✆ +351 213 469 541
www.abrasileira.pt
geral@abrasileira.pt
Métro : Baixa/Chiado. Tram n° 28. Bus n° 758.
Ouvert tous les jours de 8h à 22h.
Malgré une ambiance quelque peu touristique, voilà l'un des cafés les plus célèbres de la capitale. Autrefois fréquenté par politiciens, artistes et écrivains, ce monument historique à part entière a ouvert ses portes en 1905 et ne cesse d'attirer voyageurs mais aussi Lisboètes, avec sa devanture Art nouveau. Asseyez-vous en terrasse pour une photo souvenir aux côtés de la statue de l'écrivain Fernando Pessoa, ancien fidèle du lieu. A l'intérieur, le café a des airs de musée avec de superbes plafonds ornés d'incroyables lustres en néon, des miroirs piqués par les âges et de peintures et croquis des années folles. Un café + pasteis s'impose !

BROTÉRIA CAFÉ

3 rua São Pedro de Alcântara
✆ +351 932 266 422
www.broteria.org/pt/cafe
cafe@broteria.org
Ouvert du lundi au samedi de 10h à 18h. Plats autour de 10-15 €, menu brunch le samedi de 11h à 18h.
C'est un centre culturel, un café et un

Café A Brasileira.

espace de coworking. Il s'y déroule des débats, des expositions ou encore des séminaires. Pour ne rien gâcher, il est situé dans un bâtiment historique qui possède 120 ans d'histoire. La partie café se situe dans une cour intérieure.

CLUBE DA ESQUINA

30, Rua da Baroca, Bairro Alto
✆ +351 21 342 7149
Métro : Baixa/Chiado. Tram n° 28.
Bus n° 758.
Ouvert de 19h à 2h, et le samedi jusqu'à 3h.
Cool sans être ringard, simple sans être cheap, populaire sans être beauf, voilà un coin bien agréable qui fait immanquablement penser à Bilal dessinant ses souvenirs de São Francisco… L'ambiance est détendue dans ce grand espace aux couleurs du ciel avec ses larges fenêtres qui ouvrent sur l'animation du quartier. Acid jazz, new bossa, hip-hop, house et drum'n bass, l'ambiance musicale varie selon l'humeur du DJ jouant pour une clientèle plutôt jeune et délurée, hétéro et gay, souvent plus de monde dehors que dedans. Un bon choix pour tâter l'ambiance du Bairro Alto !

ESPLANADA PRINCIPE REAL

Jardim do Príncipe Real
Rua da Escola Politécnica
Príncipe Real
✆ +351 210 965 699
M° Rato. Bus n° 790.
Ouvert tous les jours de 9h à 23h. 8 € le cocktail, environ 10 € le plat.
Au cœur du très joli parc de Principe Real, un lieu charmant qui vous invite à déguster des cocktails divers et variés à l'ombre d'arbres majestueux, à l'intérieur d'une verrière pour vous recevoir en toute saison. Que ce soit pour un petit café matinal, un sandwich sur le pouce, ou un petit dîner aux chandelles, vous trouverez votre bonheur à toute heure.

FOXTROT

24 Travessa de Santa Teresa
Bairro Alto – Príncipe Real
✆ +351 213 952 697
www.barfoxtrot.pt
barfoxtrot@gmail.com
Bus n° 758 ou 773.
Ouvert tous les jours sauf dimanche de 18h à 2h.
Un peu à l'écart de tout en vous rendant de l'assemblée de la République à Principe Real, sonnez à l'entrée de ce confortable bar à l'esprit pub chic londonien aux accents des tropiques et n'oubliez pas de dire bonsoir au perroquet ! Parfait pour faire une pause bavardage ou même pourquoi pas y passer la soirée – billards, flippers et baby-foot sont d'assez bons arguments. Plusieurs salons décorés de collections (signées Luiz Pinto Coelho) et une poignée de jardins vous attendent.

MACHIM BOMBO

87 calçada do Combro
Horaires variables. Des soirées sont régulièrement organisées (infos sur la page Facebook).
Un bar à la déco déjantée avec quatre animaux intergalactiques pour mascottes. On repère ce bar avec son enseigne lumineuse d'un jaune vif qui trône au-dessus du bar sur un mur bleu profond. Il sert des bières locales, du vin, mais aussi des cocktails maison à base d'ingrédients de saison. On y va donc principalement pour ça, surtout que parfois ils sont en promotion (c'est annoncé sur le compte Instagram). Au programme : des sets, de la soul, de la funk et des rythmes latino pour s'ambiancer toute la nuit ou presque. La devise : dansez, ne restez pas de pied !

MEZCAL BAIRRO ALTO

20 Travessa da Água da Flor
Bairro Alto
✆ + 351 213 431 863
omezcal@gmail.com
Ouvert du lundi au samedi de 20h à 2h du matin.
Un petit bar à la décoration et à la musique mexicaine. Une ambiance colorée, où les clients se bousculent devant le minuscule bar pour goûter à quelques-uns des cocktails et shots épicés servis par le patron. A l'angle du bar, on entend parler toutes les langues, normal, c'est un des lieux préférés des étudiants !

NOOBAI CAFÉ

Miradouro de Santa Catarina (do Adamastor)
38-a Calçada Salvador Correira de Sá
Bairro Alto – Bica
✆ +351 213 465 014
www.noobaicafe.com
info@noobaicafe.com
Tram n° 28.
Ouvert du lundi au dimanche de 10h à minuit. Brunch le week-end.
Ce bar agréable et accueillant propose régulièrement de petits concerts ou des sessions DJ. A droite de la statue d'Adamastor, le géant des Tempêtes (décrit par Luís de Camões dans ses *Lusiades*), ses deux belles terrasses superposées sont très prisées lorsque le soleil va se coucher près du pont du 25-Avril. On pourrait y passer la journée... tiens ! il fait déjà nuit ?

O PURISTA

16 Rua Nova da Trindade
✆ +351 916 442 744
Ouvert de 10h30 à 2h en semaine et jusqu'à 3h le week-end. À partir de 15h le dimanche et fermé le lundi.
Un bar original qui fait barbier à l'entrée et bar/pub dans le fond. Un style très british avec sofas en cuir et billard. Une vraie ambiance à part avec la petite touche de folie lisboète en plus. Des DJ sets sont organisés les week-ends pour se chauffer avant d'aller danser dans un des clubs de la ville.

PAGINAS TANTAS

85 Rua de Diário de Notícias
Bairro Alto
✆ +351 966 249 005
jazzbar.paginastantas@gmail.com
Ouvert du mardi au dimanche de 21h à 2h du matin.
Un bar qui oscille entre les années 1930 et 1950, sous les auspices du jazz. Bar aussi sinueux que les ondes du plafond, affiches de concerts ou de musiciens, sièges moelleux, lampes superbes... C'est beau et select. Du coup, beaucoup de monde s'agglutine dans cet espace assez tarabiscoté pour savourer un Bailey's ou un cocktail en écoutant Saint Germain ou Chet Baker. Un classique survivant du Bairro Alto.

PARK

58 – 7° Calçada do Combro
Bairro Alto
✆ +351 215 914 011
Tram n° 28. Accès par l'ascenseur de l'entrée du parking, faites-nous confiance !
Ouvert du lundi au samedi de 16h à 2h (à partir de 14h le week-end). Cocktails autour de 7 €.
Depuis l'été 2013, les 500 m² du toit de ce parking du centre-ville battent la mesure des nuits de la capitale. Les bambous et arbustes disséminés insufflent un peu d'oxygène au béton de la ville tandis que les barmaids s'occupent de vous préparer de jolis petits cocktails ! Soirées DJs, cinéma

plein air à l'occasion, cuisine légère et bien sûr, coucher de soleil sur une vue imprenable !

PAVILHÃO CHINÊS
89 Rua Dom Pedro V
Príncipe Real – Bairro Alto
✆ +351 213 424 729
Bus n° 758 ou 773.
Ouvert de 18h à 2h, à partir de 21h le dimanche.
Prière de sonner à l'entrée avant d'être reçu par d'impassibles serveurs en costumes kitsch dans une invraisemblable enfilade de salons et petites salles, envahis du sol au plafond de collections de jouets anciens, d'objets variés ou caricaturaux, d'affiches centenaires... Et puis vous satisfaire de faire partie du film en commandant un thé ou un cocktail dans probablement LE plus beau bar de Lisbonne ! Billard et salle fumeur dans la salle du fond.

TASCA MASTAI
14 rua da Rosa
✆ +351 21 342 0235
tascamastai@gmail.com
Ouvert du mardi au dimanche, de 17h à minuit. Cocktails autour de 8 €.
Ouvert en 2013, ce bar-café, tenu par un couple d'Italiens, connaît un succès grandissant depuis lors. D'ailleurs, vous avez intérêt à venir tôt si vous voulez avoir de la place à l'intérieur pour manger. Une fois sur place, n'oubliez pas d'admirer les œuvres laissées par l'artiste Andre Tarli lors de son passage à Lisbonne, notamment cette magnifique fresque peinte sur le comptoir du bar.

CLUBS ET DISCOTHÈQUES

PUREX
Rua das Salgadeiras 28
Ouvert du dimanche au jeudi de 22h à 2h et vendredi et samedi jusqu'à 3h.
C'est toujours une institution du Bairro-Alto et un des hauts lieux de la fête lisboète pour les gays et avant tout pour les lesbiennes. Impossible de rater ses grandes portes graffées et de résister à l'appel du bon son mixé par des DJ qui s'y succèdent.

SILK CLUB
14 Rua Misericórdia
Chiado
✆ +351 913 009 193
www.silk-club.com
contact@silk-club.com
M° Baixa/Chiado.
Ouvert du mardi au samedi de 19h30 à 1h30, jusqu'à 4h vendredi et samedi. Tenue correcte exigée.
Pour prolonger l'enchantement des rooftops ouverts pendant la journée, à côté du Largo do Camões, un petit club sophistiqué et moderne (seulement 20 m² ?), avec au 7e étage une vue panoramique sur la très belle Lisboa. Des couleurs sobres et élégantes, doré, noir et cuivre, et une tapisserie à la texture peau de crocodile. Vous l'aurez bien compris, c'est le genre d'endroit « In » et très select (tenue correcte exigée). Alors si vous êtes sur votre « 31 », vous aurez peut-être la chance d'y accéder pour un cocktail et des sushis.

BAIXA, CHIADO ET BAIRRO ALTO

REPÉREZ LES MEILLEURES VISITES
★ INTÉRESSANT ★★ REMARQUABLE ★★★ IMMANQUABLE ★★★★ INOUBLIABLE

TRUMPS

104 B Rua da Imprensa Nacional
Príncipe Real
✆ +351 915 938 266
www.trumps.pt
info@trumps.pt
Bus n° 758 et 773. Métro : Rato.
Ouvert les jeudis, vendredis, samedis et veilles de jours fériés de 23h45 à 6h. Entrée payante.
Depuis plus de 30 ans, c'est le rendez-vous privilégié de toutes les célébrités homosexuelles de la ville. Trumps présente des shows dont le thème change régulièrement, avec musique live et l'interprète résidente, Vanessa. Sur deux étages *hetero friendly*, on y danse tous en rond sur les rythmes de la house, de la disco, des tubes futiles des années 1970 et 1980 et des incontournables hymnes gays. Avec *Finalemente*, l'un des lieux les plus courus de la communauté.

SPECTACLES

CAFÉ LUSO

10 Travessa da Queimada, Bairro Alto
✆ +351 213 422 281
www.cafeluso.pt
Métro : Baixa-Chiado. Tram n° 28.
Bus n° 758.
Ouvert tous les jours de 19h30 à 2h. Possibilité de menus, sinon à la carte : plats autour de 30 €.
Si vous cherchez un bon cabaret de fado, vous en entendrez certainement parler. Inauguré en 1927, c'est l'un des plus anciens sur le thème. C'est ici qu'Amália Rodrigues débuta sa carrière, et, probablement, l'un des rares du Bairro Alto encore fréquentable. A essayer car parmi les clubs de fado de Lisbonne, il est le seul à posséder une vraie scène et des artistes en exclusivité, sa programmation vaut des points ! Qui plus est, la nourriture y demeure correcte.

COLISEU DOS RECREIOS

96 Rua das Portas de Santo Antão
Baixa (Restauradores)
✆ +351 213 240 585
www.coliseulisboa.com
bilheteira@coliseulisboa.com
Métro : Restauradores.
Billetterie ouverte du lundi au samedi de 13h à 19h.
Salle polyvalente de spectacle unique et populaire, elle programme opéras, concerts, cirques et performances en tout genre. Les grands artistes portugais ou des valeurs sûres internationales et parfois même des espoirs occupent régulièrement son imposante scène. Inaugurée en 1890, cette coupole de fer inédite de quatre étages circulaires, avec fosse et balcons, comporte, au dernier étage, la *galeria de pé* pour voir les spectacles debout (plus économique).

FADO IN CHIADO

Espaço Chiado – Cine-Theatro Gymnasio
14 - 2e Rua da Misericórdia
✆ +351 213 430 184
www.fadoinchiado.com
bilheteira@geniusymeios.pt
Métro : Baixa-Chiado. Tram n° 28.
Bus n° 758.
Spectacle de fado de 50 minutes tous les jours, à 19h sauf le dimanche. Billet : 19,50 €.
Cette petite salle de spectacles dans le centre historique de Lisbonne, au cœur du Chiado, propose d'écouter des artistes de talent accompagnés d'une guitare portugaise et d'une guitare classique, comme le

veut la tradition. Aux murs de cette salle de spectacles se trouvent des images de Lisbonne qui présentent des endroits uniques de la ville où le fado est né avant de devenir le symbole de tout un pays. Un bon début de soirée pour découvrir ce chant et s'imprégner de l'âme portugaise avant d'aller dîner au Bairro Alto, à deux pas.

A TASCA DO CHICO

39 Rua do Diário de Notícias
✆ +351 965 059 670
http://tascadochico.blogspot.pt
tascadochico56@hotmail.com
Ouvert tous les jours de 19h à 2h et jusqu'à 3h le week-end. Autre adresse dans l'Alfama.

Ce petit bar, tout simple, du Bairro Alto est très célèbre pour ses concerts de fado populaire. La salle est toute petite et vous y serez certainement un peu à l'étroit. Le chanteur, ou la chanteuse, se pose généralement dans un petit coin du bar. Vraiment, on est loin du côté formel des grandes scènes de fado lisboètes. Mais la musique sonne, la ginja est bonne, et surtout l'entrée est gratuite. Bon c'est raté pour la 3e rime mais on vous garantit que vous en ferez d'aussi moyennes en repartant de Tasca do Chico car vraiment les boissons pas chères et l'ambiance bon enfant feront que vous ne boirez pas que de l'eau ! Une valeur sûre du fado et de Bairro Alto.

TEATRO DA TRINDADE

7 A Largo da Trindade, Carmo
✆ +351 213 420 000
http://teatrotrindade.inatel.pt
bilheteira.trindade@inatel.pt
Métro : Baixa-Chiado.
Fermé le lundi. Ouvert de 14h à 20h du mardi au samedi, de 14h à 18h le dimanche.

Ce théâtre, petit joyau de la fin du XIXe siècle, reçoit des pièces de troupes portugaises et étrangères, mais aussi des spectacles de café-théâtre (plus tardivement) et même de la musique. Récemment restauré, sa décoration est élégante et sa fréquentation cosmopolite. Café sympathique en sous-sol.

TEATRO DO BAIRRO

63 Rua Luz Soriano, Bairro Alto
✆ +351 213 473 358
www.teatrodobairro.org
Tram n° 28. Bus n° 758.
Réservations par téléphone de 15h à 18h ou en ligne via leur site de réservation. Achat sur place 2h avant.

© JEAN-PAUL LABOURDETTE

Théâtre national Dona Maria situé sur le Rossio.

Récemment inauguré dans l'ancienne imprimerie du journal *Diário Popular*, il privilégie différentes expressions artistiques : théâtre, danse, cinéma... Bon point aussi pour la musique puisque certaines soirées sont programmées par des acteurs sérieux et historiques de la capitale : Mesa de Frades (fado), B.Leza (sono cap-verdienne et africaine), Hote Clube Portugal (jazz).

TEATRO NACIONAL DONA MARIA II

Praça D. Pedro IV, Rossio
✆ +351 800 213 250
www.tndm.pt – bilheteira@tndm.pt
Métro : Rossio ou Restauradores.
Réservations par téléphone lundi de 10h à 14h ; mercredi et dimanche de 14h à 19h, jeudi à samedi de 12h à 20h.
Immanquable tant il habille de belle manière le Rossio. Ce théâtre construit en 1842 fait partie des théâtres nationaux portugais et programme des spectacles originaux assez imprévisibles. Une bien belle scène. Sachez aussi que cette institution garde l'esprit moderne puisqu'elle collabore avec des street artistes tels que Vhils qui a réalisé quatre portraits d'actrices célèbres au dernier étage du théâtre.

ZE DOS BOIS (ZDB)

59 Rua da Barroca, Bairro Alto
✆ +351 213 430 205
www.zedosbois.org
zdb@zedosbois.org
Métro : Baixa-Chiado.
Tram n° 28. Bus n° 758.
Exposition du lundi au samedi de 18h à 22h. Concerts du mercredi au samedi et veilles de jours fériés à partir de 22h.
Le créneau de « l'Orée du bois » c'est plutôt la spontanéité, l'innovation, l'expérimentation et l'improvisation. Initié en 1994 par le Barcelonais, Natxo Checa, le collectif remuant Zé Dê Bê a investi un espace alternatif en étage, englobant à la fois ateliers, locaux de répétition, galerie d'expositions, petite salle de concerts et de performances et même un petit patio pour bavarder. Lee Ranaldo, Bonnie « Prince » Billy ou Jean Braudrillard sont parmi les illustres citoyens du monde à avoir participé à des projets en ces lieux.

Mosteiro São Vicente de Fora.

© STÉPHAN SZEREMETA

IMMANQUABLE DANS CE QUARTIER

- Prendre l'apéritif en surplombant la ville au *Miradouro da Graça*.
- Aller chiner à la *Feira da Ladra* (les mardis et samedis) juste à côté du Panthéon.
- Manger dans une tasca typique dans le quartier de Mouraria.
- Se perdre dans les ruelles de l'Alfama et assister à un concert de fado.
- Visiter le *Museu Nacional do Azulejo* pour tout savoir sur sa fabrication.

vers Arroios
Avenida Almirante Reis
Rua-do-Benformoso
Rua Dam. Monteiro
R. da Senhora do Monte
Mirador de
Senhora do Monte
Rua da Graça
Rua das Beatas
Rua da senhora da Glória
Rua da Bela Vista
Tv. St. Antonio
Rua do Sol
Rua Damasceno Monteiro
Rua das Olarias
Calçada do Monte
Rue Liete de Vascon
Rua da Palma
Martim
Moniz
Igreja
da Graça
Tv. de Pereira
Rua C. Av
GRAÇA
Rua da Verónica
Rua dos Lagares
Rua do Terreirinho
Mirador de Graça
R.
MOURARIA
Calçada de Santo André
R. Amendoeira
Largo da Graça
Calçada da Graça
Tv. das Mónic
Rua da Voz do Operácio
Marché
Santa C
Campo de Santa
R. do Marquês de Ponte de
Rua Martim Moriz
San pedro Martir
Costa do Castelo
R. São Vicente
Monastère de
São Vicente
de Fora
Largo do
Outeirinho
da Amendoeira
Sto. Cristovão
Vila do Castelo
Costa do Castelo
Castello
São Jorge
Parque
Infantil
Calçada de São Vicente
Calçada de Trijolo
Arco Dona Rosa
Parking du Chão
do Loureiro
Rua Santa Cruz do Castelo
CASTELO
Rua de São Tomé
Cal. das Escolas Girais
Rua do Vigário
R. Jard
Rua do regedor
Rua da Madalena
Tv. C. Loureiro
R. Recolhimento
Musée des
arts décoratifs
Mirador Portas do Sol
R. dos Remedios
R. Terreiro d. Tr
Chapitô
João
Dos Santos
Esplanade
du Château
Mirador de
Santa Luzia
São Miguel
Musée
du Fado
Rua dos Fanqueiros
R. S. trago
Rua d. Limoeiros
Rua dos Cais de Santarém
Avenida Infante Dom He
Rua da Saudade
ALFAMA
Rua de São Mamede
João da Praça
Doca
Terreir
Trig
vers
Baixa
Musée
Santo Antonio
Almada
Théâtre romain
et musée
Rua Augusto Rosa
Rua do Conceição do
R. do Barão
Santo Antonio
Rua de São Julião
Sé Patriarcal
la Cathédrale)
Rua de São
Casa dos
Bicos
Campo das Cebolas
Rua do Comércio
R. des Bacalhoeros
Igreja da Conceição
Velha
Rua da Alfândega
Avenida Infante Dom Henrique
Rua da Prata
Doca da Marinha
Vers Belem
Terréiro
do Paço

Musée de Agua da Epal
Ave. Albuquerque
vers Oriente et vers le musée national de l'Azulejo
Rua Alf. Domingues
Rua Vale de Santo Antonio
Rua Washington
Calçada dos Barbadinhos
Rua de Santa Apolónia
Avenida Infante Dom Henrique
Rua Cruz de Sta. Apolonia
Rua de Ent. de Mirante
Rua Diogo do Couto
Cal. de Sta. Apolónia
SANTA APOLÓNIA
Rua do Mirante
Clara
Jardim Boto Machado
Rua da Bica do Sapato
Santa Engracia Panteao nacional
Panthéon National
Rua do Paraiso
Zagalo
Gare ferroviaire Santa Apolónia
R. Caminhos
Santa Apolónia
Tabaco
R. Museo Artihari
R. T. Lopes
Musée militaire
Station maritime de Santa Apolónia
RIO TEJO
Musée
Curiosité
Edifice religieux
Marché et C. commercial
Point de vue
Parking
Station de métro
Gare ferroviaire
Gare maritime
0
200 m
N

ALFAMA, CASTELO ET GRAÇA

A l'est de la Baixa, entre le château et le Tage, étonnant et authentique, l'Alfama est, sans aucun doute, le quartier le plus pittoresque et le plus emblématique de la ville. Immortalisé avec bonheur par Alain Tanner dans le film *Dans la Ville blanche* (1983) ou par Wim Wenders dans *Lisbon Story* (1995), de ses origines romaines (des ruines de théâtre en témoignent) puis maures (Alfama de l'arabe Al-hama ou source thermale), ce bastion populaire conserve un formidable réseau labyrinthique d'escaliers abrupts et de venelles (*becos* et *travessas*) tortueuses. Après la reconquête chrétienne de 1147, couvents, hôpitaux et églises remplacèrent les riches palais d'été mauresques. Puis abandonné par les aristocrates après le séisme de 1755, bien qu'épargné, l'Alfama s'est démocratisé en peuplant les maisons agrippées à la colline de marins, pêcheurs et ouvriers. De jour comme de nuit, cette sorte de médina aux effluves de sardines grillées se montre magique, grâce à ses enfants criant et s'amusant sur les placettes, ses fontaines qui coulent, ses beaux palmiers et bougainvilliers, ses minuscules jardinets et troquets, ses tavernes à fado et partout, toujours le linge étendu aux fenêtres. Autour d'humbles maisonnettes colorées et aux balcons encombrés de plantes vertes, perdez-vous pour découvrir : églises, palais, morceaux de la vieille muraille de Lisbonne et un peu de la vie quotidienne immuable de la capitale. Parmi les sites remarquables, la Sé Patriarcal (la cathédrale), construite au milieu du XIIe siècle sur le site d'une ancienne mosquée, est le monument religieux le plus ancien de la ville. Plus haut, le Castelo São Jorge (château Saint-George), a connu nombreux locataires (Wisigoths, Maures, Chrétiens...) avant de devenir résidence royale du XIVe au XVIe siècle. Depuis les remparts, les vues sur la ville basse et haute, les façades pastel (saumon, citron, rose, ciel...) et la mer de Paille valent vraiment le coup d'œil ! Sur le versant nord de la colline, le quartier métissé de Mouraria, ancien refuge musulman, demeure haut en couleur. Au-delà des haltes aux belvédères de Santa Luzia et das Portas do Sol, accédez à la Feira da Ladra (la foire à la voleuse), le marché aux puces (actif le mardi matin et le samedi) au Campo Santa Clara, un fourmillement jamais vain. Tout près, le Panthéon national et le monastère de São Vicente de Fora constituent deux ensembles architecturaux considérables et tout de blanc vêtus. Plus bas, en direction du Tage, il est toujours possible de rejoindre le musée du Fado, la gare ferroviaire de Santa Apolónia ou encore la Casa dos Bicos et sa façade en pointe de diamant.Le quartier de Graça, situé au nord de l'Alfama, doit son nom à la vieille église de Notre-Dame de

Grâce, il s'étend doucement du château vers le nord-ouest (avenida Almirante Reis). Des potagers et des vergers qui le recouvraient au Moyen Age, il ne reste presque rien, par contre Graça a conservé son atmosphère attachante ouvrière datant de son histoire plus récente qui vit venir des quatre coins du Portugal, petites mains et familles modestes. Découvrez ses nombreuses pâtisseries, petits commerces, bistrots, restos... Au programme, aussi : recoins formidables, petites rues anciennes, « patios » du XIXe siècle et une ambiance populaire, à savourer. Sans oublier que Graça offre aux yeux rêveurs et pieds méritants deux des plus beaux belvédères de Lisbonne : le miradouro da Graça et celui de Senhora do Monte.

VISITER

Quartiers pittoresques de la ville, les points d'intérêt ne manquent pas. Musées, belvédères ou églises, n'hésitez pas à monter dans le tram n° 28 et partez à la découverte de ces coins populaires et typiques.

CASA DOS BICOS ★★

Campo das Cebolas
10 Rua dos Bacalhoeiros
✆ +351 218 802 040
www.josesaramago.org
info@josesaramago.org
Bus : n° 728, 735, 759 ou 794.
Du lundi au samedi de 10h à 18h. Entrée gratuite.

Ancienne propriété du vice-roi des Indes, Afonso de Albuquerque (conquérant de Goa, connu pour sa tolérance), cette « Maison des Diamants » construite en 1523, doit son nom à son étrange façade taillée en pointes de diamant. Ce n'est qu'en 1983 que sa façade d'origine, détruite lors du trop fameux séisme, trouva une interprétation moderne. Au rez-de-chaussée, un centre archéologique (accès gratuit) faisant partie du Museu de Lisboa comporte entre autres des vestiges des anciennes murailles maures et fernandines de Lisbonne.

© LUIS SANTOS – SHUTTERSTOCK.COM

Casa dos Bicos.

CASTELO SÃO JORGE ★★★

Largo do Chão da Feira
Castelo
✆ +351 218 800 620
Voir page 17.

CATHÉDRALE SÉ ★★★

Largo da Sé
Alfama
✆ +351 218 876 628
www.patriarcado-lisboa.pt
info@patriarcado-lisboa.pt
Tram n° 12 et 28. Bus n° 737.
Cathédrale ouverte du mardi au samedi de 9h à 19h, le lundi et le dimanche de 9h à 17h, entrée libre.

Bâtie en 1150 par Dom Afonso Henriques sur le site d'une ancienne mosquée, cette cathédrale romane fortifiée, est le monument religieux le plus ancien de Lisbonne, sa première restauration date de 1344 ! L'intérieur vaut le coup d'œil : une voûte romane très pure cohabite avec un chœur baroque et des chapelles gothiques. L'extérieur de Sé s'admire en priorité au crépuscule lorsqu'elle se pare d'or.

ESTAÇÃO ELEVATÓRIA A VAPOR DOS BARBADINHOS ★★

Museu da Água, 12 Rua do Alviela
✆ +351 218 100 215 – www.epal.pt
Bus nº 735, 794, 706, 712, 782 (Santa Apolónia). Métro : Santa Apolónia.
Ouvert du mardi au samedi : 10h-17h30. Fermé les jours fériés. Entrée : 4 €, 2 € en tarif réduit. Accessible aux personnes à mobilité réduite. Accessible aux fauteuils roulants.

A la fin des années 1800, le grand aqueduc construit pour acheminer l'eau à Lisbonne devient insuffisant. C'est pourquoi fut construit un second, un réservoir final, ainsi qu'une station à vapeur servant à distribuer l'eau dans la ville. Cette dernière a été installée dans un ancien couvent franciscain auquel elle doit son nom « barbadinhos » puisque des frères italiens portant la barbe (*barba* en portugais) y vivaient. L'objectif était de prendre l'eau de la rivière Alviela vers les réservoirs de Penha de França. Aujourd'hui, la compagnie des eaux EPAL vous propose de visiter ce lieu transformé en musée.

Cathédrale Sé.

ENTRETIEN AVEC ANNE COLIN, CRÉATRICE DE A ILEGITIMA ET CHEFFE

Qu'est-ce qui t'a décidé à venir et t'installer à Lisbonne ?

En 2015, je suis partie avec mon ex-mari faire un tour du monde culinaire. On avait appelé notre voyage Legrand Foodtrip. On y organisait des Popup un peu partout en Amérique du Sud et on y prenait l'inspiration. Mais l'idée c'était surtout de trouver un endroit où nous installer. A l'époque je saturais de Paris. Le climat très anxiogène, pas du tout nature, carrément snob me limitait totalement. Je savais au fond de moi qu'un destin merveilleux m'attendait ailleurs. Sur la partie européenne, nous avons voyagé avec notre moto. Une BMW RT1200 incroyable avec laquelle nous avons parcouru 15 000 km. C'est en passant au Portugal pour prendre la direction du Maroc que je suis tombée folle amoureuse de l'Alentejo. La partie est à la frontière avec l'Espagne. Et plus particulièrement la région d'Evora. Un coup de foudre instantané. Je me serais cru en Afrique. Mon cœur a chaviré et j'ai su à ce moment que nous vivrions dans ce pays. Proche de la France avec suffisamment d'exotisme. Ensuite, j'ai fondu pour Lisbonne. Mais si je suis vraiment honnête, elle et moi vivons une relation tumultueuse. Je l'aime autant qu'elle m'insupporte.

Qu'est-ce qui te plaît à Lisbonne par rapport à Paris ?

Alors évidemment en premier sa lumière. Qu'il fasse beau ou mauvais, *Luzboa* sait nous ravir chaque jour qui passe de couleurs magnifiques. Et puis c'est une toute petite ville, hyper charmante, désuète mais super active. Et ce que j'adore, c'est que je peux m'enfuir partout ailleurs en un rien de temps. L'aéroport est à deux pas, l'océan à 15 minutes et les accès vers le Nord et le Sud au pied de ma maison. Lisbonne est une ville qui se découvre à pied. C'est une ville secrète. J'ai beau la connaître par cœur, ses moindres recoins, ses monts et merveilles, elle me surprend encore sept ans plus tard.

Que conseillerais-tu aux personnes qui souhaitent venir s'installer à Lisbonne ?

De prendre leur temps, de laisser leurs illusions et leurs espoirs dans leur ancien appartement, d'apprendre la langue et de bien réfléchir. Le Portugal a de multiples attraits, oui c'est vrai, mais c'est un pays très très lent. Ce n'est pas facile d'y faire sa place. D'y être accepté. J'aurais mis presque cinq ans pour m'y sentir vraiment locale, pour être reconnue dans mon travail.

© NICOLAS BUISSON

Anne Colin.

ENTRETIEN AVEC ANNE COLIN, CRÉATRICE DE A ILEGITIMA ET CHEFFE

Quel est ton quartier préféré et pourquoi ?

Graça a mon cœur. Pour ses vues, pour son côté encore authentique. C'est le petit Montmartre. Et les restos sont déments. C'est un village dans lequel se mêlent artistes, familles, locaux et touristes, Portugais et étrangers. Tout le monde se connaît et se respecte. Mais j'adore mon quartier de Beato, c'est le Brooklyn local. Des artistes, des galeries d'art, des restaurant concepts dans des palais, une table secrète. Le plus grand espace de coworking d'Europe. Beato est très underground.

Quelles sont tes bonnes adresses pour manger et sortir ?

Pour un évènement hors du commun, chez A Ilegitima bien sûr, ma maison, mon labo de création. Pour un déjeuner typique de poisson : Clube Naval de Lisboa (demandez les *filetes de peixe*, c'est le top et ils ne sont JAMAIS à la carte). Pour un verre et un dîner à la cool dans une ambiance locale : Magnolia, praça das Flores, au cœur du très chic quartier de Principe Real. Pour une ambiance arty/concert : Damas, l'indétrônable. C'est hyper bon, pas cher et tellement groovy. Pour prendre un verre : Vino Vero. Pour un dîner gastronomique : Alma, 2 étoiles au *Michelin*, une sublime cuisine portugaise revisitée. Pour la meilleure bifana sur le pouce : As bifanas do Afonso.

■ **A ILEGITIMA**
40 Calçada do Duque de Lafões
✆ +351 932 313 215
www.ailegitima.com
a.ilegitima@gmail.com

■ **DAMAS**
60 Rua Voz do Operario
✆ +351 964 964 416
damas.lisboa@gmail.com
Voir page 118.

■ **VINO VERO**
30 travessa do Monte
✆ +351 21 886 3115
www.vinovero.wine
info@vinovero.wine
Voir page 115.

■ **ALMA**
15 Rua Anchieta, Santos
✆ +351 213 470 650
www.almalisboa.pt
alma@almalisboa.pt
Voir page 72.

IGREJA DA GRAÇA ★

Largo da Graça, Graça
✆ +351 218 873 943
Tram n° 12 et 28. Bus n° 734.
Du mardi au vendredi de 9h à 18h, samedi de 9h30 à 12h30 et de 14h à 18h, dimanche de 9h30 à 12h30 et de 17h à 20h.

Dédiée à une statue de la Vierge miraculeusement repêchée au large de Cascais, l'une des plus anciennes églises de la ville dont les origines remontent à 1271. Sous nos yeux un condensé de l'art religieux portugais baroque, bois dorés, azulejos de toute beauté, effets de sculpture et de trompe-l'œil surprenants.

© JOHN FRECHET – ICONOTEC

Cloche de Largo de Graça.

IGREJA DE SANTO ANTÓNIO ★

Largo de Santo António da Sé, Alfama
✆ +351 218 869 145
stoantoniolisboa@gmail.com
Bus : n° 737. Tram : n° 28.
Ouvert du lundi au vendredi de 8h à 19h et les samedis, dimanches et jours saints jusqu'à 19h45.

Une petite halte afin de saluer la statue de Saint Antoine de Padoue (né à Lisbonne en 1195), sauvée miraculeusement de toutes les catastrophes. Chaque 13 juin, à l'occasion des fêtes de la ville en l'honneur de son saint patron, elle part pour une promenade triomphale dans les ruelles de l'Alfama. En dessous de la Sé, cette petite église baroque jouit de beaux parquets et intérieurs, juste à côté un petit musée la complète.

© MAMA_MIA – SHUTTERSTOCK.COM

Igreja de Santo António.

Mosteiro São Vicente de Fora.

IGREJA ET MOSTEIRO SÃO VICENTE DE FORA ★★★

Largo São Vicente, Alfama
✆ +351 218 824 400
www.patriarcado-lisboa.pt
Tram : n° 28. Bus : n° 712 et 734.
Eglise 8h à 13h et de 14h30 à 17h du mardi au samedi, le dimanche de 8h à 12h. Cloître 10h à 18h, entrée : 5 €.

Le monastère, fondé en 1147 en hommage à la victoire sur les Maures, et l'église Saint-Vincent-hors-les-murs, édifiée entre 1582 et 1627, constituent un ensemble architectural à l'immense façade blanche dominant l'Alfama. L'église monumentale est impressionnante par l'opulence de sa décoration intérieure, le cloître comporte des azulejos du XVIIIe siècle de toute beauté. En empruntant les escaliers de la tour, vous accéderez à une grande terrasse panoramique.

MIRADOURO DA SENHORA DO MONTE ★★

Largo da Senhora do Monte
Graça
Tram : n° 28. Bus : n° 712, 726 ou 734.

L'un des plus excentrés mais l'un des plus charmants. Accès depuis Graça, c'est celui qui offre la vue la plus large et la plus lointaine : vue plongeante vers la mer de Paille et le mouvement des bateaux et ferries, château enfoui dans les arbres, Mouraria, collines, avenidas Novas... Vous constaterez

Miradouro da Senhora do Monte.

Miradouro das Portas do Sol.

alors à quel point Lisbonne est une fantastique juxtaposition de quartiers.

MIRADOURO DAS PORTAS DO SOL ★★

Largo da Portas do Sol
Alfama
Tram n° 12 ou 28.

Quelques mètres plus haut que le Miradouro de Santa Luzia, un vaste balcon offre une vue plus spectaculaire sur la mer de Paille et surtout une belle échappée sur les hauteurs de l'Alfama. Vous ne pourrez pas le manquer, car il y a au moins 28 raisons de passer par là. Tram, tram !

LES PATIOS

Encore un objectif de balade à Lisbonne ! Si vous avez de la chance et que c'est possible, n'hésitez pas à passer certains porches pour découvrir l'âme du pays et la quiétude de ce quartier de Lisbonne. Ce sont d'anciens palais peu à peu occupés et réinstallés par des artisans ou des hôtels de luxe, des lieux de vie familiaux ou bien un bout du monde comme le Patio Dom Fradique dans l'Alfama, une sorte de cour de village qui s'ouvre par une arche superbe en face de l'entrée du château. Certaines tentatives récentes sont intéressantes, mais nous, nous aimerions surtout que tout reste authentique et garde son charme d'antan ! Trésors cachés de Lisbonne, ce sont des urbanisations sauvages sur les restes de couvents ou de palais abandonnés ou au contraire de cités ouvrières. Parmi les plus remarquables : la Vila Berta, rua do Sol a Graça, pour sa perspective presque londonienne de terrasses en fer forgé et sa famille de chats errants, plus ou moins adoptés par les habitants. Sinon, il y a la Vila Rodrigues, dédale de passerelles et d'escaliers rua da Senhora da Glória, à Graça.

Miradouro de Graça.

MIRADOURO DE GRAÇA ★★

Largo da Graça
Graça
Tram : n° 28. Bus : n° 734.

Vous avez aimé le quartier de Graça... vous serez conquis par l'un des plus hauts belvédères offrant l'une des plus belles vues sur le vieux Lisbonne ! Sublime en été, quand les lourdes grappes des bougainvilliers en fleur dégringolent de São Pedro. Incontournable !

Museu de Artes Decorativas Portuguesas.

MUSEU DA ÁGUA ★

12 Rua do Alviela
✆ +351 218 100 215
www.epal.pt
mda.epal@adp.pt
Bus n° 735, 794, 706, 712, 782.
Métro : Santa Apolónia.

Visites sur rendez-vous pour la galerie do Loreto à partir du réservoir da Mãe d´água ou du réservoir da Patriarcal. Le musée rua do Alviela est accessible aux personnes à mobilité réduite.

Le Musée de l'eau est constitué d'un ensemble de monuments et édifices construits entre les XVIIIe et XIXe siècles qui ont une place importante dans l'histoire de l'approvisionnement de l'eau à Lisbonne et constituent aujourd'hui un parcours historique, patrimonial, technologique et scientifique. Font partie de ce musée : l'aqueduc das Águas

Livres, le réservoir da Mãe d'Água, le réservoir da Patriarcal, la station à vapeur des Barbadinhos ainsi que la galerie du Loreto.

MUSEU DE ARTES DECORATIVAS PORTUGUESAS ★★★

Fundação Ricardo do Espírito Santo Silva
2 Largo Portas do Sol
Alfama
✆ +351 218 814 600
www.fress.pt
museu@fress.pt
Tram n° 12 et 28. Bus n° 737.
Du mercredi au lundi de 10h à 17h. Entrée : 10 €, 5 € tarif réduit, gratuit pour les moins de 14 ans.

Installé dans l'élégant Palácio Azurara du XVIIe siècle, aux hautes et jolies façades rouges, le musée de l'Institut des arts et métiers portugais présente le décor d'une maison d'aristocrate lisboète de l'époque. Les collections du fondateur, Ricardo Espírito Santo, représentent un condensé de l'histoire de la décoration et de l'ameublement : mobilier portugais, argenterie, orfèvrerie, azulejos, textiles, peintures et porcelaines.

MUSEU DE LISBOA – SANTO ANTONIO ★

22 Largo de Santo António da Sé
Alfama
✆ +351 218 860 447
www.museudelisboa.pt
santoantonio@museudelisboa.pt
Métro (10 min.) : Baixa Chiado/ Terreiro do Paço.
Ouvert du mardi au dimanche de 10h à 18h. Entrée : 3 €.

Ce musée est consacré à la vie et au culte de saint Antoine de Padoue, patron de Lisbonne, né en ces lieux en 1191 et disciple de saint François d'Assise. Surnommé *Sant'Antoninho*, c'est un des saints les plus populaires, saint patron du mariage et des choses perdues, à qui l'on peut tout demander. Sa fête se célèbre le 13 juin avec défilés, fêtes de rue, processions et mariages.

Museu de Lisboa – Teatro Romano.

MUSEU DE LISBOA – TEATRO ROMANO ★

3A Rua de São Mamede
Alfama
✆ +351 215 818 530
www.museudelisboa.pt
teatroromano@museudelisboa.pt
Tram n° 28. Proche de la rua Augusto Rosa.
Ouvert du mardi au dimanche de 10h à 18h. Entrée : 3 € et 2,60 € pour les plus de 65 ans, 50 % de réduction entre 13 et 25 ans, entrée gratuite avec la Lisboa Card, pour les enfants jusqu'à 12 ans, les dimanches et jours fériés jusqu'à 14h.

Une ruine, oui, mais une ruine de théâtre romain, édifié au Ier siècle av. J.-C., à l'époque de l'empereur Auguste. Ce sont les effondrements, provoqués par le fameux séisme de 1755, qui permirent sa découverte en 1798. Face à Sé, le musée vous convie à une immersion dans ce passé glorieux.

MUSEU DO FADO (MUSÉE DU FADO) ★★

1 Largo do Chafariz do Dentro
Alfama
✆ +351 218 823 470
www.museudofado.pt
info@museudofado.pt
Métro : Santa Apolónia. Bus n° 728, 735, 759, 794. Tram n° 28.
Ouvert du mardi au dimanche de 10h à 18h. Entrée : 5 € avec audioguide disponible. Restaurant.
Un hommage au fado et à ses instruments et interprètes, grâce à un parcours pédagogique bien réalisé

© SOPOTNICKI – SHUTTERSTOCK.COM

Museu do Fado (Musée du Fado).

au moyen de mannequins de cire, de bornes musicales, d'affiches ou bien de revues. La boutique librairie s'avère aussi très bien fournie.

MUSEU MILITAR ★

Largo do Museu do Artilharia
Santa Apolónia
✆ +351 218 842 569
www.exercito.pt
museumilitar@portugalmail.pt
Bus : n° 706, 712, 728, 734, 735, 759 ou 794.
Métro : Santa Apolónia.
Ouvert du lundi au vendredi de 10h à 17h, les samedis, dimanches et jours fériés de 10h à 12h30 et de 13h30 à 17h. Entrée : 3 €. Gratuit les dimanches et jours fériés jusqu'à 14h.
Même si vos convictions s'y opposent, car ce n'est pas seulement d'armes qu'il s'agit, mais également de l'arsenal du XVIIIe siècle. Au premier : armures, marbre et faux marbre, plafonds peints et sculptures dorées, allégories mythologiques et guerrière, une belle collection de pistolets (Parabellum, Smith & Wesson, Browning...). Deux salles consacrées à l'évolution des armes portugaises du XVIIe au XIXe siècle. Puis, une porte secrète est ouverte par la gardienne du musée, pour découvrir une salle truffée d'admirables maquettes : canons, reconstitution d'ateliers de fabrication, etc. Enfin, une grande salle voûtée abrite des alignements de canons, des vrais cette fois.

MUSEU NACIONAL DO AZULEJO ★★★

4 Rua de Madre Deus
Xabregas
✆ +351 218 100 340
Voir page 19.

VERSION NUMÉRIQUE
OFFERTE
Obtenez votre guide numérique en scannant le QR code
ou rendez-vous sur le site
www.ebookfute.com
avec le code avantage
BV6BL6
petit futé
2023 2024
LISBONNE
CITY TRIP
SPÉCIAL WEEK-END ET COURT SÉJOUR
OFFRE VALABLE JUSQU'À L'ARRÊT DE COMMERCIALISATION DU TITRE EN FRANCE MÉTROPOLITAINE ET DANS LE MONDE ET SOUS RÉSERVE QUE LE NOMBRE DE TÉLÉCHARGEMENTS SOIT INFÉRIEUR OU ÉGAL AU NOMBRE D'EXEMPLAIRES DE GUIDES PAPIER IMPRIMÉS. FORMATS DISPONIBLES POUR SMARTPHONES, TABLETTES, LISEUSES ET ORDINATEURS PC OU MAC.
© PERFECTLAB - SHUTTERSTOCK.COM

PANTEÃO NACIONAL – IGREJA DE SANTA ENGRÁCIA ★★

Campo de Santa Clara
Alfama
✆ +351 218 854 820
www.panteaonacional.gov.pt
geral@panteao.dgpc.pt
Bus n° 712 et 734. Tram n° 28.
Ouvert du mardi au dimanche de 10h à 13h et de 14h à 17h. Fermé le 1er janvier, le dimanche de Pâques, le 1er mai et le 25 décembre. Entrée : 4 €, gratuit pour les enfants jusqu'à 12 ans ou bien avec la Lisboa Card.

Initiée en 1682, l'église de Santa Engrácia, véritablement achevée en 1966, a été inaugurée alors comme panthéon national. Avec sa sublime coupole rose et or s'élevant au-dessus de l'Alfama et son intérieur de dentelle de marbre, la construction baroque sur plan octogonal est consacrée « aux morts glorieux » avec différents cénotaphes et tombes d'illustres personnalités, parmi lesquelles, Luís de Camões ou Vasco de Gama. De la terrasse, profitez d'un superbe point de vue.

SE RESTAURER

Bistrots populaires, tables de qualité et surtout pâtisseries ne manquent pas dans ces quartiers populaires. En plus, ces adresses sont généralement délaissées des touristes ce qui est plutôt bon signe.

SUR LE POUCE

O CORVO

15A Largo dos Trigueiros
✆ +351 218 860 545
Métro : Martim Moniz ou Rossio.
Ouvert de 12h à 23h du mardi au jeudi, jusqu'à minuit le vendredi, le samedi et dimanche.

Ce café/restaurant ne se dévoile qu'aux plus aventuriers qui oseront s'enfoncer dans les ruelles de la Mouraria. O Corvo est l'endroit parfait pour se retrouver entre amis ou venir avec son livre y passer l'après-midi. Au menu, il y en a pour tous les goûts, de la *focaccia* au burger en passant par un large choix de salades. Il y aussi des tables de fromages et charcuterie et des plats à partager.

Panthéon national de Lisbonne.

© O CORVO

O Corvo.

A CABREIRA

22 largo da Graça
✆ +351 218 861 989
Ouvert tous les jours de 7h à 21h.
Venez profiter de leur terrasse ensoleillée qui donne en plein sur la place de Graça. Toute l'équipe vous réserve un accueil chaleureux. Ici, on vient manger des *pasteis de nata* avec un café ou pourquoi pas un *pão de deus* (ces brioches avec de la crème pâtissière sur le dessus). Le soir, on prendra une bière avec un des snacks salés comme des feuilletés ou *pasteis de bacalhau*.

PAUSE GOURMANDE

AUGUSTO LISBOA

26 Rua Santa Marinha
✆ +351 218 860 271
augusto-lisboa@hotmail.com
Tram n° 28.
Ouvert en semaine de 8h30 à 16h et le week-end de 9h à 16h30. Comptez environ 15 €.
Situé dans une rue entre les quartiers de Graça et du Castelo, en venant de la place Portas do Sol en direction du Panthéon. Ce café-restaurant et aussi *art gallery* vous surprendra par sa décoration qui varie en fonction des expositions, tout en conservant un côté chaleureux. Un endroit où l'on se régale de pancakes, tartines bien garnies, salades ou encore de délicieux gâteaux. Tous les clients ressortent enchantés. En plus ils travaillent avec des torréfacteurs locaux pour leur café.

MARIA LIMAO

127 Rua da Graça
✆ +351 913 492 228
Ouvert de 9h30 à 19h.
Maria Limao a déménagé en septembre 2021 à quelques centaines de mètres de son adresse sur la colline de Graça. Allez y reprendre des forces après avoir grimpé jusqu'au *miradouro* ou flâné au Jardim da Cerca da Graça. Au menu, vous aurez le choix entre des pancakes, des *toastas*, des crêpes salées et des salades. Le tout dans un joli décor avec un carrelage en damier au sol. On vous recommande chaudement leur limonade maison.

BIEN ET PAS CHER

BOTEQUIM
79 Largo da Graça
Graça
✆ + 351 218 888 511
omeubotequim@gmail.com
Tram n°28.
Ouvert tous les jours de 10h à minuit. Salades, tostas et mini-plats à partir de 6 €. Environ 10 € le repas complet.
Tout près du splendide miradouro da Graça, incorporé dans la Vila Sousa (ancêtre du HLM !) dans une grande bâtisse toute de bleue vêtue avec ses azulejos, un charmant lieu intimiste, chargé d'histoire.
Que ce soit pour une bonne conversation entre amis, pour partager un verre, ou un petit plat, en écoutant de la bonne musique (petits concerts épisodiques), c'est le lieu qu'il vous faut ! On y passe toujours un très bon moment !

CAFÉ MORTARA
23 rua Angelina Vidal
geral@cafemortara.com
Ouvert du mercredi au samedi de 12h30 à 15h30 et de 18h à 23h (minuit le week-end). Dimanche de 18h à 22h30.
Le restaurant Café Mortara fait partie du collectif Coral regroupant en plus Valsa et ArtesanaLis Bottle Shop : tous les trois sont réunis au sein du même espace dans le quartier de Graça. Deux salles : une pour les événements culturels et une pour se restaurer avec une cuisine italienne. Vous pourrez manger les pizzas de chez Valsa ou les pâtes fraîches du Café Mortara. Sur le menu, on vous propose des suggestions de boissons pour accompagner chaque plat et notamment quelle bière de chez ArtesanaLis choisir. La pâte à pizza est faite au levain : un délice.

CANTINHO DA FÁTIMA
113 Rua Graça
Graça
✆ +351 218 878 772
Tram n° 28.
Ouvert en semaine de 8h à 19h, menu comprenant soupe, pain, plat, boisson, dessert et café.
Une tasca, typique et populaire de Graça, possédant une très bonne réputation. Des classiques de la cuisine portugaise, comme le bacalhau a braz, et des plats de viande. On y mange une cuisine simple avec des parts gargantuesques. Une ambiance un peu vieillotte qui a du vécu, mais c'est ce qui fait son charme. Un accueil chaleureux, pour résumer en deux mots : bon vivant. Prévoyez du temps car, victime de son succès, le restaurant est plein le midi. Cependant, le service est généralement assez rapide une fois installé à la table.

CANTINHO DO AZIZ
5 Rua São Lourenço
Mouraria
✆ +351 218 876 472
www.cantinhodoaziz.com
M° Rossio. Tram 28.
Ouvert tous les jours de 12h à 23h. Plats principaux entre 10 et 20 €.
Une petite tasca qui ne paye pas de mine, populaire et multiculturelle, vous y découvrirez un patchwork de la cuisine des anciennes colonies portugaises. Une cantine qui propose des plats du Mozambique, de l'Angola et de Goa. Des bons plats de viande, « cabrito au curry ou coco »

© CANTINHO DO AZIZ

Cantinho do Aziz.

(cabri), « des gambas au curry » .... Le jus de mangue est extra et frais, quelques plats végétariens, et de bons desserts maison (la mousse de « maracuja », fruit de la passion, est excellente). L'accueil est toujours sympathique.

ESTRELA DA SÉ

4 Largo de Santo Antonio da Sé
Sé – Alfama
✆ +351 218 870 455
estreladase@gmail.com
Tram n° 28.
Ouvert tous les jours de 9h à 22h.
On connaît cette *antiga casa de pasto*, taverne plaisante datant de 1814, pour ses jolies séparations intérieures de bois, qui selon la légende, permettaient d'organiser d'occultes conspirations ou de faire la cour, en toute discrétion. Sa cuisine honnête et sans prétention se décline avec goût : gambas frites, *chouriço* grillé, morue à *Brás* avant de bien terminer, l'eau à la bouche, par un inévitable *pudim flan*.
Après la visite des monuments, pourquoi pas une simple pause *sande* (sandwich) pour tenter de vous imprégner de l'atmosphère du quartier ?

GRELHADOR DE ALFAMA

137 Rua dos Remedios
✆ +351 218 886 298
Métro : Santa Apolónia.
Fermé le dimanche. Ouvert midi et soir de 11h à 2h. Comptez en moyenne 20 €/pers (hors boisson).
Ce petit restaurant typique à l'ambiance accueillante et intimiste est situé en plein cœur du quartier de Alfama en haut de la rue dos Remedios, rue qui monte à droite de la place, en face du musée du *Fado*. La spécialité de la maison, ce sont les grillades de viandes et poissons frais au charbon, réalisées sous vos yeux à droite de l'entrée.
Le service est attentionné et on sert même tard dans la soirée, jusqu'à 2h du matin.

O EURICO – CASA DE PASTO

3 Largo de São Cristóvão, Mouraria
✆ +351 218 861 815
ovelhoeurico@gmail.com
Tram n° 28.
Ouvert de 12h30 à 15h et de 20h à 23h, dimanche matin uniquement, fermé le lundi. Plats à partir de 9 €.
Cette petite tasca, typique et traditionnelle, fait dans les grillades. Nous conseillons particulièrement les grillades de poisson, notamment le mérou. L'accueil est sympathique et familial, le patron arrose certains desserts avec un petit digestif. La femme d'Eurico s'affaire pour préparer les repas. Des bons petits plats à petits prix.

O GAMBUZINO

5A rua dos Anjos
✆ +351 218 863 231
www.ogambuzino.com
Ouvert tous les jours de 17h30 à minuit. La cuisine ferme à 22h. Réservation quasiment obligatoire.
Légèrement caché dans la rua dos Anjos, ce restaurant est hyper connu des locaux. Ouvert un peu avant la pandémie, il est désormais victime de son succès. Ici, vous pourrez déguster une excellente nourriture végétarienne voire végane, par contre le service n'est plus ce qu'il était. C'est-à-dire que même si vous réservez une table, vous ne pourrez y rester que deux heures. L'amabilité des serveurs est un peu aléatoire. Malgré tout la nourriture est très bonne et les prix sont raisonnables. Cela reste donc une bonne adresse à visiter.

O NINHO

17-19 rua de São Cristavão
✆ +351 211 361 664
www.oninho.com
contact@oninho.com
M° Martim Moniz, prendre la rua da Madalena puis les escaliers sur la gauche.
Ouvert du jeudi au lundi de 9h à 16h ou 17h le week-end. Formules brunch entre 12 et 15 €.
C'est une des découvertes du *Petit Futé*, à deux pas de l'église de São Cristavão. Voici un café-brunch comme on les aime, niché dans la Mouraria. O Ninho signifie « le nid » en portugais et en effet, ici on se sent comme à la maison dans une ambiance cosy et chaleureuse. Marion et Stanislas vous proposent des brunches de très bonne qualité avec muesli, jus d'orange, œufs brouillés...

TASCA BALDRACCA

1 rua das Farinhas
tascabaldracca@gmail.com
Ouvert du mardi au samedi, de 12h30 à 15h et de 20h à 23h. Comptez environ 10/15 € pour un plat.
Cette tasca a ouvert en 2022 pour notre plus grand plaisir. Ses propriétaires, trois Brésiliens, ont fait leurs preuves dans des établissements connus comme Taberna Sal Grosso ou Via Graça ou encore avec des chefs comme Chef Kiko. Il n'en faut pas plus pour nous donner envie d'aller dans ce restaurant, à la déco simple mais branchée.

ZÉ DA MOURARIA

24 Rua João Outeiro, Mouraria
✆ + 351 218 865 436
M° Martim Moniz.
Ouvert du lundi au samedi de 12h à 16h. Tous les jours, un plat du jour différent. Compter environ 15 € pour un repas.
On a longtemps hésité avant de vous donner cette adresse ! Pour ceux qui aiment les tascas, les ambiances

populaires et la cuisine généreuse, voici votre antre ! A l'entrée de la Mouraria, non loin de Martim Moniz, ce restaurant confectionne des plats traditionnels dans des proportions pantagruéliques. La *Bacalhau à Minhota* est un délice, on a entendu dire qu'il s'en vend plus de 200 kg par semaine ! Cette adresse fait partie de la fameuse *rota das tasquinhas* et est donc validée par la municipalité et une association du quartier à l'origine de cette sélection.

BONNES TABLES

D'AS BEATAS

8A-B ruas das Beatas
✆ +351 917 673 330
dasbeatas@gmail.com
Ouvert du mardi au vendredi de 19h à 23h30.
Petit par la taille mais grand par la qualité de sa cuisine, D'As Beatas est un restaurant qui vaut le détour. Vous pourrez être surpris par son logo quelque peu avant-gardiste, pourtant la cuisine est bien traditionnelle, elle. Les avis des clients ne tarissent pas d'éloges. La présentation des plats est en plus très soignée. Il vous faudra donc réserver si vous voulez avoir la chance d'y manger car il est souvent plein. Vous le reconnaîtrez à sa jolie devanture avec ses baies vitrées et ses deux tables à l'extérieur. Alors laissez-vous tenter...

CASANOVA

Armazém 7 Lo Avenida Infante Dom Henrique
Santa Apolónia
✆ +351 218 877 532
http://pizzeriacasanova.pt
italma@sapo.pt
Ouvert tous les jours de 12h30 à 1h30. Compter entre 15 et 20 € le repas. Le restaurant ne prend pas de réservations.
En face de la gare Santa Apolónia, une superbe pizzeria qui se démarque par son concept original et informel. Les pizzaiolos façonnent la pâte et enfournent les pizzas sous vos yeux. Puis les serveurs s'agitent pour apporter les délicieuses pizzas, que l'on mange sur de grandes tables, éclairées chacune d'une lanterne. Sa terrasse sur le bord du Tage offre un cadre parfait pour un repas en famille, entre amis ou encore en amoureux. L'espace ne désemplit pas et il y a souvent une file d'attente le week-end, mais les pizzas valent le détour !

CHAPITÔ À MESA

7 Rua Costa do Castelo
✆ +351 21 885 55 50
http://chapito.org
mail@chapito.org
Ouvert la semaine de midi à minuit, le week-end de 19h30 à minuit. Plats autour de 20 €. Terrasse.
En plus d'être un superbe lieu de spectacles, Chapitô à Mesa est aussi un bar à cocktails mais surtout un très bon restaurant ! Avec sa vue panoramique sur le Tage, le Christ Roi, le pont 25 Avril, la colline du Bairro Alto et la Baixa, l'établissement propose, selon l'inspiration du jour, des plats surprenants et bons. Que l'on choisisse la terrasse, spécialisée dans les plats de la cuisine portugaise (viandes et poissons grillés, petiscos, tapas...) ou le premier étage, qui s'évertue à proposer des plats créatifs et originaux – la cuisine, du Chef Bertílio Gomes – on n'est jamais déçus.

CLARAS EM CASTELO

31 Rua Bartolomeu Gusmão
Castelo
✆ +351 218 853 071
clarasemcastelo31@gmail.com
Tram n° 28.
Ouvert tous les jours sauf le mercredi de 10h30 à 22h. De 10 € à 25 €.
Au pied du château, l'endroit est mignon, tout en long, avec des pierres apparentes. L'accueil de Guida et Stéphane est très sympathique et chaleureux. On y mange des plats typiques portugais, de la lotte avec une sauce aux crevettes par exemple, et de bonnes entrées comme du pâté de sardine fait maison. En guise de décoration sont exposés des bijoux, des peintures... Un restaurant où l'on se sent bien, parfait pour un dîner en tête-à-tête ou juste pour un dîner au calme. Évitez de venir à l'improviste si vous voulez être sûr d'avoir une place.

DUETOS DA SÉ

1 Travessa Almargem
Alfama
✆ + 351 218 850 041
www.duetosdase.com
geral@duetosdase.com
M° Terreiro do Paço. Tram 28.
Ouvert tous les jours de 16h à minuit. Compter 25 à 30 € le repas.
Dans une petite ruelle qui descend en direction du fleuve, non loin de la cathédrale Sé, voici un nouvel espace qui mêle avec finesse gastronomie et musique. Un intérieur avec des murs en pierre, et des arches voûtées, un piano à queue qui vous indique que des musiciens ne tarderont pas à venir... Et « Duetos » pourquoi donc ? Musique et gastronomie vont de pair avec une cuisine portugaise contemporaine et toute la semaine une programmation « InFado », une fusion de musiques du monde. Un bel espace à l'intérieur et une terrasse à l'extérieur.

LI28OA – WINE AND TAPAS

6 rua dos Cegos
✆ +351 916 694 180
www.dalma.pt/li28oa-wine-tapas
Ouvert tous les jours sauf mercredi de 12h à 22h. Plats autour de 15 €, quelques options pour les végétariens.
Idéalement situé avec sa petite terrasse qui surplombe une de rues principales de Graça, ce restaurant propose quelques tapas et une jolie sélection de vins pour les accompagner. Il y a également des plats individuels avec les classique burgers (il y a aussi une version végétarienne). Vous aurez peut-être envie de vous y arrêter pour manger une planche de fromage et de charcuterie avec un verre de sangria (qui est d'ailleurs très bonne). L'établissement possède également quelques tables à l'intérieur en cas de mauvais temps. Le personnel est très sympathique.

O PITÉU

95 Largo da Graça
Graça
✆ +351 218 871 067
opiteu@hotmail.com
Tram n° 28.
Ouvert tous les jours de 12h à 15h et de 19h à 22h30. Fermé samedi soir, dimanche et tout le mois d'août. Plats entre 10 et 18 €.
Ce petit restaurant de cuisine traditionnelle (aperçu dernièrement dans le film *La Religieuse portugaise* d'Eugène Green) sert assez tard. Pour bien vous régaler : soupe de légumes, blinis de morue et un riz de haricots, cabri au

four et de douceurs maisons variées. De la pure cuisine *alfacinha* (lisboète) avec des recettes d'antan. Un bon service et rapport qualité/prix vraiment honnête.

VTABERNA ALBRICOQUE
98A Rua dos Caminhos de Ferro
✆ +351 218 861 182
geral@albricoque.pt
Métro : Santa Apolonia.
Du mardi au vendredi de 19h à 23h. Le samedi de 12h à 15 et de 19h à 23h. Fermé dimanche et lundi. Compter autour de 25 €.
Situé à côté de la gare Santa Apolónia, cet espace qui date de 1904 a gardé sa décoration d'origine typique de « Casa de pasto » (bistrot local) : marbre, boiseries et sol en céramique de l'époque. Une atmosphère chaleureuse d'antan pour déguster une cuisine du sud du Portugal confectionnée avec des produits frais des producteurs locaux. Des petiscos à partager et des plats typiques vont ravir vos papilles : raie à l'ail (*raia de alhada*), poulet aux amandes et figues ou encore caillé de brebis (*almece de ovelha*). Une bonne adresse avec un service attentionné.

TABERNA MODERNA
18A Rua Bacalhoeiros
✆ +351 218 865 039
www.tabernamoderna.com
reservas@tabernamoderna.com
M° Terreiro do Paço.
Service du lundi au vendredi de 18h à 1h et samedi de 12h à 16h en plus du soir. Comptez 30-40 € pour un repas.
A côté de la Casa dos Bicos, cette taverne contemporaine affiche une décoration simple et moderne, et une somme de petits détails charmants. Ici, on partage des plats qui mélangent cuisine portugaise et espagnole, comme l'original et savoureux thon braisé et sa salade de mangue, riz noir aux calamars. La grande spécialité de la maison se trouve dans les verres, avec plus de 60 sortes de gins différents. Le soir, les lumières tamisées et la musique électro en fond sonore plantent une ambiance chaleureuse !

LUXE

GRENACHE LISBOA RESTAURANT
12 Pateo Dom Fradique
✆ +351 218 871 616
reservations@grenache.pt
Ouvert du jeudi au lundi de 19h à 23h. Menus de 90 et 130 €.
Né à Avignon, Philippe Gelfi s'est inspiré du raisin de sa région pour baptiser son restaurant. Grenache fait partie du très beau palácio Belmonte, situé dans le patio de Dom Fradique tout près du château São Jorge à Lisbonne. Un voyage culinaire où la créativité et les techniques françaises s'associent parfaitement avec les produits locaux. Des mets sublimes qui égayent les papilles par leurs saveurs et leurs textures très surprenantes. Excellent accueil sur une très jolie terrasse.

VIA GRAÇA
9 B Rua Damasceno Monteiro
Graça
✆ +351 218 870 830
https://restaurantteviagraca.pt/
reservas@vgraca.pt
Tram n° 28.
Ouvert du lundi au dimanche de 12h30 à minuit. Plats principaux autour de 30 €. Tapas autour de 18 €.

Entre Martim Moniz et le Largo da Graça, l'expression « manger avec ses yeux » est plutôt appropriée pour cette bonne table aux jolis panneaux de bois, menée par João Bandeira, car elle dispose d'un magnifique panorama sur Lisbonne et ses collines. Spécialités au four ou au grill et plats typiquement portugais voire internationaux occuperont richement les assiettes de tête-à-tête langoureux. Gambas panées de Macao, canard rôti au moscatel, perdrix aux palourdes à apprécier grâce à des crus issus d'une cave illustrant le meilleur du Portugal. Service élégant sachant être discret.

SHOPPING

L'Alfama regorge de boutiques de souvenirs. Certaines valent le détour, d'autres moins. Voilà quelques excellentes adresses en dehors des circuits touristiques que nous avons dénichées pour vous.

AMAR LISBOA

44 Campo das Cebolas
© +351 911 886 138
Ouvert en semaine de 11h à 19h et le week-end de 11h à 17h le samedi ou 18h le dimanche.
Des souvenirs du Portugal, oui, mais remis au goût du jour. Vous trouverez dans ce magasin des céramiques mais aussi des *tote bags* arborant fièrement les symboles lisboètes et divers objets design en tous genres.

ATELIER PORTA 16

28 rua de São Vicente
porta.dezasseis@gmail.com
Ouvert du lundi au vendredi de 11h à 18h30 et le samedi de 10h à 18h.
Il y a beaucoup de magasins de souvenirs dans le quartier de l'Alfama mais vous y trouverez souvent les mêmes choses. Celui-ci est différent et propose des objets plus originaux, souvent faits main. Pas mal de céramique, un peu de vaisselle et surtout de la décoration mais aussi

TOMBÉ DU CAMION... OU PAS ?

FEIRA DA LADRA (MARCHÉ À LA VOLEUSE)

Campo de Santa Clara
São Vicente
Bus n° 734. Tram n° 28. Entre Santa Apolónia et Graça, au pied de Santa Engracia.
Ouvert tous les mardis et les samedis, de 7h jusqu'à 17h environ.
Toujours l'un des grands moments du séjour à Lisbonne ! Ce marché aux puces tient son nom, on le conçoit, de la provenance de certains objets qu'il propose. Ici se côtoient des vendeurs d'objets anciens avec des gens qui vident leur grenier ou vendent des objets à la provenance douteuse. Vous trouverez donc antiquités, objets actuels, vêtements vintage et même quelques vieux disques venus de terres lointaines ; des petites échoppes de vieilleries côtoient des stands de vêtements neufs. N'hésitez pas à marchander même s'il est dur, en tant que touriste, de faire baisser les prix.

des bijoux (toujours en céramique). Il y en a pour toutes les bourses et tous les goûts. C'est donc une bonne adresse pour ramener des souvenirs à vos proches.

AZULEJOS DE FACHADA
1 Beco do Meixias
✆ +351 966 176 953
https://en.azulejosdefachada.com
azulejosdefachada@gmail.com
Ouvert tous les jours de 10h à 18h. Fermé le dimanche. De 7,50 € à 25 € le carreau d'azulejos.
Enfin une boutique d'azulejos stylisés, et pas du tout kitsch. Vanessa Marques Cabacinha, une jeune trentenaire talentueuse, peint de jolis motifs d'azulejos modernes sur carreaux dans cette petite boutique cosy d'une ruelle de l'Alfama. Mais Vanessa ne fabrique pas de simples carreaux d'azulejos, elle a eu l'ingénieuse idée de les transformer en dessous de plats grâce à une petite plaque de liège qu'elle colle. Voilà un souvenir original pour se faire plaisir ou pour offrir. Mention spéciale pour les azulejos représentant des sardines !

CHI CORAÇÃO – BOUTIQUE SÉ
46 rua Augusto Rosa
✆ +351 969 307 096
https://chicoracao.com/pt/
chicoracao@hotmail.com
Ouvert tous les jours de 10h à 20h.
Une nouvelle adresse à Lisbonne où trouver les belles couvertures en pure laine, les *mantas* comme on les appelle ici. Il y en a de toutes les couleurs et avec des tissages différents : chevrons ou autres. Si vous n'êtes pas branché déco, il y a également des capes, des manteaux ou encore des écharpes.

CONSERVARIA DE LISBOA
Largo Dr.Antonio de Sousa Macedo,5
34, Rua dos Bacalhoeiros
Alfama – Baixa
✆ +351 218 864 009
www.conserveiradelisboa.pt
info@conserveiradelisboa.pt
Métro : Terreiro do Paço ou Baixa/Chiado. Tram n°28.
Du lundi au samedi de 9h à 19h. Prix variables.
Rien que la vitrine kitsch vaut le détour ! Depuis 1930, la maison artisanale (comptoir et caisse enregistreuse d'origine ou presque !) fabrique des boîtes de conserve aux emballages multicolores. Le contenu est assuré par les sardines, thon, poulpes, anchois accommodés aux différentes saveurs (piment, tomate, huile d'olive) mais aussi des contenus plus rares (anguilles, œufs de poisson..).

DELIDELUX – STA APOLÓNIA
Av. Infante D. Henrique
Cais da Pedra – Armazém B, Loja 8
✆ +351 218 862 070
www.delidelux.pt
geral@delidelux.pt
Métro : Santa Apolonia.
Ouvert de 11h à 18h. Brunch de 10h à 16h samedi, dimanche et jours fériés.
Voilà une épicerie-charcuterie bien fournie ! Mais le vrai bon côté du Delidelux, c'est son ambiance. Simplicité et fraîcheur sont ici les mots d'ordre, avec, en plus, une superbe vue sur le Tage ! Exactement ce qu'il faut pour le petit déjeuner ou le goûter les jours de grand soleil ! Ou pour prendre des forces avec un bon brunch en fin de semaine.

Autre adresse : Rua Alexandre Herculano, loja 15A, de 9h à 23h.

SORTIR

CAFÉS – BARS

■ CASA INDEPENDENTE

45 Largo do Intendente
Intendente
✆ +351 218 872 842
www.casaindependente.com
info@casaindependente.com
M° Intendente.
Ouvert du lundi au vendredi de 16h à 22h30. Certains concerts sont payants.
Cette ancienne maison régionale a été reprise par trois jeunes demoiselles qui l'ont transformée et décorée avec leur touche féminine. Plusieurs salles où l'on peut s'asseoir et discuter autour d'un verre, une grande salle pour écouter des DJ sets (pas toujours très au point) mais surtout un patio toujours très prisé (il y a souvent plus de monde dehors que dedans).

■ CLARA CLARA CAFE

Jardim Botto Machado
Campo de Santa Clara
Alfama
✆ +351 218 850 172
https://clara-clara-cafe.business.site
geral@veraoamesa.pt
M° Santa Apolonia. Bus n° 734. Tram n° 28. Entre Santa Apolónia et Graça, au pied de Santa Engracia.
Ouvert tous les jours de 10h à 23h.
Dans le charmant jardin du Campo de Santa Clara, offrant une vue sur le panthéon et le fleuve, un kiosque où venir prendre un petit café, un croissant au nutella ou un très bon *tosta mista*. Nous vous conseillons notamment le tosta Clara, à base de chèvre, de jambon cru et de tomates fraîches. En terrasse, on retrouve les habitants du quartier et les chineurs des puces, toutes générations confondues, pour un moment de détente à l'ombre des arbres.

■ LOUCOS DE LISBOA NA GRAÇA

7C rua das Escolas Gerais
✆ +351 21135 3263
loucosdelisboa.g@gmail.com
Ouvert tous les jours sauf le mardi, de 16h30 à 22h30, voire plus tard. Verre de vin autour de 4 €.
Voici le deuxième local de ce bar originellement situé à Príncipe Real. Un très joli endroit à la décoration rétro qui évoque quelque peu un bar clandestin avec son mobilier aux couleurs sombres et ses lumières tamisées. Il possède une bonne carte de vins et des tables de fromage et de charcuterie à partager, le fameux chorizo assado, mais aussi des salades. Les prix sont raisonnables et, si vous avez de la chance, vous aurez de la place en terrasse.

■ PALMA CANTINA

316A rua da Palma
Ouvert tous les jours de 9h à 1h. Menu brunch. Tapas autour de 6-7 €.
Vous serez probablement intrigué par les chaises et tables de bistrot en terrasse. Seriez-vous revenu en France pendant la nuit ? Mais non, rassurez-vous, vous êtes bien toujours à Lisbonne et ce café ne propose pas grand-chose de français à part peut-être des croissants. Une des spécialités, ce sont les empanadas cuites au four à bois, délicieuses avec un cocktail de votre choix. En journée vous avez aussi plusieurs options pour bruncher comme des bowls ou le très bon banana bread. Le soir, l'ambiance est festive et le bar souvent plein.

SECRET GARDEN LX

Largo Monte

Ouvert tous les jours de 14h30 à 22h. Il faut être membre de l'association pour entrer.

Une fois rendu au miradouro de Nossa Senhora do Monte, saurez-vous trouver la petite porte qui mène à cette oasis en pleine ville ? Il vous suffira d'écouter la musique live pour vous orienter. Créée par plusieurs artistes, cette association-bar est un endroit idéal pour boire une caïpirinha en regardant le coucher du soleil.

VINO VERO

30 travessa do Monte
✆ +351 21 886 3115
www.vinovero.wine
info@vinovero.wine

Ouvert tous les jours, de midi à minuit sauf le mardi à partir de 18h. Verre de vin autour de 5-6 €.

Un peu caché car niché dans cette petite traverse, il a remplacé cette année un petit café. Vino Vero (ou le vrai vin) est un bar à vin plutôt haut de gamme. On y vient donc pour déguster du bon vin et parler entre amis, mais pas pour faire la fête et boire jusqu'à plus soif. Ouvert sur la rue, l'invitation à venir s'installer est très claire. Pour accompagner les vins, il y a aussi des petiscos de première qualité : poulpe, fromage type burrata, bien sûr avec une note italienne. Pour les grands groupes, vous pourrez partager aussi des tables.

CLUBS ET DISCOTHÈQUES

FERROVIARIO

59 Rua de Santa Apolonia
✆ +351 217 651 869
https://grupochamp.pt/en/
ferroviario@grupochamp.pt

Ouverture de 19h à minuit. Fermé lundi et mardi.

Un peu plus loin après la station de Santa Apolonia, vous trouverez ce célèbre club. Avec une des plus jolies vues de Lisbonne, l'établissement créé en 1961 a rouvert ses portes en 2010 en tant que bar-restaurant avec de la musique live.

Deux espaces indépendants : une grande terrasse avec bar en plein air et une salle de concert et de théâtre. La scène permet de mettre en avant de nouveaux artistes locaux d'univers différents : musique, peinture, art... Plus qu'un espace d'évènements, c'est aussi un très bel endroit de convivialité. Rendez-vous là-bas !

LUX FRÁGIL

Cais da Pedra
Avenida Infante Dom Henrique
Santa Apólonia
✆ +351 218 820 890
www.luxfragil.com
lux@luxfragil.com
Métro : Santa Apólonia.

Ouvert tous les jours de 22h à 6h. Bar de 18h à 6h du mardi au dimanche. Entrée sélective mais de manière aléatoire.

Respect, Manuel Reis, l'ancien manager du Frágil canal historique (Bairro Alto), a fondé cette boîte en 1998 et depuis, c'est LA discothèque de Lisbonne : musique de qualité, ambiance feutrée, décor moderne (panneaux lumineux, miroirs, matelas sous plastique…) dans un ancien entrepôt réaménagé au bord du fleuve. Excellente programmation grâce à un défilé incessant de DJs qui sont de véritables pointures ! Incontournable !

Casa de Linhares.

SPECTACLES

CASA DE LINHARES

Beco dos Armazéns do Linho 2
Alfama
✆ +351 910 188 118
www.casadelinhares.com
info@casadelinhares.com
Métro : Terreiro do Paço. Tram n° 12 et 28. Bus n° 728, 735, 737, 759 ou 794.

Ouvert tous les jours de 20h à 2h. Dîner-spectacle (comptez 15 € en plus du prix de la nourriture). Réservation conseillée.

Voici un établissement reconnu et plutôt luxueux pour le quartier. La cave de la maison est installée à proximité d'un ancien souterrain qui menait, dit-on, de la cathédrale au Tage. Dans une grande salle médiévale voûtée éclairée à la bougie, chaque soir à partir de 21h15, trois fadistes de haut vol se succèdent. Dans des conditions acoustiques idéales, le fado est sobre mais de grande qualité, des chanteuses d'exception l'ont animé, comme la talentueuse Ana Moura ou Celeste Rodrigues (la sœur d'Amália Rodrigues). En cuisine se préparent des plats de cuisine principalement portugaise : un joli choix de viandes et poissons.

CHAPITÔ

7 Costa do Castelo
Castelo
✆ +351 218 855 550
www.chapito.org
epaoe@chapito.org
Tram n° 28. Bus n° 737.

Ouvert de 12h à 2h tous les jours. Possibilité de manger au restaurant.

Où classer cet espace global et alternatif qui offre l'une des plus belles vues sur Lisbonne et le Tage ? Dans les spectacles ? Oui ! Car il y a des animations régulièrement. Le lieu est aménagé autour d'une école de cirque (et des arts performatifs en général) à vocation sociale, depuis presque 40 ans. Au Chapitô, il est souvent possible de voir les élèves à l'entraînement ou en représentation (beaucoup de soirées, en terrasse, ils présentent leurs performances en passant le chapeau). Le Chapitô est aussi un bar (le Bartô), à l'emplacement d'un ancien lavoir.

Chapitô.

CLUBE DE FADO

86-94 Rua São João da Praça
Alfama
✆ +351 218 852 704
www.clubedefado.pt
clubedefado@fadoandfood.pt
Métro : Terreiro do Paço. Tram n° 12 et 28. Bus n° 37.
Ouvert de 20h à 2h. Repas avec spectacle : en moyenne 50-60 €. A partir de 22h30 : 7,50 € le spectacle + consommation.
Dans un bien bel édifice ancien près de la cathédrale, Mario Pacheco (ancien accompagnateur de la diva Amália Rodrigues), a installé son restaurant-bar, plutôt cossu. Dans une belle salle de style, les superbes voûtes accueillent le quartier général de célèbres fadistes de tous âges. Devenu l'un des meilleurs lieux de fado bourgeois, il est fréquenté également par des Portugais (pourvu que ça dure !) et pratique des prix relativement raisonnables, compte tenu de la qualité des prestations.

Clube de Fado.

DAMAS

60 Rua Voz do Operario
✆ +351 964 964 416
damas.lisboa@gmail.com
A pied depuis Martim Moniz ou par le tram 28 arrêt Largo da Graça.
Ouvert lundi et dimanche de 19h à 1h, et du mardi au samedi de 12h30 à 1h.
Lieu alternatif à son ouverture, Damas a connu rapidement un fort succès car c'est un des rares endroits à Lisbonne centre où l'on peut écouter de la musique électronique. C'est un mix entre un bar, une salle de concert et un restaurant.

TEATRO DA GARAGEM – TABORDA

75 Costa do Castelo
Castelo
✆ +351 218 854 190
www.egeac.pt
geral@teatrodagaragem.com
Tram n° 12.
Théâtre ouvert en fonction des représentations (programme en ligne).
Niché aux abords du château, ce théâtre de qualité développe des programmes « ouverts », tout en restant exigeants. Si vous vous y rendez en dehors des heures de répétition, vous pourrez profiter de son café (Café da Graragem), un écrin rempli de pièces d'antiquités et *kitscheries*, qui dispose d'une des plus belles vues sur la ville de Lisbonne. Il est d'ailleurs souvent plus connu pour son café auprès des touristes et c'est un peu dommage. A voir pour le croire !

TEJO BAR

1 A Beco do Vigário
Alfama
✆ +351 914 645 705
Tram n° 28.
Ouvert à partir de 22h, fermé le dimanche.
Près de Santo Estêvão (Alfama), voici un bar avec une ambiance plutôt alternative. Quelques tables où tout peut arriver, guitares et chants comme à la maison (bossa nova, folk, flamenco), dans une ambiance des plus amicales et ce, jusqu'au bout de la nuit. Vous y croiserez beaucoup d'habitués. Côté fond musical : quelques musiciens habitués assurent l'animation jusqu'au bout de la nuit, mais tout peut arriver dans ce « plus petit centre culturel de la ville ».

Le parc Eduardo VII de Lisbonne.

© LUISSANTOS84 - ISTOCKPHOTO

IMMANQUABLE DANS CE QUARTIER

- Se rendre au *Miradouro do jardim do Torel* au moment du coucher du soleil.
- Prendre un verre le soir au *Largo do Intendente.*
- Visiter le musée Gulbenkian et profiter du jardin et de la cafétéria.
- Manger des fruits de mer au célèbre restaurant Ramiro.
- Déjeuner au mercado de Arroios.

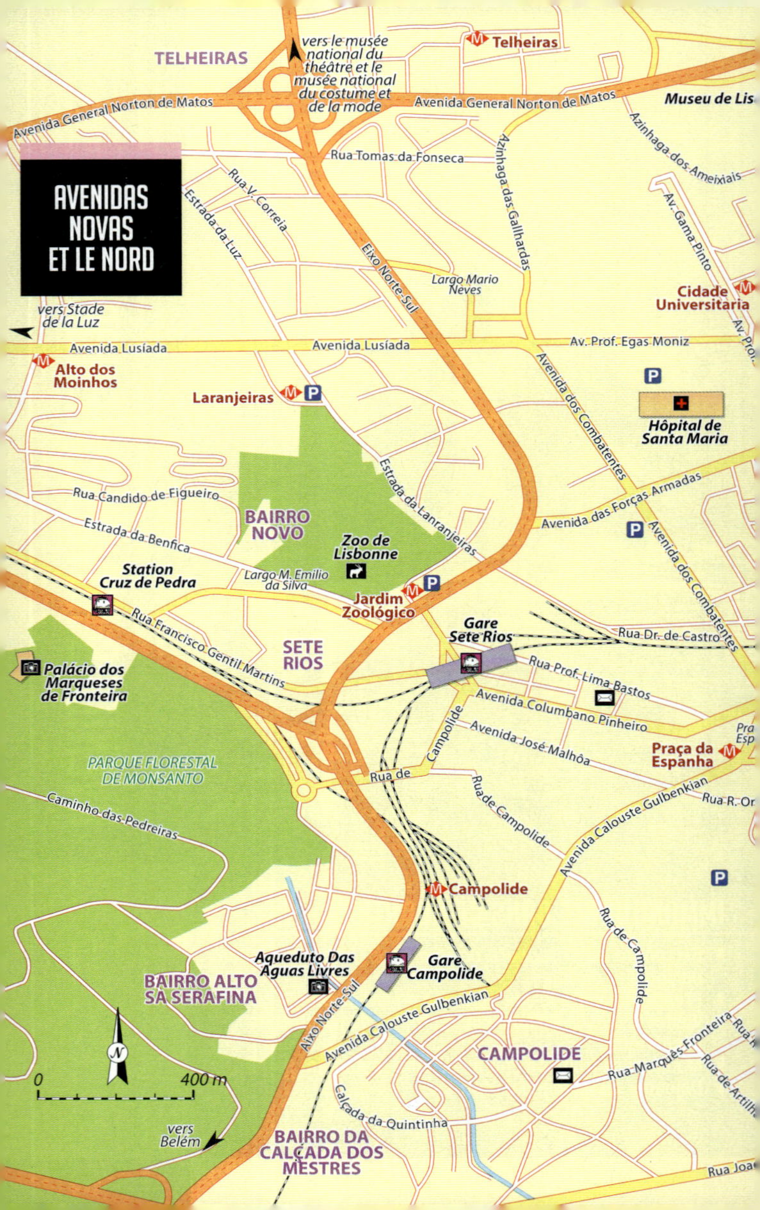
AVENIDAS NOVAS ET LE NORD
TELHEIRAS
vers le musée national du théâtre et le musée national du costume et de la mode
Telheiras
Avenida General Norton de Matos
Museu de Lis
Rua Tomas da Fonseca
Rua V. Correia
Estrada da Luz
Eixo Norte-Sul
Azinhaga das Gallhardas
Azinhaga dos Ameixiais
Av. Gama Pinto
Largo Mario Neves
Cidade Universitaria
vers Stade de la Luz
Avenida Lusíada
Av. Prof. Egas Moniz
Alto dos Moinhos
Laranjeiras
Avenida dos Combatentes
Hôpital de Santa Maria
Rua Candido de Figueiro
Estrada da Benfica
BAIRRO NOVO
Zoo de Lisbonne
Estrada da Lanranjeiras
Avenida das Forças Armadas
Station Cruz de Pedra
Largo M. Emilio da Silva
Jardim Zoológico
Gare Sete Rios
Rua Dr. de Castro
Rua Francisco Gentil Martins
SETE RIOS
Palácio dos Marqueses de Fronteira
Rua Prof. Lima Bastos
Avenida Columbano Pinheiro
Avenida José Malhôa
Rua de Campolide
Praça da Espanha
PARQUE FLORESTAL DE MONSANTO
Caminho das Pedreiras
Ruade Campolide
Avenida Calouste Gulbenkian
Rua R. Or
Campolide
Aqueduto Das Aguas Livres
Gare Campolide
BAIRRO ALTO SA SERAFINA
Aixo Norte-Sul
CAMPOLIDE
Rua Marquês Fronteira
Rua de Artilh
0
400 m
vers Belém
Calçada da Quintinha
BAIRRO DA CALÇADA DOS MESTRES
Rua Joa

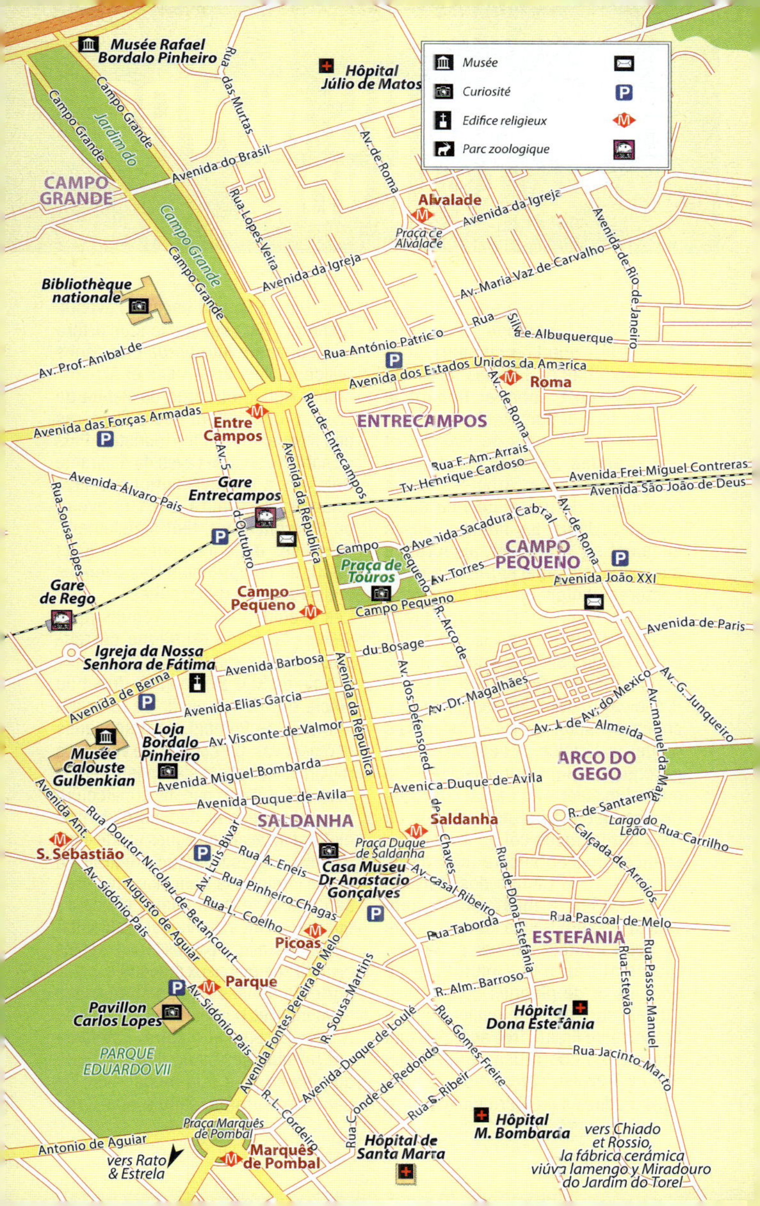

Musée
Curiosité
Edifice religieux
Parc zoologique
Musée Rafael Bordalo Pinheiro
Hôpital Júlio de Matos
CAMPO GRANDE
Jardim do Campo Grande
Campo Grande
Rua das Murtas
Avenida do Brasil
Av. de Roma
Alvalade
Praça de Alvalade
Avenida da Igreja
Rua Lopes Veira
Av. Maria Vaz de Carvalho
Avenida de Rio de Janeiro
Bibliothèque nationale
Rua António Patrício
Rua Silva e Albuquerque
Av. Prof. Anibal de
Avenida dos Estados Unidos da America
Roma
Avenida das Forças Armadas
Entre Campos
ENTRECAMPOS
Rua de Entrecampos
Av. 5 de Outubro
Avenida da República
Rua F. Am. Arrais
Tv. Henrique Cardoso
Avenida Frei Miguel Contreras
Avenida São João de Deus
Gare Entrecampos
Avenida Álvaro Pais
Rua Sousa Lopes
Avenida Sacadura Cabral
Praça de Touros
Campo Pequeno
CAMPO PEQUENO
Av. Torres
Avenida João XXI
Gare de Rego
Avenida de Paris
R. Arco de
Igreja da Nossa Senhora de Fátima
Avenida Barbosa du Bosage
Av. dos Defensored de Chaves
Av. Dr. Magalhães
Av. G. Junqueiro
Avenida de Berna
Avenida Elias Garcia
Av. do Mexico
Av. manuel da Maia
Loja Bordalo Pinheiro
Av. Visconte de Valmor
Av. J. de Almeida
ARCO DO GEGO
Musée Calouste Gulbenkian
Avenida Miguel Bombarda
Avenida Duque de Avila
SALDANHA
Saldanha
R. de Santarem
Largo do Leão
Rua Carrilho
Avenida Ant.
Rua Doutor Nicolau de Betancourt
Av. Luís Bivar
Rua A. Eneis
Praça Duque de Saldanha
Calçada de Arroios
S. Sebastião
Casa Museu Dr Anastacio Gonçalves
Av. Casal Ribeiro
Rua de Dona Estefânia
Av. Sidónio Pais
Augusto de Aguiar
Rua Pinheiro Chagas
Rua L. Coelho
Picoas
Rua Taborda
Rua Pascoal de Melo
ESTEFÂNIA
Rua Estevão
Rua Passos Manuel
Parque
Avenida Fontes Pereira de Melo
R. Sousa Martins
R. Alm. Barroso
Pavillon Carlos Lopes
Hôpital Dona Estefânia
PARQUE EDUARDO VII
Avenida Duque de Loulé
Rua Gomes Freire
Rua Jacinto Marto
R. L. Cordeiro
Rua Conde de Redondo
Rua S. Ribeir
Praça Marquês de Pombal
Antonio de Aguiar
Hôpital M. Bombarda
vers Rato & Estrela
Marquês de Pombal
Hôpital de Santa Marta
vers Chiado et Rossio, la fábrica cerámica viúva lamengo y Miradouro do Jardim do Torel

AVENIDAS NOVAS ET LE NORD

Menant à la partie nord de la ville, l'avenida da Liberdade (avenue de la Liberté), que l'on compare souvent aux Champs-Élysées, est l'axe principal de Lisbonne. Reliant la ville basse (depuis Restauradores) à la place Marquês de Pombal et aux grandes avenues du nord, il présente des allées arborées et des pavements de mosaïques caractéristiques. Jadis, les familles aisées aimaient s'y promener, aujourd'hui magasins, sièges d'entreprise et de nombreux hôtels de luxe l'animent. Sur la partie ouest, la bucolique praça da Alegria ouvre les portes du jardim Botanico, du Bairro Alto ou encore du fantomatique parque Mayer, un petit Broadway (datant des années folles), en réhabilitation, avec ses théâtres de revue portugaise. A l'est, la colline perchée de Sant'Anna, accessible par le funiculaire da Lavra, constitue un îlot méconnu plutôt paisible où rues pittoresques côtoient facultés, chancelleries ou encore ministères. Au sommet, le Campo dos Mártires da Pátria est le théâtre d'un culte voué au Doutor Sousa Martins, sorte de Louis Pasteur portugais. Sa statue ceinturée d'une multitude de bougies et de plaques commémoratives, surplombe le guilleret jardin Braamcamp Freire, très agréable tout comme, en contrebas, le petit jardim do Torrel et son miradouro avec vues inédites sur Liberdade et Bairro Alto. Plus à l'ouest encore, l'avenue Almirante Reis est une longue artère très commerçante bordée de zones résidentielles. Vers Anjos et Arroios, Monte Agudo et Largo da Penha de França, constituent des belvédères peu fréquentés par les touristes. Plus au nord, au bout de l'avenida Almirante Reis, il y a des quartiers conseillés pour les amateurs d'Art nouveau ou d'architecture, tout simplement. Urbanisés dans les années 1930 et 1940, ils comprennent des avenues staliniennes et des facultés.

Les avenidas Novas (avenues nouvelles) au tracé rectiligne correspondent aux extensions de la ville à la fin du XIXe siècle et au début du siècle dernier. A partir de la praça Marquês de Pombal, de titanesques perspectives, parcourues de véhicules roulant à vive allure s'allongent vers le nord-est, définies par une architecture très rationnelle et dénuée d'identité mettant en avant quelques gratte-ciel. Hormis le grand parque Eduardo VII et ses jardins à la française, très plaisants pour le promeneur, plusieurs quartiers sont à distinguer. Saldanha, rendu dynamique par les affaires et les centres commerciaux modernes, comporte de denses et élégantes zones résidentielles parsemées d'édifices en ruines. De part et d'autre, Estefânia est un quartier tranquille, quoique de plus en plus à la mode, avec de bons restaurants, tandis que Rego renferme l'incontournable Fondation Gulbenkian (musées, jardins et salle de spectacles). Bruyantes, l'avenida da República et l'avenida 5 de Outubro mènent d'abord à Campo Pequeno (avec ses arènes de style néomauresque). Entre Campo Pequeno et Alvalade, l'avenida de Roma est l'une des artères résidentielles et commerçantes les plus prisées. Beaucoup plus au nord encore, le quartier de Benfica, avec son jardin zoologique, son célèbre stade, et l'énorme centre commercial Colombo. De l'autre côté de la voie rapide à l'orée du grand bois de Monsanto, découvrez l'une des plus belles demeures du Portugal, le palácio dos Marquêses da Fronteira, construit au XVIIe siècle, entouré de splendides jardins et abritant des panneaux d'azulejos uniques.

VISITER

Eglises, musées et surtout jardins vous attendent pour de longues promenades des plus charmantes.

CASA MUSEU FUNDAÇÃO MEDEIROS E ALMEIDA ★★

41 Rua Rosa Araùjo
Entre Rato et Liberdade
✆ +351 213 547 892
www.casa-museumedeiroseal-meida.pt
info@casa-museumedeiroseal-meida.pt
Métro : Marquês de Pombal, Rato ou Avenida.
Ouvert du lundi au samedi de 10h à 17h. Fermé le 1er janvier, le Vendredi saint, le 1er mai et les 24 et 25 décembre. Tarif normal 5 €, réduit 3 € et gratuit pour les moins de 18 ans. Possibilité de visite guidée en français pour des groupes d'au moins 6 adultes (jusqu'à 25 pers.).

Son fondateur António Medeiros e Almeida (1895-1986) fut un homme d'affaires majeur mais aussi un grand mécène. Réunie dans son ancienne résidence, la collection présente en 25 salles (un appartement avec toutes ses pièces, salons et même une chapelle) peintures, céramiques, sculptures, porcelaines chinoises, mobilier, joailleries, bijoux, tapisseries, horlogeries... Que de belles choses ! Nous confirmons, c'est l'une des collections d'arts décoratifs les plus importantes du Portugal.

FUNDAÇÃO MUSEU CALOUSTE GULBENKIAN ★★★

45 Avenida de Berna
Praça de Espanha
✆ +351 217 823 000
Voir page 13.

JARDIM DO CAMPO GRANDE

Campo Grande
Métro : Campo Grande ou Entrecampos. Bus : n° 701, 717, 727, 736, 750, 767 ou 796.
Ouvert tous les jours 24h/24. Entrée libre.

Sur près d'un kilomètre de longueur, c'est un parc de 15 ha jalonné d'arbres magnifiques, malheureusement encadré par les deux principaux axes d'entrée et de sortie de la ville. La partie nord comporte un petit lac sur lequel vous pouvez canoter de 10h à 19h les jours de beau temps. Dans une petite cahute au coin de la grande esplanade qui mène vers l'université, vous pouvez aussi louer des bicyclettes. Il y a également un petit bistrot au-dessus du lac où il fait bon flâner et des équipements sportifs. Allez-y plutôt le week-end.

MIRADOURO DA PENHA DE FRANÇA ★★

Largo Penha de França
Penha de França
Métro : Arroios ou Anjos.
Bus n° 730 et 797.
Avec ses deux oliviers centenaires et quelques bancs, ce promontoire procure une vue panoramique tout simplement éblouissante avec des plongées inédites sur la ville, sur la serra de Sintra, au loin, et Montijo, au-delà du Tage. C'est le seul miradouro offrant une vue vers le pont Vasco de Gama, qu'on se le dise !

MIRADOURO DO MONTE AGUDO ★★

Rua Heliodoro Salgado
Anjos – Graça
Métro : Arroios ou Anjos.
Bus n° 730, 735 et 797.
Avec sa petite promenade piétonne et son parc boisé, ce belvédère du *Mont Aigu*, voisin de celui de Penha França, est plutôt peu connu des touristes et même des locaux, tant il est caché ! Datant des années 1950, cet îlot de verdure, intime voire secret, comprend un kiosque buvette et magazines, avec terrasse décontractée, et ouvre des vues intéressantes sur le nord et l'ouest de la ville, le Cristo Rei (la statue du Christ), au loin. Comme à d'autres miradouros de Lisbonne, un joli panneau d'azulejos figure l'inoubliable panorama.

MIRADOURO DO TOREL ★

Travessa do Torel, Sant'Ana
Funiculaire/Elevador do Lavra.
Bus n° 723, 730, 760 ou 767.
Accessible au sommet du parcours, il constitue une belle aubaine pour ceux qui auraient décidé d'emprunter le funiculaire do Lavra. Avec un petit parc jardin à la végétation semi-tropicale d'un hectare, une aire de jeux pour les enfants et un kiosque-buvette-terrasse, il procure des vues privilégiées sur l'avenida da Liberdade, la Baixa Pombalina ou, encore, le jardin botanique. Recommandé pour un pique-nique.

Miradouro do Torel.

ENTRETIEN AVEC SANDRINE, COACH DE VIE, PROFESSEURE DE YOGA ET ORGANISATRICE DE RETRAITES CHEZ VITAPHILIA.COM

Quand est-ce que tu es venue la première fois à Lisbonne et quel souvenir en gardes-tu ?

Je suis venue la première fois à Lisbonne en 2004, c'était en hiver juste avant Noël, avec le compagnon qui est devenu mon mari et un couple d'amis. Je me souviens des collines et des tramways, j'avais trouvé la ville joyeuse avec son sapin géant place du Commerce et le charme désuet de ses quartiers qui avaient conservé une belle authenticité. Nous y sommes revenus un week-end en 2016, avec nos enfants, afin de « valider » notre projet. Mais dans nos cœurs la décision de nous y installer était déjà prise.

Quelles sont les raisons qui t'ont donné envie de venir t'installer dans cette ville ?

Je ne vis pas à Lisbonne mais à Estoril, à une vingtaine de minutes. La proximité de l'océan, de la France où nous avons notre famille, le même fuseau horaire pour le travail, un aéroport international pour pouvoir voyager, la taille de la ville, qui est malgré tout une capitale mais dont on sort très rapidement pour être dans la nature, nous ont permis de valider notre choix.

Quel est ton quartier préféré et pourquoi ?

J'aime Santos pour la proximité avec le Taje, Bairro Alto, Principe Real, et Rato mais je crois que je ne suis pas très originale car ce sont les quartiers favoris des Français ! J'aime être en hauteur, la vue sur le Tage et sur les collines en face, le côté qui monte et qui descend, la couleur des maisons, les azulejos en façade.

Quelle est ta journée idéale à Lisbonne ?

J'aime découvrir les villes au hasard et me laisser guider par mon intuition, être surprise par ce qui s'offre à moi. Mais je dirais le matin vers le monastère dos Jerónimos pour prendre un café et un pastel de nata, puis me balader vers Belem et le MAAT, rester par là jusqu'au déjeuner et l'après-midi vers la place du Commerce, le centre-ville et le musée des Azuléjos et pour terminer le soir dans l'Alfama, pour ses petits restos et l'ambiance, le château et le coucher de soleil depuis le mirador de Graça.

© KATERYNA KOROHOD

Sandrine.

ENTRETIEN AVEC SANDRINE, COACH DE VIE, PROFESSEURE DE YOGA ET ORGANISATRICE DE RETRAITES CHEZ VITAPHILIA.COM

Quelles sont tes bonnes adresses pour manger et sortir ?

Le midi Java rooftop, le soir Mini Bar de José Avillez, Clube de Jornalistas, et pour les soirées exceptionnelles Essencial ou Epur (1 étoile Michelin). Le dimanche midi JNcQUOI Asia (dans ma première vie professionnelle qui a duré 17 ans j'ai fondé un restaurant gastronomique à Toulouse qui a eu 2 étoiles au guide *Michelin* donc je garde un fort attrait pour les cuisines créatives et délicates qui respectent et mettent en valeur les produits locaux). Pour sortir... honnêtement je ne sais pas trop ! Mais je dirais Titanic sur mer, un espace bar qui propose de la musique live notamment le dimanche avec le groupe Viva o Samba Lisboa, absolument génial !

■ **JAVÁ ROOFTOP**
30 Praça Dom Luís ✆ +351 935 945 545
https://letsumai.com/widget/Java-Rooftop

■ **MINI BAR - JOSÉ AVILLEZ**
18 Rua Nova da Trindade
✆ +351 211 305 393
www.minibar.pt

■ **CLUBE DE JORNALISTAS**
129 Rua das Trinas
✆ +351 213 977 138
www.restauranteclubedejornalistas.com

■ **JNCQUOI ASIA**
144 Av. da Liberdade
✆ +351 210 513 000
www.jncquoi.com/en/places/asia/1025/

■ **EPUR**
14 Largo da Academia Nacional de Belas Artes
✆ +351 213 460 519
www.epur.pt

■ **ESSENCIAL**
176 Rua da rosa
✆ +351 211 573 713
http://essencialrestaurante.pt

■ **TITANIC SUR MER**
Cais do Gás
Rua da cintura do porto de Lisboa
info.titanicsurmer@gmail.com
Voir page 178.

MUSEU BORDALO PINHEIRO ★★
382 Campo Grande
✆ +351 215 818 544
www.museubordalopinheiro.pt
Métro : Campo Grande.
Ouvert du mardi au dimanche de 10h à 18h. Entrée : 3 €, diverses réductions à consulter sur le site web.
Consacré à la vie et aux œuvres de Rafael Bordalo Pinheiro (1846-1905), caricaturiste et critique social inspiré, ce musée monographique est une petite merveille notamment pour sa collection très complète de céramiques de Caldas da Rainha. N'hésitez pas à ouvrir les tiroirs renfermant des illustrations toujours teintées de l'humour féroce du créateur de *Zé Povinho*, célèbre personnage au bras d'honneur, représentant le peuple portugais.

MUSEU DE LISBOA ★★
Palácio Pimenta, 245 Campo Grande
✆ +351 217 513 200
www.museudelisboa.pt
info@museudelisboa.pt
Métro : Campo Grande
Ouvert de 10h à 18h. Fermé le lundi. Entrée : 3 € et 2,60 € pour le tarif réduit. Gratuit le dimanche matin.

UNE PROMENADE ROMANTIQUE ?

JARDIM ESTUFA FRIA ET ESTUFA QUENTE ★★
Parc Edouard VII, Marquês de Pombal
✆ +351 213 882 278
Métro : Parque, Marquês de Pombal ou São Sebastião. Du côté de la rua Castilho. Bus : n° 702, 712, 713 ou 742.
Ouvert tous les jours de 9h à 17h en hiver et de 10h à 19h en été. Entrée commune : 3,10 €.
Une oasis, idéale et immanquable, pour commencer une matinée dominicale zen sous la lumière tamisée. Ces merveilleuses serres (froide, chaude et douce, crées en 1910) souvent délaissées des touristes, sont pourtant sensationnelles : palmiers et philodendrons tombent en cascades, ficus et autres plantes grasses ou tropicales se pressent autour de petits étangs, de ruisseaux et de chutes d'eau.

JARDIN DE LA FONDATION GULBENKIAN ★★★
45 Avenida de Berna, Praça de Espanha
Métro : Praça de Espanha ou São Sebastião. Ouvert tous les jours du lever au coucher du soleil. Entrée libre.
Eh oui, encore elle. Si vous ne souhaitez pas voir les collections, vous pourrez cependant visiter ses jardins, très agréables surtout en été. Vraiment tout ce que l'on aime de l'architecture des années 1960 et 1970. Les bâtiments de la Fondation se fondent dans un paysage merveilleux de lacs, de jardins un peu zen, de buissons. Un régal pour les yeux et l'esprit… De temps à autre, une sculpture moderne. Un rêve d'architecte. Des concerts sont donnés dans l'auditorium à ciel ouvert, dont le fameux festival Jazz em Agosto.

Aux portes de la ville, le cadre enchanteur à lui seul mérite une visite puisqu'il s'agit du palais Pimenta, un bel exemple, d'une demeure de plaisance du XVIIIe avec de délicieux jardins et de vastes salles. Le musée retrace l'évolution de la ville, des temps préhistoriques à l'instauration de la République. L'entité « Museu de Lisboa » est en fait répartie sur cinq lieux, dont celui-ci. Les quatre autres sont le Museu de Santo Antonio, le Teatro Romano, le centre archéologique de la Casa dos Bicos et le Torreão Poente (expositions temporaires).

PALÁCIO DOS MARQUESES DA FRONTEIRA ★★

1 Largo São Domingos de Benfica
Benfica
✆ +351 217 782 023
www.fronteira-alorna.pt
fronteiraalorna@mail.telepac.pt
Métro : Jardim Zoológico/Sete Rios
Visite du palais du mardi au samedi en matinée (13 €). Visite uniquement des jardins possible (5 €). Horaires affichés chaque jour sur le site Internet.

Cette demeure, l'une des plus belles du pays, construite au XVIIe siècle par le premier marquis da Fronteira, D. Joao de Mascarenhas, est toujours habitée par ses descendants. Entouré d'un jardin Renaissance italien, à la fois hallucinant et merveilleux, le palais présente des façades ornées de superbes azulejos portugais et hollandais. Reflétée dans le vaste bassin qu'elle domine, la galerie des Rois est certainement l'élément le plus saisissant du jardin. Le palais abrite également une fantastique collection d'azulejos. Les murs de la salle des Batailles, la plus belle de toutes, sont couverts d'azulejos du XVIIe siècle, représentant les batailles et victoires des Portugais contre les Espagnols durant la guerre de Restauration (1644-1667). La grande terrasse fleurie est ornée de neuf statues mythologiques en marbre et de niches contenant des panneaux d'azulejos aux figures allégoriques.

Parque Florestal de Monsanto.

PARQUE EDUARDO VII ★★

Parc Edouard VII
Marquês de Pombal
Métro : Parque, Marquês de Pombal ou São Sebastião. Du côté de la rua Castilho. Bus : n° 702, 712, 713 ou 742.
Il n'y a pas de grilles donc le parc est en accès libre jour et nuit.

Cette immense perspective couronne l'avenida da Liberdade et s'illumine au printemps quand fleurissent les jacarandas. Ses replis latéraux abritent des serres ; de l'autre côté se trouve la reconstitution du pavillon des Sports de l'Exposition de 1930. C'est une belle imitation qu'il n'est, cependant,

Arènes de Lisbonne (Praça de Touros do Campo Pequeno).

pas nécessaire de visiter. Du haut du parc, vue magnifique dévalant sur Lisbonne et le Tage !

PARQUE FLORESTAL DE MONSANTO ★★

Espaço Monsanto, Monte das Perdizes
Estrada do Barcal
Benfica
✆ +351 218 170 200
www.cm-lisboa.pt
monsanto@cm-lisboa.pt

Entrée libre. Le parc est ouvert en permanence, bien qu'il soit déconseillé de s'y rendre en pleine nuit.

Depuis les nombreux belvédères (dont le miradouro de Montes Claros) de l'énorme parc forestier de Monsanto, les vues inédites s'étendent sur un Lisbonne campagnard ou presque (plusieurs axes routiers coupent toutefois le parc). Longtemps abandonné à la seule prostitution et aux shootés, quelle belle métamorphose qu'a accomplie ce gigantesque poumon vert dans la capitale ! Peu à peu, la vie a repris le dessus avec des terrains sportifs, un centre d'équitation et des parcs d'activités (notamment l'Espaço Monsanto et ses animations pour les enfants), un auditorium en plein air (l'Anfiteatro Keil do Amaral avec une programmation de concerts gratuits en été).

PRAÇA DE TOUROS ★★

Avenida da República
✆ +351 210 414 078
Métro : Campo Pequeno.

En 2006, après une longue rénovation, le bel édifice néomanuélin (inauguré en 1892), à la façade de briques rougeoyantes et surmontée de dômes bleu ciel, s'est transformé en espace multifonctionnel (galerie marchande et parking souterrain) pouvant accueillir des manifestations et spectacles tout au long de l'année. La saison des *touradas* (corridas portugaises) débute le week-end de Pâques pour finir début octobre.

Zoo de Lisboa.

ZOO DE LISBOA ★★

158-160 Estrada de Benfica
Sete Rios
✆ +351 213 232 900
www.zoo.pt
info@zoolisboa.pt
Métro : Jardim Zoológico. Gare train CP : Sete-Rios. Bus : n° 701, 716, 726, 731, 746, 754, 755, 758, 764, 768 et 770.
Ouvert tous les jours de 10h à 18h, jusqu'à 20h en été. Entrée : 26,50 € adulte, tarif réduit 16,50 €.
Présentant au moins 380 espèces, cet important jardin zoologique renferme plus de 2 000 résidents. Parmi les grands classiques (delphinarium, reptilarium, téléphérique) et des attractions étudiées pour les enfants (la Quintinha et Animax). Le musée des Enfants (museu das Crianças) et ses animations ne sont pas loin, non plus !

SE RESTAURER

Ce quartier se distingue par le nombre de bonnes tables et les excellentes pâtisseries que vous y trouverez. De plus en plus, des établissements ouvrent dans les rues le long de l'avenue Almirante Reis, pour notre plus grand plaisir gustatif.

SUR LE POUCE

CAFETERIA DE LA FUNDAÇÃO CALOUSTE GULBENKIAN

45 Avenida Berna
Praça de Espanha
Métro : Praça de Espanha ou São Sebastião.
Ouvert tous les jours de 10h à 19h, plus tard les soirs de spectacle. Entre 10 € et 15 € le repas.
La cafétéria, associée au bâtiment de la Fondation, présente un bon choix d'entrées et de plats, animée, elle est occupée par des visiteurs du musée et pratique des tarifs en relation. Dans le musée d'Art moderne, l'autre self-service offre, outre la vue sur les jardins, un excellent buffet de hors-d'œuvre de première fraîcheur ainsi qu'une grande

variété de plats du jour et desserts. Les tarifs sont très compétitifs et on y fait souvent la queue et ce, même le dimanche.

Autre adresse : Rua Dr Nicolas Bettencourt.

EMPADARIA ALENTEJANA

22c avenida Joao XXI
© +351 967 928 400
flaviosegunda@gmail.com
Ouvert tous les jours de 8h à 20h sauf le dimanche. Empada 1,50 €.
Une cafétéria bien sympathique où s'arrêter après avoir visité la place de Campo Pequeno ou être allé voir une exposition à Culturgest. Comme son nom l'indique, les *empadas* (ou *empanadas*) sont la spécialité du lieu, et elles sont très bonnes ! Il y a plusieurs saveurs possibles : poulet, thon, canard, légumes. La pâte feuilletée est fraîche et croustillante. Un délice.

PASTELARIA MEXICANA

30 C Avenida Guerra Junqueiro
Areeiro
© +351 218 486 117
http://mexicana.pt
pastelariamexicana@iol.pt
Métro : Alameda ou Areeiro.
Ouvert tous les jours de 7h30 à 22h.
Près de la Praça de Londres et du surprenant quartier pavillonnaire Arco de Cego, un détour réservé aux adeptes de l'esthétique des années 1950 à 1970. En plus d'apprécier l'espace de cette pastelaria-restaurant servant en-cas et plats cuisinés (canard, morue), pour sa beauté désuète et sa volière intérieure, vous profiterez aussi de sa terrasse avant de filer à une séance de l'un des cinémas du quartier.

PRIMO BASILICO

14 A-B avenida De Paris
© + 351 218 885 287
Ouvert du lundi au samedi de 12h30 à 22h.
Envie d'une pizza qui a le goût d'Italie ? Malgré le nombre grandissant de pizzerias à Lisbonne, celle-ci reste parmi les meilleures et les plus connues. Elle a déménagé d'une rue de l'Alfama pour venir s'installer dans la partie moderne de la ville. Le principe reste le même et la carte également. L'espace, par contre, est beaucoup plus grand et il y a même quelques tables dehors. Elle est ouverte un jour de plus en prime, que demander de mieux ? On a testé la 4 fromages et on adhère, la pâte est craquante et savoureuse, pas de doute elle est faite maison...

TERRAPAO

Mercado de Arroios loja 8
40D rua Ângela Pinto
© +351 910 484 446
Ouvert du mardi au samedi de 9h à 15h.
Si vous logez pas loin, cela vaut le coup de faire un tour à cette boulangerie branchée qui vend ces viennoiseries, du pain au levain de qualité et surtout des parts de pizza qui font drôlement envie. Parfait pour un snack sur le pouce en cours de journée ou un bon petit déjeuner.

PAUSE GOURMANDE

BALCÃO DO MARQUÊS

119 Avenidade Dq. Loulé
Marquês Pombal
© + 351 213 545 086
M° Marquês Pombal.
Ouvert du lundi au samedi de 7h à 21h. Plats à partir de 7 €. Menu sandwich à 4 €.

Une adresse à deux pas du grand rond-point de Marquês de Pombal, là où de nombreux Lisboètes vont travailler. Cette immense pastelaria est le rendez-vous des cadres dynamiques du quartier, convaincus par le service rapide et efficace, ainsi que par le large choix de sandwichs et de plats du jour typiques (soupes, omelettes...). Ils disent que leur pastel de nata a été primé plusieurs années de suite (et donc à tester). A noter également une petite terrasse bien agréable. Pour le prix et le quartier, rien à redire : c'est pratique et économique.

DELTA THE COFFEE HOUSE AVENIDA DA LIBERDADE

144 E/F avenida da Liberdade
✆ +351 21 342 7351
Ouvert tous les jours de 8h à 22h30 sauf dimanche de 9h à 19h. Café + pancakes à 6,10 €. Plats autour de 10 €. Menu brunch à 16 €.
Delta est une des marques de café au Portugal. Vous la trouvez partout dans les supermarchés et elle est très appréciée des locaux. Voyant la montée des coffee-shops à Lisbonne, ils ont décidé d'ouvrir la version portugaise de ces derniers. Vous aurez le choix entre de nombreuses manières de déguster le café, un menu pour le petit déjeuner et un menu pour le déjeuner et le dîner. Les prix sont corrects ainsi que la qualité de la nourriture. C'est une bonne option dans le quartier, surtout que le lieu est agréable.

BIEN ET PAS CHER

FLORESTA DA ESTEFÂNIA

37 rua Cidade da Horta
✆ +351 213 141 071
Ouvert du lundi au samedi de 12h à 15h et de 19h à 22h. La carte bleue n'est pas acceptée. Repas autour de 15 €.
Une vraie *tasca* comme on les aime ! Caché dans une petite rue, ce restaurant est une perle qu'il ne faut pas divulguer à tout le monde. Une carte avec des plats typiques de viande (*cozido* à la portugaise, *secretos* de porc, viandes grillées...) et de poisson (morue, poissons grillés, poulpe à la Lagareiro), mais aussi d'autres options pour les végétariens (omelette, burger végétarien). Le tout à des prix défiant toute concurrence (pour l'instant). Si vous avez de la chance, vous viendrez un jour où ils ont du *frango assado*, le fameux poulet grillé portugais.

GALETO

14 A Avenida da República, Saldanha
✆ +351 213 544 444
www.lojascomhistoria.pt/lojas/galeto
galeto@netcabo.pt
Métro : Saldanha.
Ouvert tous les jours de 7h30 à 3h30.
Le lieu aux lettres de néon typographie années 1970 vaut le détour pour sa décoration sixties incroyable avec enfilade de hauts tabourets tournants devant de longs comptoirs en bois verni. Galeto (avec restaurant en sous-sol) sert sans interruption. Un bataillon affairé de serveurs et de cuisiniers, mené par un chef de rang donneur de leçon, s'évertue à sortir une carte large de snacks ou de plats plus consistants (hamburgers, bifes à accompagner de sauces).

GROUND BURGER

148A Avenida Antonio Augusto Aguiar
✆ +351 213 717 171
www.groundburger.com
hello@groundburger.com

Ouvert tous les jours de 10h à 23h. Environ 20 € le repas. Option végétarienne.
Des burgers maison délicieux, à deux pas du musée Calouste Gulbenkian. Ce restaurant est connu dans tout Lisbonne. Sa renommée est telle qu'il possède désormais son corner au Time Out Market au milieu des grands chefs. Les serveurs sont attentionnés et la grande salle est lumineuse avec une décoration de style bistro gourmet.

MANIFEST

31 Rua Sociedade Farmaceutica
✆ +351 938 155 774
manifestlisbon@gmail.com
Ouvert tous les jours, brunch de 9h à 16h30 ; dîner de 18h à 22h30.
Les rues aux alentours de Marquês de Pombal continuent de se remplir de cafés et de restaurants branchés. Celui-ci en fait partie. Ses propriétaires viennent d'Ukraine. Ici on peut bruncher tout en buvant des cocktails à tout moment de la journée. Vous trouverez toujours une petite place dans la grande salle aux allures rétro chic. La nourriture est excellente (notamment le brunch scandinave) et le service au top. Petit plus : le café vient d'un torréfacteur artisanal de Porto qui en fait de très bons.

O BALCAO DOS DOIS IRMAOS

R.de Entrecampos 25 C
✆ +351 21 824 5202
www.balcaodos2irmaos.com
obd2irmaos@gmail.com
Ouvert du lundi au vendredi de 10h à 22h.
Il est situé en dehors des sentiers touristiques du centre historique mais il vaut le détour ! Ce nouveau restaurant est tenu par un couple de Français, Nathalie et Christophe, qui ont tout quitte pour le soleil de Lisbonne. A la fois épicerie et restaurant, la carte change tous les jours au rythme des produits de saison. Cuisine portugaise avec une *french touch* ou plats français, ils font le régal autant des Portugais que des Français de passage. Un choix de vins digne d'un caviste et un accueil souriant et bienveillant. Très bon rapport qualité-prix.

OS TIBETANOS

117 R/C Rua do Salitre
Rato-Avenida da Liberdade
✆ +351 213 142 038
www.tibetanos.com
Métro : Rato ou Avenida.
Ouvert en semaine de 12h15 à 14h45 et de 19h30 à 22h15, samedi et dimanche de 12h45 à 15h30 et de 20h à 23h.
Avec son cadre cosy (avec une jolie terrasse d'été) dans une rue typique, la qualité et la finesse de sa cuisine du monde et son atmosphère relaxante pour une clientèle d'esthètes, Os Tibetanos s'est imposé comme l'un des restaurants végétariens les plus incontournables de Lisbonne. En plus de plats bien équilibrés (au tofu et au seitan), vous commanderez salades fraîcheur, *doces* (desserts inspirés), jus de fruits frais et thés.

PSI, RESTAURANTE VEGETARIANO

Jardim dos Sabores
Alameda Santo António dos Capuchos
✆ +351 213 590 573
www.restaurante-psi.com
psiveg@gmail.com
Ouvert tous les jours de 12h30 à 15h30 et de 19h30 à 22h30, fermé le dimanche. Menu de midi autour de 10 €. A la carte comptez 20 €.

Près des hôpitaux, ce restaurant végétarien et salon de thé est comme un havre de paix coloré avec petit square verdoyant et bassin d'eau. Tout en appréciant cet environnement relaxant et de méditation, goûtez une cuisine saine, sous forme de salades variées, de spécialités comme le très complet *thali* (assortiment de plats) ou encore le *roti* (sorte de crêpe fourrée d'inspiration indienne) et les plats du jour (certains à base de seitan), en les accompagnant de jus de fruits biologiques et infusions. C'est le Dalaï-Lama, en personne, qui a donné ses lettres de noblesse au lieu hospitalier en l'honorant de sa présence. *Tashi Delek* (bienvenue en tibétain) !

PASTELARIA VERSAILLES

15 A Avenida da República, Saldanha
✆ +351 213 546 340
https://grupoversailles.pt
Métro : Saldanha.
Ouvert tous les jours de 7h30 à 22h.
Les spécialités de ce grand temple baroque de la gourmandise vous séduiront autant que l'atmosphère si incroyablement rétro du XIXe siècle : haute salle couverte de miroirs, plafonds en stucs ornés de lustres, dorures et volutes. Lors du coup de feu de midi, vous pouvez commander les bons plats du jour et de délicieuses petites soupes et salades composées. L'une des dernières grandes pâtisseries où s'attablent, en fin d'après-midi, quelques intellectuels nostalgiques.

LA SHARADA

10b rua Jacinta Marto
✆ +351 920 143 330
la.sharada.lda@gmail.com
Ouvert tous les jours de 18h à 23h, minuit vendredi et samedi. Concerts tous les week-ends. Pizzas autour de 12 €.
Sans aucun doute une super adresse pour manger italien. L'endroit est tout petit, donc il vous faudra venir tôt pour avoir de la place mais ça vaut le coup ! Une décoration faite maison en vitrine vous interpelle depuis la rue. Vous entrerez ensuite dans un espace très étroit où se trouve le bar pour descendre ensuite dans la salle proprement dite. C'est dans l'arrière-

Pastelaria Versailles.

Le restaurant Cervejaria Ramiro.

salle que des concerts sont organisés. Pour manger, on vous recommande la burrata à la truffe. Il y a aussi une carte de cocktails bien garnie dont certains sont la création propre de la maison.

BONNES TABLES

CERVEJARIA RAMIRO

1-H Avenida Almirante Reis
Martim Moniz ✆ +351 218 851 024
www.cervejariaramiro.pt
geral@cervejariaramiro.pt
Métro : Intendente ou Martim Moniz.
Ouvert de midi à minuit. Fermé le lundi. Prix au kilo. Ticket moyen 40 €.
Dans ce quartier populaire, cette brasserie est une pause raffinée où se mélangent tous les genres. M. Ramiro porte haut la tradition des Galiciens restaurateurs et mène d'une main de fer une équipe très efficace en costume au service de tablées plutôt masculines et branchées foot (en soirée). Ici, difficile de vous défiler à l'appel de la mer : on ne fait que des *mariscos*... En revanche, le choix est plus que vaste : crevettes, homard, *carabinieros*, crabes, langoustines, etc., le tout d'une fraîcheur absolue.

COPO DE MAR

107A avenida Barbosa Du Bocage
✆ –351 217 960 774
https://copodemar.com/
Du lundi au vendredi de 12h à 15h et de 19h à 23h, le samedi de 19h à 23h. Environ 40 €/pers sans boissons.
Envie de sortir des quartiers historiques et de vous faire plaisir ? Copo de Mar vous propose une cuisine d'auteur, mettant en avant les produits de la mer. Vous serez accueilli dans une salle intimiste à la décoration surprenante, avec une barque de pêche au plafond servant de luminaire. Les plats mélangent les saveurs du monde avec une présentation digne d'un restaurant gastronomique. Choisirez-vous le saumon grillé accompagné de semoule, légumes grillés et chutney mangue-gingembre ou le poisson du jour grillé et sa *farofa* banane avec du manioc à la crème ?

■ **EL CORTE INGLES**
31 Avenida António Augusto de Aguiar
✆ +351 213 711 700
www.elcorteingles.pt
servico_clientes@elcorteingles.pt
Métro : São Sebastião.
Du lundi au jeudi de 12h à 23h, le vendredi et le samedi de 12h à minuit et le dimanche et les jours fériés de 12h à 22h.
Situé au dernier étage d'El Corte Inglés, « Gourmet Expérience » regroupe 7 restaurants de grands chefs. On y trouvera donc : José Avillez, Henri Sa Pessao ou encore Chef Kiko dans des concepts exclusifs. Le lieu dispose également de plusieurs espaces de vente et de dégustation et même d'un rooftop. Le jeudi ou le vendredi, vous pourrez avoir la chance de profiter d'un DJ-set en prime. Un concept avant-gardiste qui permet de découvrir des produits hautement raffinés.

■ **FORNO D'ORO**
16 B Artilharia 1
✆ +351 213 879 944
www.fornodoro.pt
fornodorolx@gmail.com
Métro : Marquês de Pombal.
Ouvert tous les jours sauf le mardi de 12h30 à 15h et de 19h à 23h. Pizzas autour de 12 €.
Le nom de cette pizzeria vient de son four couvert d'une fine couche d'or. Installé dans un coin de la salle, c'est là où sont cuites les pizzas au feu de bois. L'occasion de goûter la vraie pizza napolitaine, « L'étoile Michelin des pizzas » ! Sa pâte est unique,

20 000 LIEUES SOUS LES MERS

■ **CERVEJARIA RIBADOURO**
155 avenida da Liberdade
✆ +351 213 549 411
www.cervejariaribadouro.pt
cr.lisboa@cervejariaribadouro.pt
Métro : Avenida.
Ouvert tous les jours de 12h à 1h30. Kiosque ouvert de 9h à 1h30. Prix des fruits de mer au kilo.
Ce restaurant brasserie jouit d'un bon emplacement et d'un bel espace lumineux en entresol avec aquarium et gros hublots où sont présentés coquillages et crustacés de première fraîcheur. Depuis 1947 (ah, l'époque glorieuse du parc Mayer, voisin, et de ses théâtres !), cet atout maître et le service tardif font se presser une clientèle de sortie. En dehors des fruits de mer (*lavagantes, sapateiras, buzios,* plusieurs sortes de gambas, *amêijoas*...), assis sur des banquettes confortables, vous pourrez aussi choisir auprès du personnel en tenue, une bonne viande (essentiellement des *bifes*). Un succès mérité compte tenu des tarifs un peu plus raisonnables qu'ailleurs dans le quartier. Economique et copieux, goûtez à un délicieux plat de gambas *á brás* (aux oignons et pommes de terre).

élaborée à partir de levure bio et naturelle, que Tanka, le propriétaire, a rapportée d'Italie. C'est auprès des grands pizzaiolos de Naples que celui-ci a appris l'art de confectionner les pizzas. Celles-ci sont tout simplement excellentes !

IL MERCATO
51 Artilharia 1
Pateo Bagatela Bloco B,
piso -1 loja M
✆ +351 211 930 941
www.ilmercato.pt
mercatolisboa@gmail.com
Du mardi au vendredi 12h-15h, les samedis, dimanches et jours fériés 12h30-15h, le soir de 19h à 23h. A partir de 20 €.
Voici un restaurant italien pas comme les autres avec un concept innovant. Ici, un marché a été créé à l'intérieur. Il propose diverses spécialités italiennes : neuf sortes de pâtes fraîches du jour, *burrata* deux fois par semaine, vins... Des produits frais et de qualité que l'on peut déguster à table.
Si vous n'avez pas d'envies précises, le menu dégustation propose un mélange de saveurs méditerranéennes, un régal !

O NOBRE
53-B Avenida Sacadura Cabral
✆ +351 217 970 760
www.justanobre.pt
reservas@onobre.pt
Métro : Campo Pequeno.
Ouvert de 12h à 15h et de 19h à 23h (sauf le samedi ouvert uniquement le soir). Repas à partir de 35€ sans boisson.
Situé derrière l'arène du « Campo pequeno », ce restaurant propose une cuisine de chef moderne tout en gardant le côté traditionnel de la gastronomie portugaise et plus particulièrement de la région de Trás-Os-Montes. Originaire de cette région, la chef Justa Nobre, qui a donné son nom au restaurant, s'est passionnée très tôt pour la cuisine. Elle a ouvert cet espace, moderne et chaleureux, en 2009 avec son mari, ses deux sœurs et son beau-frère. En entrée, ne pas manquer la fameuse soupe d'araignée de mer. Puis, selon vos envies, une viande, un poisson ou un plat typique comme la *caldeirada* de poissons (sorte de bouillabaisse) et, pour finir, une délicieuse création de la chef, le petit gâteau « Carmim » à base de fruits rouges.

Autre adresse : À JUSTA : Calçada da Ajuda N°107.

O POLEIRO
30 A Rua de Entrecampos
Campo Pequeno – Entrecampos
✆ +351 217 976 265
www.opoleiro.com
geral@opoleiro.com
Métro : Entrecampos.
Ouvert du lundi au samedi de 12h15 à 15h et de 19h15 à 23h. Environ 25-30 € par personne pour un repas complet.
Près de la Praça dos Touros, une bonne table familiale spécialisée en cuisine de la région du Minho et à l'atmosphère très agréable. De la bonne cuisine portugaise classique (comme chez ses contemporains Solar do Nunes ou Solar dos Presuntos), avec ses valeurs sûres : *pataniscas* (beignets) de morue ou chevreau frit. Une carte assez étendue pour cette *churrasquaria* (rôtisserie) se défendant bien en poissons et viandes grillés.

RESTAURANTE ELEVEN

Jardim Amália Rodrigues
Rua Marquês de Fronteira
Parque Eduardo VII
✆ +351 213 862 211
www.restauranteleven.com
reservas@restauranteleven.com
Métro : São Sebastião.
Ouvert du mardi au samedi de 12h30 à 15h et de 19h30 à 23h. Menu déjeuner spécial 50 ans 65 €/personne. Parking privé.
Au-dessus du parc Eduardo VII, dans un cadre design contemporain élégant, le chef Joachim Koerper (une étoile Michelin) développe un concept simple : utiliser des produits naturels et frais en les travaillant avec art et créativité. Sa cuisine méditerranéenne se déguste derrière des baies vitrées ouvrant sur des belles vues sur la ville…

RESTAURANTE LAURENTINA – LE ROI DE LA MORUE

71A Av. Conde Valbom
✆ +351 217 960 260
www.restaurantelaurentina.com
info@restaurantelaurentina.com
Métro : São Sebastião, Saldanha.
Ouvert tous les jours sauf le dimanche de 12h à 16h30 et de 19h à 23h. A partir de 25 € le repas. Tous les jeudis, soirée Fado 40 € à partir de 20h.
Au Portugal, on se doit de goûter au moins une fois un plat de morue, et il y en a pour tous les goûts. S'il y a bien un restaurant à Lisbonne qui offre un grand choix de plats à base de morue, c'est celui-ci et ce, depuis 1976 ! Pas moins de 10 préparations sont proposées ici : morue au four, grillée, cuite à l'eau, morue à la crème, aux œufs, aux choux ou au pain...

SIAM SQUARE

7 A Avenida Luís Bivar
✆ +351 213 160 529
www.restaurantesiamsquare.com
setepecados@sapo.pt
Métro : Parque ou São Sebastião.
Ouvert midi et soir du lundi au vendredi, le samedi de 19h à 23h. Comptez environ 25-30 €/pers.
Dans un quartier situé dans le centre nord de la ville entre le parque Eduardo VII et la place du Saldanha, ce

Restaurante Laurentina – Le Roi de la Morue.

restaurant offre une cuisine thaïlandaise de qualité et fidèle à ses origines. La cuisinière, une Thaïlandaise, veille à la singularité de cette cuisine asiatique et propose un voyage dans les différentes régions du pays. Les plats, elle les confectionne avec des produits frais venant rehausser la particularité aromatisée de cette cuisine, de plus, ils sont servis avec un souci de présentation pour régaler nos yeux : certains légumes ou fruits prennent la forme de fleurs. L'atmosphère y est accueillante et reposante.

LUXE

■ PRAIA NO PARQUE

Parc Eduardo VII
Alameda Cardeal Cerejeira
© +351 968 842 888
https://parque.apraia.pt
reservasparque@apraia.pt
Ouvert du dimanche au mercredi de midi à minuit, le jeudi jusqu'à 2h et jusqu'à 3h le week-end. Environ 60 €/ personne.

On ne soupçonne pas ce qui se trouve à l'intérieur de ce bâtiment dont les murs sont recouverts de miroirs à l'entrée. En entrant, on remarque tout de suite son bar. Particularité du lieu : il a gardé les arcades en béton qui datent des années 1950 et s'intègrent parfaitement au décor. Le menu est très complet avec des plats de poisson, de viande et des options pour les végétariens. Les grillades sont une des spécialités. Les desserts ne sont pas en reste et on vous conseille le petit gâteau au caramel avec sa glace à la noisette. Un régal

SHOPPING

Si l'avenida da Liberdade est à Lisbonne ce que les Champs-Elysées sont à Paris, il existe encore quelques petites boutiques charmantes si vous vous éloignez un peu de cette artère.

VOYAGER EN MUSIQUE

■ CARBONO

6 B Rua do Telhal
Avenida da Liberdade
© +351 213 423 757
www.carbono.com.pt
carbono@live.com.pt
Métro : Liberdade.
Du mardi au samedi de 11h à 19h avec une pause déjeuner.

C'est LA boutique alternative de Lisbonne, en ce qui concerne CD et vinyles. Très bien fournie en rock, punk et métal mais aussi en pop, musique portugaise, jazz, soul, musiques du monde… Quelques affaires se profilent grâce à un large choix, aussi bien en nouveautés qu'en disques d'occasion toutes tendances confondues (à partir de 1 €). De bons conseils, un peu de DVD et de presse parallèle, un sofa et un coin platines DJ parachèvent le tableau.

AMOREIRAS SHOPPING CENTER
Avenida Engenheiro Duarte Pacheco
Amoreiras
✆ +351 213 810 200
www.amoreiras.com
dgeral.amoreiras@mundicenter.pt
Métro : Rato ou Marquês Pombal (pour les plus courageux), plus 10 minutes à pied. Bus n° 711, 713, 723, 748, 753, 758, 774 ou 783.
Tous les jours de 10h à 23h.
Construit en 1987, le centre commercial préféré de la jet-set, classique et confortable sur quatre niveaux. De presque tout Lisbonne, vous apercevrez les trois tours postmodernes qui le coiffent. Il paraît que le plan est conçu pour qu'on y entre facilement et qu'on y reste. C'est vrai qu'on peine un peu pour trouver la sortie. Deux étages de labyrinthes, parsemés de plus de 300 boutiques, de cinémas et de restaurants.

CENTRO COMERCIAL COLOMBO
2ª Circular
Avenida Lusíada
Benfica
✆ +351 217 113 600
www.colombo.pt
info@adm.colombo.pt
Métro : Colégio Militar (sortie directe).
Tous les jours de 9h à minuit.
Face au stade de la Luz, c'est l'un des plus grands centres commerciaux de la péninsule Ibérique. Il est bien conçu avec ses briques rouges, ses rotondes larges et hautes recouvertes d'un dôme de verre, sans oublier les inévitables sols en petits pavés. Même les plus réfractaires seront impressionnés. Monstrueux dans ses proportions et ses chiffres : plus de 420 magasins, 6 800 places de stationnement, un parc de distractions, 64 restaurants, 10 salles de cinéma. Le tout sur trois étages largement distribués autour de gigantesques coupoles peuplées d'énormes et véritables palmiers. Très fréquenté !

DEPOZITO
21 rua Nova do Desterro
https://www.avidaportuguesa.com/
info@avidaportuguesa.com
Ouvert du mercredi au dimanche de 11h à 19h. Cafétéria à l'intérieur.
Un espace de 400 m² dédié à l'artisanat portugais. Depozito, c'est la réunion de deux projets : A Vida Portuguesa et Portugal Manual. L'un faisant la promotion de l'artisanat traditionnel et l'autre mettant en avant l'artisanat contemporain. L'entrée du magasin est décorée de grandes affiches représentant d'anciennes publicités pour des produits divers. Vous aurez aussi de beaux meubles en bois et puis de la vaisselle, des bijoux, des accessoires et de la décoration.

EL CORTE INGLES
31 Avenida António Augusto de Aguiar
✆ +351 213 711 700
www.elcorteingles.pt
servico_clientes@elcorteingles.pt
Métro : São Sebastião.
Du lundi au jeudi de 10h à 22h, le vendredi et le samedi de 10h à 23h30 et le dimanche et jours fériés de 10h à 20h.
Le grand magasin espagnol (un peu l'équivalent des Galeries Lafayette) a trouvé un point de chute dans le centre

de Lisbonne et propose une large sélection de vêtements de marques, une bijouterie et horlogerie, des parfumeries et cosmétiques. Dans la partie supermarché, vous trouverez toute une sélection de charcuteries et fromages à ramener chez vous.

GALERIA SÃO MAMEDE
167 Rua Escola Politécnica
✆ +351 213 973 255
www.saomamede.com
galeria@saomamede.com
Métro : Rato.
Du lundi au vendredi de 11h à 20h et le samedi de 11h à 19h.
Une des plus anciennes galeries d'art de Lisbonne, inaugurée en 1968. Elle est devenue un espace de référence de la *pintura modernista portuguesa*. Rien que le local est joli en lui-même avec son plafond en brique rouges et ses murs blancs qui viennent créer un contraste. Dans sa vitrine vous trouverez toujours des œuvres originales et intéressantes qui attirent immédiatement l'œil et donnent envie de rentrer. Les œuvres ne sont pas vraiment premier prix, on y va donc davantage pour le plaisir des yeux, à moins d'être un collectionneur averti.

LOJA BORDALLO PINHEIRO
28D Av. Guerra Junqueiro
✆ +351 217 971 606
www.bordallopinheiro.pt
guerrajunqueiro@bordallopinheiro.com
Métro : Areeiro ou Alameda.
Ouvert du mardi au vendredi de 10h à 19h. Lundi et samedi de 10h à 14h et de 15h à 19h.
Cette enseigne propose de magnifiques objets de décorations et de nombreux cadeaux potentiels issus de la célèbre fabrique de faïences Bordallo Pinheiro, aussi bien des reproductions pour les musées que des pièces courantes (art de la table) mais toutes à des prix défiant toute concurrence.
N'allez pas vous priver d'autant plus qu'on saura vous faire un emballage sérieux pour le retour !

MERCEARIA CRIATIVA
4A Avenidade Guerra Junqueiro
Alameda
✆ + 351 218 485 198
www.merceariacriativa.com
merceariacriativa@gmail.com
M° Alameda.
Ouvert du lundi au vendredi de 10h à 19h et le samedi de 10h à 17h.
Une épicerie où l'on vient essentiellement déguster des produits portugais, le plus souvent issus de petits producteurs nationaux. Au programme, fromages, gâteaux, chocolat, vins, artisanat, fruits et même des fleurs… En prime on déguste de délicieux sorbets artisanaux, nous vous suggérons celui à l'alfarroba, avec son léger goût de chocolat : on succombe… Inspiré des anciennes merceries, avec une touche de modernité et d'avant-garde, un magasin qui vaut le détour et qui fait honneur aux produits « Made in Portugal ».

SORTIR

Ce n'est pas forcément le quartier où sortir le soir mais il y a quand même quelques adresses sympathiques à explorer. Elles vous permettront de faire une pause pendant vos explorations de la ville.

CAFÉS - BARS

BAR PROCÓPIO

Alto de São Francisco
21 A Rua João Penha
Jardim das Amoreiras
✆ +351 213 852 851
www.barprocopio.com/pt
info@barprocopio.com
Métro : Rato.
Ouvert tous les jours de 19h à 2h. Repas léger autour de 10 €.

A deux pas du jardin des Amoreiras, il est lové dans une petite maison nichée en haut d'une volée de marches. Pour bien achever une promenade romantique dans le quartier, ce petit bar précieux et intime, inauguré en 1972, est absolument parfait ! On y entre en sonnant pour un cocktail ou un digestif : à l'intérieur, boudoirs, guéridons, caisse d'un autre temps, banquettes et fauteuils moelleux, décoration années folles, lumière tamisée, atmosphère esthète et feutrée sur fond jazzy.

FABRICA COFFEE ROASTERS

136 Rua das Portas de Santo Antão
✆ +351 211 399 261
www.fabricacoffeeroasters.com
info@fabricacoffeeroasters.com
Ouvert tous les jours de 8h à 18h. Café americano 2 €.

Depuis 2015, Lisbonne possède aussi un lieu où le café est torréfié sur place. Dès sa création, la Fabrica Coffee Roasters n'a pas désempli et, forte de son succès, elle a ouvert fin 2016 une nouvelle adresse dans le Chiado. L'un des meilleurs cafés allongés de la ville (appelé ici *americano*).

RED FROG

66B Praça da Alegria
✆ +351 215 831 120
www.redfrog.pt
info@redfrog.pt
Ouvert du mardi au samedi de 18h à 1h. Fermé dimanche et lundi. Cocktails autour de 10 €.

A l'entrée de ce bar, vous ne verrez pas de nom mais seulement une grenouille rouge sculptée au-dessus

Bar Procópio.

d'une sonnerie où il est écrit « Press for cocktails » (sonnez pour les cocktails). Taquin et amusant ! Sonnez et la porte s'ouvre, direction un bar en sous-sol. C'est en effet un bar caché, dans la tradition des *speakeasy bars*, ces bars clandestins qui existaient du temps de la Prohibition aux États-Unis.

RÉMI COFFEE AND BISTRO
63 rua dos anjos
à l'intérieur du club de gym
✆ +351 21 154 7608
www.webremi.com
Ouvert du lundi au vendredi de 9h à 21h et le samedi de 9h à 16h.
Situé dans un quartier de Lisbonne peu fréquenté par les touristes, voici un café pur vous mettre à l'heure italienne. C'est le royaume des *cannoli* depuis 2018 ! Vous y trouverez aussi des croissants à la crème et le fameux Tokyo Cheesecake, un cheesecake sans base délicieusement léger. Il y a parfois des apéritifs organisés le jeudi avec une formule verre + tapas.

CLUBS ET DISCOTHÈQUES

DESTERRO
7 calçada do Desterro
desterro@darc.pt
Ouvert du mardi au samedi de 20h à 4h du matin. Entrée parfois payante.
Bien caché et seulement connu des habitués, Desterro est un club underground et alternatif qui passe de la musique électro/expérimentale. Vous devrez descendre au sous-sol dans une ambiance enfumée : si vous avez le goût du risque, alors vous serez ravi ! Ils se présentent comme une association culturelle et ont parfois une programmation comme des projections de films. Cependant, c'est avant tout un club où finir la nuit.

NOIR CLUBBING
13A/B Rua António Patrício
club_noir@hotmail.com
Ouvert les vendredis et samedis de 23h à 4h du matin.
Un club bien connu des Lisboètes pour sa musique alternative et rock des années 80. Fan de musique punk, rock, gothique métal, vous serez servis.

SPECTACLES

CREW HASSAN
8A Rua Andrade
✆ +351 218 120 373
ccrewhassan@gmail.com
Ouvert tous les jours de 17h à 23h.
Créée en 2004, cette coopérative culturelle sans but lucratif mais plutôt orientée vers l'aide sociale était jadis installée dans un vieil édifice joliment décoré, rua das Portas de Santo Antão. Durant un temps itinérante, elle organisait des soirées musicales (musiques traditionnelles, urbaines ou électroniques, jazz…), des expositions, des projections de cinéma et des ateliers. Depuis 2015, elle dispose d'un local où se déroulent des concerts presque tous les week-ends.

CULTURGEST
Edifício Sede da Caixa Geral de Depósitos
Rua Arco do Cego
Campo Pequeno
✆ +351 217 905 155
www.culturgest.pt
culturgest@cgd.pt
Billetterie ouverte du lundi au vendredi de 11h à 19h, samedi et dimanche de 14h à 20h. Prix variable selon spectacles.

Sponsorisé et animé par l'une des plus importantes banques du Portugal, la Caixa Geral dos Depósitos, cet espace moderne accueille des expositions, des représentations (danse et théâtre) et des concerts dans des auditoriums bien sonorisés. Le mot d'ordre est généralement création *contemporânea*. Une programmation expérimentale atypique à surveiller de près.

HOT CLUBE PORTUGAL

47 - 49 Praça da Alegria
✆ +351 213 619 740
www.hcp.pt – hcp@hcp.pt
Métro : Avenida.
Ouvert du mardi au samedi de 22h à 2h. Concerts au moins trois soirs par semaine, souvent en 2 parties à 23h et 0h30.
A l'époque où les avions ne volaient pas sans escale de New York à l'Europe, Lisbonne était une étape obligatoire des jazzmen en tournée, et le Hot Clube le must du must ! Depuis 1948, l'institution (également école) est restée authentique. Dans ce lieu, voisin du club historique emporté par les flammes en 2009, à tout moment on s'attend à voir entrer Count Basie ou Dexter Gordon, jadis programmés par le club. Aux beaux jours, un petit jardin permet d'apprécier un concert en direct ou de se remettre de l'émotion d'avoir entendu LE coup de cymbale ! Programmation hors pair à surveiller en ligne.

PRAÇA DE TOUROS DO CAMPO PEQUENO (ARÈNES)

Praça de Touros do Campo Pequeno
Avenida da República
✆ +351 210 414 078 (Spectacles)
eventos@campopequeno.com

UNE VIE DE CINÉMA !

CINEMATECA PORTUGUESA

39 Rua Barata Salgueiro
Marquês Pombal
✆ +351 213 596 200
www.cinemateca.pt
cinemateca@cinemateca.pt
Métro : Marquês Pombal ou Avenida.
Bus : n° 706, 709, 711, 732, 736, 744 et 774.
Bibliothèque et archives ouvertes du lundi au vendredi de 14h à 19h30. Ouverture billetterie-cinémas du lundi au samedi de 14h30 à 15h30 et de 18h à 22h. Fermé en août.
Sur papier recyclé, le programme mensuel de cette très belle cinémathèque, un rien *british*, est très dense : versions originales, variées et pertinentes, mêlant pellicules nationales et internationales, anciennes ou récentes, aussi bien classiques qu'avant-gardistes. Une petite poignée de salles (dont deux principales), une librairie bien achalandée, une jolie bibliothèque et un petit musée pour les amateurs, sans oublier un bar restaurant avec terrasse à l'étage, idéal pour se fixer rendez-vous.

Métro : Campo Pequeno. Train : Entrecampos. Bus : n° 91, 701, 727, 736, 738, 744, 749, 754, 756, 783 et de nuit : 206, 207.
Compter de 15 à 75 € selon l'emplacement.
En 2006, après de longs travaux, le bel édifice indo-mauresque (inauguré en 1892) et sa façade de briques rougeoyantes, couronnée de dôme bleus ciel, s'est transformé en espace multifonctionnel (avec galerie marchande, restaurants et parking souterrain) capable d'héberger des événements tout au long de l'année : *touradas* – courses de taureaux et spectacles.

ACTIVITÉS ENTRE AMIS

STADE BENFICA – ESTADIO DA LUZ

Estádio da Luz
Avenida General Norton De Matos
✆ +351 217 219 500
www.slbenfica.pt
visitasestadio@slbenfica.pt
Métro : Colégio Militar-Luz ou Alto dos Moinhos.
Visite possible tous les jours de 10h à 18h (jusqu'à 19h en été). Tarifs : 12,50 € (stade), 17,50 € (stade + musée).
Fondé en 1904. Son énorme stade (inauguré en 2003 avant l'Euro) peut accueillir jusqu'à 65 000 spectateurs assis. Les sièges sont rouges (référence à la couleur du club). Avec le FC Barcelona, c'est l'un des clubs de football du monde à avoir le plus de *sócios* (abonnés) : plus de 200 000 (et plus de 2,5 millions de fans sur la page Facebook du club !). Si le calendrier vous est favorable, pourquoi ne pas palper l'atmosphère endiablée d'un match ?

STADE DU SPORTING – ESTÁDIO JOSÉ ALVALADE

Estádio de Alvalade XXI
7 Rua Francisco Stromp
✆ +351 217 516 264
www.sporting.pt
museu@sporting.pt
Métro : Campo Grande.
Visite du mardi au dimanche à 11h30, 14h30, 15h30, 16h30. Tarifs : 7 € par enfant de 4 à 13 ans et 14 € par adulte. Tarif réduit pour les membres du club.
Plus de 100 000 abonnés et fans ont choisi leur camp : celui du *Sporting Clube*. Le stade fut inauguré en 2003, après deux années de construction. Le musée fut créé dès la création du club de foot, en 1906. Avec une capacité de 52 000 spectateurs, des gradins vert et jaune (les couleurs du club sont le vert et le blanc), le stade abrite en dessous un centre commercial et de loisirs.

A L'OUEST, DOCAS ET BELÉM

Pont du 25-Avril.

IMMANQUABLE DANS CE QUARTIER

- Visiter le monastère de Jerónimo et voir la Tour de Belém.
- Manger un pastel de Belém dans la célèbre pâtisserie éponyme.
- Aller au CCB pour voir la *Colecção Berardo* et au MAAT.
- Flâner dans le *Jardim da Estrela* et visiter la basilique juste en face.
- Profiter de la vie nocturne de Lisbonne à Cais do Sodré ou sur les docks.

DOCAS
A5
A2
Avenida Engenheiro Duarte
Rua J. Gomes Ferre
AMO
Rua dos Sete Moinhos
Rua do Arco do Carvalho
Rua de Campo de Ourique
Rua do Arco do Carvalho
Rua Maria Pia
Rua Pereira e Sousa
Rua Tomás
Rua do quatro de Infantaria
Rua Correia Teles
Galeria Miguel Nabinho
CAMPO DE OURIQUE
Rua G. Anjos
Casal Venbtoso de Cima
PARC FLORESTAL DE MONSANTO
Avenida de Ceuta
Rua de Infantaria
Rua Sampaio Bruno
F. Mimetrass
Anunciação
Rua Almeida e Sousa
Rua Maria Pia
Rua Freitas Gazul
Rua Coelho da
Marché Campo de Ourique
Estrada dos Pazeres
Rua Padre Francisco
Rua Saraiva de Carvalho
R. Col. Ribeiro Vania
Rua do Petrocínio
Cimetière des Prazeres
Rua Maria Pia
Avenida da Ponte
Rua da Fabrica da Pólvora
Avenida de Ceuta
Rua de Sant
Rua do Possolo
Rua Possidónio da Silva
Rua do Borja
Avenida Infante
T. Horta Navia
Rua da Cruz
Rua F. de Sousa
Rua do Alvito
Tapada das Necessidades
Calçada das Necessidades
São
Rua de
Gare ferroviaire Alcântara
da Ponte
Praça General Domingos de Oliveira
Largo das Necessidades
Avenida Infante Santo
Rua Joaquim Casimoro
Rua Ribeiro Sanches
Rua do Sacramento
Via Ponte
Cal. da Tapada
Avenida
Rua dos Luziadas
Rua de Alcântara
Rua das Fontainhas
Av. de Ceuta
Rua V. da Silva
R. Priordo Crato
R. G. Rola
Tv. Sacramento
Rua do Prior
Rua da Arriag
Galeria Sopro
Praça da Armada
R. Primero de Maio
R. Rodriguez Faria
Rua F. de
R. Coz. economica
Rua do Arco
Rua do Sa- cramento
Rua do Oliva
Rua Presidente Arriaga
Avenida 24 de Julho
Rua de Cascais
ALCÂNTARA
Avenida 24 de Julho
Avenida de Brasilia
R. Maria
Lx factory
Avenida da India
Avenida de Brasilia
Museu do Oriente
vers Docas
Avenida da India
Avenida de Brasilia
Doca de Alcântara
Rua General Gomes de Araújo
Doca de Santo Amaro
Station maritime d'Alcântara
Pont du 25 avril

vers Praça Marquês de Pombal
Centre commercial Amoreiras
Rua Castilho
Rua Rodrigo da Fonseca
R. Du. de Palmela
Avenida da Libertade
Rua Silva Carvalho
Rua das Amoreiras
Tv. das Aguas Livres
Fab. das Cedas
Rua de São Filipe Neri
Rua Braamcamp
Rua Alexandre Herculano
Rua Castilho
Rua Rosa Araujo
Praça das Águas Livres
Mãe da Agua
Rua Barata Salgueiro
Rua Dom João V
Largo de Rato
Rua do Sol
Rato
Rua do Salitre
Rua do Sol
Rua do Salitre
Rua da Arrábida
RATO
Rua do Cabo
R. de Dom Dinis
Rua Pedro Alvarez Cabral
Rua de São Bento
Rua da Escola Politecnica
Jardim Bôtanico
Théâtre de Cornucópia
Tv. st. Quitéria
Rua do Arco
Musée national d'histoire naturelle
aison
ando Pessoa
Rua Saraiva de Carvalho
Avenida Pedro Alvarez Cabral
Rua da Impresa Nacional
Cemitério Inglês
Pr. da Principe Real
Casa Museu Amália Rodrigues
Rua São Jorge
Rua M.
Praça das Flores
Rua de São Marçal
mingos
Jardim de Estrela
Rua de São Bernardo
Rua de Santo Amaro
Palais de São Bento
Rua do Século
ESTRELA
Rua da Estrela
Rua Ferreiros
SÃO BENTO
Rua de São Bento
Praça da Estrela
Rua da Academia Ciências
Basilique d'Estrela
Calçada da Estrela
Assemblée de la République
Calçada da Estrela
Cruz dos Poiais
Santa Catarina
R. bela Vista
Rua de Borges Carneiro
Rua de Buenos Aires
Rua A. Brandão
Rua M. Lupi
Rua Francesinhas
Avenida Don Carlos
Rua dos Poiais de São Bento
MADRAOGA
Mir. de Santa Catarina
Rua da Lapa
Rua das Trinas
Rua do Mejo
Rua do Quelhas
Rua do Roço dos Negros
Museu das Comunicações
Rua de São João
Rua dos Remédios
Rau de São Domingos
Rua de São Felix
Rua do Machadinho
Rua da Boavista
Instituto Industrial
Rua de Ferreiros
LAPA
Museu da Marioneta
Rua da Esperança
Calçada de Marquès de Abrantes
Rua Dom Luis I
Rua Dom Luis I
Rua Garcia de Horta
Calçada Ribeiro Santos
Largo de Santos
Avenida 24 de Julho
Avenida de Brasilia
vers Alfama
Rua das Janelas Verdes
Avenida 24 de Julho
Musée national des arts antiques (Museu nacional de Arte Antigua)
N
0
300 m
Station maritime de Rocha Conde de Obidos
Musée
Poste
Curiosité
Parking
Edifice religieux
Station de métro
Théâtre
Gare ferroviaire
Marché et C. commercial
Gare maritime

vers Parc de Monsanto
PARQUE FLORESTAL DE MONSANTO
BAIRRO DO CARAMÃO
Estrada de Pedro Teixeira
Avenida das Descobertas
Avenida Doutor Mário Moutinho
Estrada de Caselas
Rua Natão Gonçalves
Rua Tristão Vaz
Cimetière de Ajuda
Calçada do Gavão
Rua R. Rebelo
Rua Gonçalo Velho
Avenida da Ilha da Madeira
Estrada do Forte do Alto do Duque
Rua Antonio de Saldanha
Rua Pedro de Alenquer
Musée national d'ethnologie
Fort de Alto do Duque
Rua Gonçalves Zarco
AJUDA
Rua Gil Eanes da Covilhã
Rua da Alcolena
Rua do Alto do Duque
Avenida Dom Vasco de Gama
Ruas das Pedreras
Largo da Mémoria
Avenida do Restelo
Rua Dom Francisco de Almeida
Rua Soldados da India
Jardim Ducia Sorres
Rua dos Jerónimos
Calçada do Galvão
Av. d. Torre de Belém
R. D. Lourenço de Almeida
RESTELO
Rua Dom Cristovão da Gama
Rua Duarte Pacheco Pereira
Planétarium Calouste Gulbenkian
Monastère de Jerónimos
Rua São Francisco Xavier
Rua Tristão da Cunha
Musée d'archéologie
Largo dos Jerónimos
Rua de Belém
Musée de la Marine
Praça do Império
Vila Correira
Praça Alf. de Albuquerque
vers Estoril et le museu aquario Vasco de Gama
Praça do Império
Musée national des Carrosses
Rua de Pedrouços
Centre culturel de Belém
Rua Bartolomeu Diaz
Avenida da Torre de Belém
Rua Fernão Mendes Pinto
BELÉM
Avenida da India
Avenida da Brasilia
Doca do Belém
Musée des arts populaires
Monument des découvertes (Padrão dos Descobrimentos)
Santa Maria de Belém
Doca do Bom Sucesso
Tour de Belém

BELÉM
PAEQUE FLORESTAL DE MONSANTO
Musée
Curiosité
Hôpital
Poste
Parking
Gare maritime
BAIRRO DO ALTO DA AJUDA
BAIRRO DO CASALINHO DA AJUDA
SANTO AMARO
Rua Professor Cid dos Santos
Rua do Sitio ao casalinho da Ajuda
Calçada do Mirante a Ajuda
Largo da Torre
Palacio nacional de Ajuda
Calçada da Ajuda
Rua Eduardo Barriada
Rua do Cruzeiro
Rua de Guada Jóias
Rua de Dom Vasco
Tv. do Guarda
Hôpital de Belém
Rua Pereire da Silva
Tra. da Boa Hora
Largo da Boa Hora
Rua Nova da Calhariz
Rua Aliança
Operária
Calçada de Boa Hora
Rua do Rio Seco
Rua Dom João de Castro
Hôpital de São Francisco Xavier
Calçada da Tapada
Rua da Industria
Rua João de Barros
Rua Jau
Rua Pedro Calmon
Rua Luís de Camões
Calçada de Santo Amaro
C. de Santo Amaro
Musée da Carris
Museo do centro cientifico e cultural do Macau
Rua do Giestal
Rua Alexandre da Sá Pinto
Rua Pinto Ferreira
Cal. de Boa Hora
Rua da Junqueira
vers Alfama
Avenida da India
Avenida de Brasilia
Station fluviale de Belém
RIO TEJO
0
350 m
N

A L'OUEST, DOCAS ET BELÉM

Tout à fait à l'ouest de Lisbonne, Belém (contraction portugaise de Bethléem) était autrefois un village de bord de Tage, assez lointain. Gardé par sa tour manuéline emblématique datant du XVIe siècle, ce port occidental, où le vent du large souffle encore, voyait partir naguère les caravelles des découvreurs. C'est à présent, avec sa grande esplanade et ses vastes jardins, l'un des sites les plus visités autour de Lisbonne, notamment pour son superbe Mosteiro dos Jerónimos (monastère des Hiéronymites, du XVIe siècle), l'une des merveilles architecturales classées au patrimoine mondial de l'Unesco. Parmi les autres attractions remarquables, citons l'imposant Padrão dos Descobrimentos (monument des Découvertes) à la gloire des explorateurs portugais, le Musée national des carrosses (avec son extraordinaire collection de carrosses royaux) ou le musée de la Marine (témoin de la puissance maritime du Portugal). Non loin le CCB (Centre culturel de Belém) est un espace gigantesque accueillant des expositions (dont la collection Berardo d'art contemporain) et des spectacles, tous azimuts. Les gourmands terminent toujours par une petite halte à la Pastéis de Belém (datant de 1837), pour le fameux pastel de nata. Entre le centre-ville et Belém, à proximité du pont du 25-Avril, les Docas (les docks d'Alcântara et de Santo Amaro) offrent un nouveau rêve éveillé avec un port de plaisance au bord du Tage. Les entrepôts réaménagés se sont transformés en bars à thèmes et restaurants à la mode où, au cœur de la nuit, vous descendez faire la fête quand le Bairro Alto abdique. Non loin, établi au milieu du XVIIIe siècle, Lapa est un quartier élégant de rues tortueuses parsemées de somptueux palais, hébergeant des ambassades, la résidence du Premier ministre ou le Museu Nacional de Arte Antiga (Musée national d'art ancien) et sa riche collection. Plus bas, le quartier de Santos, fréquenté par la jeunesse lisboète le soir, possède aussi de nombreux cafés et restaurants. Au nord, le quartier d'Estrela est convoité pour son jardin, sa monumentale basilique de la fin du

XVIIIe siècle ou son cimetière anglais, veillant sur d'illustres expatriés. De là, un peu à l'écart mais plein de charme, Campo de Ourique, populaire et commerçant, offre une vision du Lisbonne des années 1930 (avec, par exemple, la maison de Fernando Pessoa), un quartier autant conseillé pour les courses que les repas dans de bons restaurants. Encombré en permanence, le Largo du Rato, est un carrefour stratégique (autos, bus, métro...) reliant l'avenida da Liberdade, les quartiers de São Bento et d'Estrela, les Amoreiras (les mûriers) ou le Bairro Alto. Rato comprenait jadis, sous l'impulsion d'un certain Jácome Ratton (un entrepreneur français du XVIIIe siècle qui donna son nom au site), fabriques (soie, céramique...) et ateliers (tissage, teinture...). A proximité, quelques façades d'azulejos défraîchies décorent le bas des dernières arches de l'aqueduc qui alimentait (du milieu du XVIIe siècle à 1968) la ville en eau potable. L'aqueduc, long de 18 km, comprenant 127 arches se termine ici dans le plus grand réservoir d'eau de la ville (Mãe de Agua), près d'un ravissant petit square ombragé accueillant les expositions d'art de la fondation Arpad Szenes – Vieira da Silva.

VISITER

Le site mythique de Belém et la prolifération de musées, comme le remarquable Museo do Oriente, font de ce quartier un inépuisable lieu de visites.

BASILIQUE D'ESTRELA ★★

Praça da Estrela
Estrela
✆ +351 213 960 915
www.igespar.pt

© STÉPHAN SZEREMETA

Basilica da Estrela.

Bus n° 709, 713, 720, 738 ou 773.
Tram n° 25 ou 28.
Horaires de la basilique : de 9h à 13h et de 15h à 20h, entrée libre. Coupole : de 10h à 11h30 et de 14h à 16h pour 4 €.

Une imposante basilique datant de la fin du XVIIIe siècle à visiter avant ou après son agréable jardin, datant du XIXe siècle. De style baroque et néoclassique, sa façade encadrée de deux tours jumelles est décorée de statues symbolisant des saints et des figures allégoriques. Son intérieur possède de magnifiques marbres (gris, roses et jaunes), levez les yeux bien haut pour vous rendre compte de l'immensité de sa coupole, éclairée par des ouvertures. A voir aussi, une jolie crèche comptant plus de 500 figurines en terre cuite et en liège, et l'inévitable tombeau de la reine Dona Maria I, commanditaire de l'édifice religieux pour remercier Dieu de lui avoir donné son premier fils, Dom José.

© THOMAS DEMARCZYK

Cristo Rei (Statue et Sanctuaire du Christ Roi).

CASA FERNANDO PESSOA ★★

16 Rua Coelho da Rocha
Campo de Ourique
✆ +351 213 913 270
http://casafernandopessoa.cm-lisboa.pt
info@casafernandopessoa.pt
Bus n° 701, 709, 720, 738 ou 774.
Tram n° 25 et 28 (en venant de la Estrela, s'arrêter au grand carrefour). Métro : Rato.

Ouvert du mardi au dimanche de 10h à 18h. Entrée 5 € adulte ; jeune 2,50 € ; senior 4,30 €.

Un musée consacré à la vie et aux œuvres de Fernando Pessoa (1888-1935), probablement le poète portugais le plus important du XXe siècle. Elle est principalement destinée aux admirateurs de son œuvre considérable. Dans ce dernier lieu de vie de l'écrivain inquiet, seule la chambre est restée intacte. Pas bouleversant, mais, une petite halte agréable dans le salon de thé minimaliste s'avère une étape différente lors d'une escapade dans ce quartier.

CASA MUSEU AMÁLIA RODRIGUES ★★

193 Rua São Bento, São Bento
✆ +351 213 971 896
www.amaliarodrigues.pt
fundacao@amaliarodrigues.pt
Bus n° 6, 13, 49, 58, 100, 202.
Métro : Rato.

Visite guidée du mardi au dimanche de 10h à 18h. Entrée 7 €. Fado une fois par semaine. Réservation conseillée.

© CAVAN-IMAGES – SHUTTERSTOCK.COM

Casa Museu Amália Rodrigues.

Central Tejo – (Museu da Eletricidade).

La maison dans laquelle la *fadista* vécut près d'un demi-siècle renferme œuvres d'art et objets lui ayant appartenu. Tapisseries, *azulejos*, meubles anciens vous feront voyager dans le temps et imaginer la vie de celle qui restera à jamais dans le cœur des Portugais. Depuis peu, on peut aussi profiter d'un brunch le dimanche, sous forme de buffet.

CENTRAL TEJO – (MUSEU DA ELETRICIDADE) ★

Avenida de Brasília, Belém
✆ +351 210 028 130
www.fundacaoedp.pt
fundacaoedp@edp.pt
Tram n° 15.
Ouvert de 11h à 19h, fermé le mardi. Entrée 9 € couplée avec le MAAT. Restrictions possibles en lien avec le Covid-19.

A la fois centre culturel (avec un agenda d'évènements) et musée de l'Electricité, des Sciences et d'Archéologie Industrielle, il présente des expositions thématiques (sources, production et distribution d'énergies) et expérimentales (phénomènes électriques).

CRISTO REI (STATUE ET SANCTUAIRE DU CHRIST ROI) ★★★

Alto do Pragal
Almada
✆ +351 212 751 000
www.cristorei.pt
info@cristorei.pt
Ouvert tous les jours de 10h à 18h ou 18h45/19h (été). Entrée : 6 €, 2,50 € pour les enfants jusqu'à 7 ans.

Les mains étendues au-dessus de la ville vous rappellent quelque chose ? Bien sûr, Rio de Janeiro et le Corcovado, qui inspira dès 1934 le cardinal Cereijera, patriarche de Lisbonne. Le Christ roi fut construit à l'issue de la Seconde Guerre mondiale en accomplissement d'un vœu national et d'une promesse de l'épiscopat : le Portugal n'avait pas été envahi (sauf par les réfugiés et les espions) ! Sur un socle de 82 m de haut, la statue, inaugurée en 1959, s'élève encore de 28 m. La vue est incroyable du haut de la plateforme et les ricaneurs se régaleront devant les boutiques religieuses.

EXPERIÊNCIA PILAR 7 ★★

Ponte 25 de Abril
Avinguda da India
✆ +351 211 117 880
www.visitlisboa.com
reservaspilar7@lismarketing.pt

Ouvert tous les jours de mai à septembre de 10h à 20h et 18h en hiver (à confirmer). Visite 5 € ; 3,50 € tarif réduit.

Depuis août 2017, le public peut découvrir « le pont du 25 avril » sous un nouvel angle. Les secrets de l'ouvrage sont dévoilés à travers l'histoire de sa construction. Saviez-vous que l'idée a surgi en 1824 mais que le pont ne verra le jour qu'en août 1966 ? Le voyage commence à l'intérieur du pilier numéro 7, qui met en lumière les particularités du pont, notamment les câbles qui le soutiennent : impressionnant ! La visite se poursuit, après une montée en ascenseur, au belvédère panoramique situé à près de 80 mètres de hauteur. Ici, au niveau du tablier routier du pont, une vue spectaculaire de la ville se présente : le quartier de Bélem, d'Alcantara et le Tage. On termine la visite par un simulateur de réalité virtuelle, qui nous emmène au sommet des piliers de l'ouvrage en fer rouge.

JARDIM DA ESTRELA ★★★

Praça da Estrela
Estrela
Tram n° 25 et 28. Bus n° 713, 720, 738 ou 773.

Ouvert tous les jours de 7h30 à minuit (22h en hiver).

Un beau jardin à l'anglaise, dessiné en 1842, peuplé d'arbres magnifiques et de beaux massifs de fleurs. A l'entrée près de la basilique, vous trouverez une cafétéria proche d'un joli plan d'eau où se reposent d'étranges canards. C'est un des points de rencontre des Lisboètes. Vous pourrez ensuite continuer votre exploration en vous enfonçant un peu plus dans le parc. N'ayez pas peur de vous perdre, il n'est pas immense. Ne manquez pas l'impressionnant massif de cactus et de figuiers de Barbarie. De l'autre côté, le

Experiência Pilar 7.

© RADU BERCAN – SHUTTERSTOCK.COM

Jardim da Estrela.

parc termine par un kiosque et la sortie vous mènera à Rato. L'été, beaucoup d'événements ont lieu comme des séances de cinéma en plein air, des cours de yoga mais aussi des marchés aux puces.

JARDIM DO ULTRAMAR ★★

Largo dos Jerónimos
Santa Maria de Belém
✆ +351 213 921 851
Tram : n° 15. Bus : n° 727. Train : ligne de Cascais, arrêt Belém.
Ouvert tous les jours de 10h à 17h en hiver, 10h à 18h au printemps et à l'automne, 20h en été. Entrée : 5 €. Gratuit dimanche de 10h à 13h.
A lui seul, son nom est une invitation au voyage et au rêve. Ce jardin tropical d'Outremer datant du début du siècle dernier occupe sept hectares plantés d'espèces exotiques, africaines et asiatiques, extrêmement rares. A voir pour l'époustouflante allée de palmiers, son lac, le jardin japonais caché, les essences tropicales et la merveilleuse terrasse au sommet.

MAAT ★★

Av. Brasília
Central Tejo
Belém
✆ +351 210 028 130
Voir page 10.

© TISHA RAZUMOVSKY – SHUTTERSTOCK.COM

Jardim do Ultramar.

Museu da Marioneta.

MUSEU COLEÇÃO BERARDO ★★★

Centro Cultural de Belém
Praça do Império, Belém
✆ +351 213 612 878
Voir page 10.

MUSEU DA MARINHA ★★

Praça do Imperio, Belém
✆ +351 213 620 019
ccm.marinha.pt/pt/museu
geral.museu@marinha.pt
Tram n° 15. Bus n° 714, 727, 728, 729 et 751. Train de Cais do Sodré, ligne de Cascais : arrêt Belém.
Ferry : arrêt Belém.
Ouvert du mardi au dimanche de 10h à 17h (18h d'avril à septembre). Entrée : 6,50 €, tarif réduit à 3,25 €.
Aménagé au XIXe siècle, dans le prolongement des Jerónimos, sur l'emplacement d'où partit, en 1497, Vasco de Gama ; les confectionneurs de maquettes prendront ici une leçon et les amateurs de peinture pompière seront ravis ! Belle collection de documents : cartes, sextants et miniatures de bateaux depuis l'époque des découvertes jusqu'à nos jours. Sans oublier, la cabine privée, du roi Dom Carlos et de la reine Dona Amélia, du yacht Amélia, démantelé en 1938.

MUSEU DA MARIONETA

Convento das Bernardas
146 Rua da Esperança (Madragoa)
✆ +351 213 942 810
www.museudamarioneta.pt
museu@museudamarioneta.pt
Tram n° 25, bus n° 727 et 760, train de Cais do Sodré, ligne de Cascais (arrêt Santos).
Ouvert du mardi au dimanche de 10h à 18h. Entrée : 5 € adulte, 2,50 € tarif réduit.
Comme l'annonce le dépliant du musée classé d'intérêt public : « Donner la vie à un corps inanimé est l'acte suprême de la création », et cela n'est rien de le dire : puisque des visites guidées, des spectacles (représentations occasionnelles), animations, ateliers et activités pédagogiques rendent l'espace très vivant. Les amateurs apprécieront les collections

rapportées de tournée par Helena Vaz et la compagnie São Lourenço, comme les marionnettes portugaises.

MUSEU DO CENTRO CIENTIFICO E CULTURAL DE MACAU ★

30 Rua da Junqueira, Santo Amaro
✆ +351 213 617 570
Voir page 16.

MUSEU DO ORIENTE ★

Doca de Alcântara Norte
Avenida Brasília, Alcântara Mar
✆ +351 213 585 200
Voir page 16.

MUSEU NACIONAL DE ARQUEOLOGIA ★★

Praça do Império, Belém
✆ +351 213 620 000
geral@mnarqueologia.dgpc.pt
Tram n° 15. Bus n° 714, 727, 728, 729 et 751. Train de Cais do Sodré, ligne de Cascais : arrêt Belém. Ferry : arrêt Belém.
Ouvert du mardi au dimanche de 10h à 18h. Entrée : 5 €, 12 € avec le monastère de Jeronimos.

Museu da Marinha.

Ce beau musée national d'archéologie est particulièrement intéressant pour ses vestiges du Portugal préhistorique et sa collection d'objets égyptiens. A partir des sites portugais, il propose un panorama de l'évolution de l'homme, du paléolithique inférieur à l'époque romaine.

Museu Nacional de archeologia.

Carrosses exposés au Museu Nacional dos Coches (Musée national des carrosses).

MUSEU NACIONAL DE ARTE ANTIGA ★★★

Rua das Janelas Verdes
Lapa
✆ +351 213 912 800
Voir page 20.

MUSEU NACIONAL DOS COCHES ★★

Avenida da India, n°136
Belém
✆ +351 210 732 319
www.museudoscoches.pt
mncoches@imc-ip.pt
Tram n° 15. Bus n° 714, 727, 728, 729 et 751. Train de Cais do Sodré, ligne de Cascais : arrêt Belém.
Ferry : arrêt Belém.
Ouvert de 10h à 18h, fermé le lundi. Entrée : 8 €. Entrée pour seulement le Picadeiro Real 4 €, billet couplé 10 €.
C'est un des musées les plus emblématiques de la ville (c'est aussi l'un des plus visités !) : on y entend presque hennir les chevaux ! Plongé dans l'une des plus belles collections mondiales de carrosses (du XVIe au XIXe siècle), vous ne manquerez pas de vous extasier, notamment, devant la folie baroque italienne du « carrosse des océans » de l'ambassade du pape Clément XI.

PADRÃO DOS DESCOBRIMENTOS ★★★

Avenida de Brasília
Belém
✆ +351 213 031 950
www.padraodosdescobrimentos.pt
info@padraodosdescobrimentos.pt
Tram n° 15. Bus n° 714, 727, 728, 729 et 751. Train de Cais do Sodré, ligne de Cascais : arrêt Belém.
Ferry : arrêt Belém.
Ouvert de mars à septembre : 10h-19h, d'octobre à février du mardi au dimanche : 10h-18h. Entrée 6 €, 3 € tarif réduit. Accessible aux personnes à mobilité réduite.
C'est de ce point précis que Vasco de Gama se lança à la découverte des Indes. Initialement érigé en 1940 pour l'Exposition du monde portugais, il ouvre ses portes en 1960 pour le 500e anniversaire de la mort d'Henri le Navigateur. L'ouvrage massif, à

l'apparence pompeuse caractéristique du réalisme du régime Salazar, et ses 56 m de hauteur (avec ascenseur et spectacles audiovisuels) se dressent comme une proue sur le Tage, entourés de statues des personnages emblématiques de l'histoire du Portugal.

PALÁCIO NACIONAL DA AJUDA ★★

Largo da Ajuda
Ajuda
✆ + 351 213 637 095
www.palacioajuda.gov.pt
geral@pnajuda.dgpc.pt
Bus n° 727, 729, 732, 742 ou 760.
Tram n° 18.
Ouvert de 10h à 18h. Fermé le mercredi et jours fériés. Entrée : 5 €, gratuit pour les moins de 12 ans.

On achève encore la construction de ce palais alors qu'il fut commencé début du XIXe siècle sur les hauteurs de Belém, la plus imposante résidence de la capitale qui accueillit la famille royale après le tremblement de terre ayant détruit le palais da Ribeira. Mais, il faut dire que la famille royale le quitta précipitamment en 1807, invasion napoléonienne oblige, c'est le début de l'une des périodes les plus troubles du Portugal. Ceux qui adorent le luxe ostentatoire et les décorations somptueuses apprécieront les nombreuses salles du Palais ! De l'autre côté, vous ne manquerez pas le Jardim Botânico de Ajuda, premier jardin botanique portugais.

© STÉPHAN SZEREMETA

Détail d'un carrosse du Museu Nacional dos Coches (Musée national des carrosses).

© STOCKPHOTOSART – SHUTTERSTOCK.COM

Palácio Nacional da Ajuda.

PONT DU 25-AVRIL OU PONT SUSPENDU ★★★

Ponte 25 de Abril
Alcântara-Mar
✆ +351 212 947 920
www.lusoponte.pt
Tram n° 15. Bus n° 753. Arrêt de train le plus proche : Alcântara-Mar.
Vous lui reconnaîtrez, sans doute, quelques airs du Golden Gate Bridge de San Francisco, quoi de plus naturel c'est la même firme qui l'exécuta : l'American Bridge Company ! Elevé entre 1962 et 1966, long de 3,2 km et haut de 70 m, l'ancien pont Salazar fut renommé lors de la révolution des Œillets, dont il commémore, à présent, la date. On le franchit en voiture, en train et même à pied, mais seulement une fois l'an à l'occasion du semi-marathon.

TORRE DE BELÉM ★★★

Avenida da India
Praça do Torre São Vicente de Belém
Belém
✆ +351 213 620 034
Voir page 11.

SE RESTAURER

Des petits tapas traditionnels (petiscos) à avaler sur le pouce aux superbes assiettes de cuisine contemporaine et sophistiquée, il y en aura pour tous les goûts et surtout pour toutes les bourses.

SUR LE POUCE

JULIANA PENTEADO

5 Calçada da Estrela
✆ +351 936 956 484
jupenteado@hotmail.com
Ouvert de 12h à 19h du mardi au vendredi et le samedi de 11h à 17h.
C'est dès l'âge de 12 ans que Juliana se prend de passion pour la pâtisserie. Elle en fait sa profession et va se former auprès des meilleurs. Pendant le confinement, elle monte son projet « Barü » qui prendra ensuite son propre nom : une pâtisserie rien qu'à elle, où elle nous sert des gâteaux aussi beaux que bons. Elle mélange les saveurs et surtout y met ses ingrédients de prédilection comme les fleurs ou les huiles essentielles.

Le pont du 25 Avril.

DE L'AUTRE CÔTÉ DU FLEUVE...

Envie d'une petite escapade ? Pourquoi ne pas prendre le ferry pour aller de l'autre côté du Tage, à Cacilhas. A faire un jour de beau temps pour profiter de la vue sur Lisbonne. Vous pourrez vous promener et déjeuner dans l'un des nombreux restaurants de poissons et fruits de mer ou dîner et profiter du coucher du soleil...

ATIRA TE AO RIO
69/70 Cais do Ginjal, Cacilhas – Almada
✆ +351 212 751 380
https://atirateaorio.com
reservas@atirateaorio.pt
Sur l'autre rive du Tage. Ferry jusqu'à Cacilhas.
Ouvert tous les jours de 12h30 à 23h. Repas entre 25 € et 30 € en moyenne.
Un dîner, et surtout un déjeuner, à Atira te Ao Rio (littéralement : « jette-toi dans le fleuve ») fait partie des expériences incontournables de Lisbonne. Une fois sur place en bout de quai (en terrasse, presque les pieds dans l'eau, ou en salle), savourez une cuisine traditionnelle portugaise avec une touche d'auteur tout en profitant d'une des plus belles vues sur Lisbonne. Réservation conseillée, l'endroit étant couru en été.

PONTO FINAL
72 Cais do Ginjal, Cacilhas (Almada)
✆ +351 212 760 743
pontofinalrest@gmail.com
Sur l'autre rive du Tage. Ferry jusqu'à Cacilhas.
Ouvert de 12h30 à minuit. Fermé le mardi. Environ 25-30 €/pers. pour un repas complet.
Pour une cuisine traditionnelle portugaise et quelques spécialités le week-end (comme l'*arroz de tamboril*, riz à la baudroie), avec vue. Le restaurant mitoyen de Atira Te Ao Rio, légèrement plus cher, fait aussi l'affaire pour un coucher de soleil et un *brunch*. Côté mer : *salada de polvo*, poissons grillés... Côté terre : *arroz de cabidela de galinha, ensopado de borrego* ou *rojões...* Tout est très correct ! S'il fait trop froid, on vous prête même des couvertures...

SOLAR BEIRAO
17 rua Candido dos Reis, Cacilhas
✆ +351 212 766 019
Ouvert tous les jours, sauf le lundi, de 12h à 23h. Comptez environ 30 € pour un repas complet.
Situé au début de la rue commerçante proche de l'embarcadère, ce restaurant propose des plats à base de poisson et/ou de fruits de mer. Vous pourrez facilement le repérer avec sa façade et son enseigne colorée. Les amateurs de produits de la mer seront ravis car tout est frais et de qualité. Il possède une grande salle permettant de venir manger en groupe mais aussi une terrasse pour profiter du beau temps. Parmi les plats, nous vous conseillons les *lulas gralhadas* ou encore la traditionnelle dorade.

LEBANESE CORNER

3A Largo do Rato
✆ +351 21 586 7171
Ouvert tous les jours de 12h à 21h30. Comptez environ 7/10 € pour un repas.
En manque de saveurs orientales ? On file chez Lebanese Corner qui propose tous les plats typiques : falafels, shawarmas, houmous... Idéal quand on ne veut pas prendre trop de temps pour déjeuner car on a un programme chargé. Pratique quand les tascas ont fermé les cuisines jusqu'au dîner.

QUIOSQUE LISBOA – PRAÇA DAS FLORES

Praça das Flores
www.quiosquelisboa.pt
Ouvert tous les jours de 9h à 22h30.
Ce kiosque fait partie d'un réseau de plusieurs répartis dans la ville. Bien pratique quand on n'a pas beaucoup de temps pour manger ou alors que l'on souhaite faire une courte halte. Attention cependant, il peut y avoir la queue pour commander aux heures les plus prisées, souvent en fin de journée ou le midi. Quelques tables vous attendent pour vous poser et profiter du charme de la place.

PAUSE GOURMANDE

FAUNA E FLORA

33 rua da Esperança, Santos
✆ +351 961 645 040
www.faunafloralisboa.com
faunafloralisboa@gmail.com
Métro le plus proche : Cais do Sodré.
Ouvert tous les jours de 9h à 19h. Pancakes autour de 6/7 €. Autre adresse au métro Anjos.
Situé dans un quartier en vogue de Lisbonne (eh oui Madonna y a élu domicile temporairement), Fauna e flora (faune et flore) nous invite à goûter ou bruncher dans un cadre verdoyant. Un grand espace avec de nombreuses tables dans un décor façon café australien. Au menu, de bons produits frais transformés en pancakes, toasts, smoothies, burgers, etc. Rien de révolutionnaire mais la qualité est au rendez-vous !

LANDEAU

103 Rua Rodrigues de Faria – LX Factory, Alcântara
✆ +351 917 278 939
www.landeau.pt
chocolate@landeau.pt
Bus n° 727. Tram n° 15 : arrêt Alcântara.
Ouvert de 12h à 19h, vendredi et samedi jusqu'à 23h. A partir de 3,50 € la part de gâteau au chocolat.
Nous avions entendu dire que c'était l'un des meilleurs gâteaux au chocolat de Lisbonne. Nous confirmons qu'il fait partie du Top 3. Une seule grande table au milieu pour déguster en douceur cette petite merveille. Si vous n'avez pas le temps de passer à LX Factory, sachez qu'il y a une autre adresse dans le centre de Lisbonne.

Autre adresse : 70 Rua das Flores, Baixa-Chiado

NANNARELLA

64 Rua Nova da Piedade
✆ +351 926 878 553
www.nannarella.pt/
nannarella.gelati@email.com
Ouvert tous les jours de 12h à 22h. A partir de 2 € le petit modèle (mais vous pouvez mettre 2 parfums).
Un des meilleurs glaciers de Lisbonne, créé et géré par des Italiens. Fort de son succès, Nannarella a déménagé en 2015, passant du 68 au 64 de la rue pour avoir

plus de place. On vous recommande les parfums pistache et basilic. L'été, attendez-vous à faire la queue.

PASTELARIA 1800
7 Largo do Rato, Rato
✆ +351 213 882 631
igrejasfernandolda@gmail.com
Métro : Rato.
Ouvert tous les jours sauf le dimanche de 6h à 21h en semaine et jusqu'à 20h le samedi.
A côté de la sortie de métro de Rato, une des plus anciennes *pastelerias* de la ville. Les *azulejos* le prouvent puisqu'on peut y lire la date de 1857. Vous pourrez y observer un sublime *azulejo* représentant un agriculteur au travail. Côté nourriture : petits gâteaux portugais, très bons croissants au chocolat... Le midi, quelques plats du jour. Agréable pour une pause gourmande.

TEASE
70b rua da Quintinha
✆ +351 21 596 2773
Ouvert tous les jours de 9h à 19h. Cupcakes env. 2 €. Formule quiche-salade à 4,50 €.
Ce salon de thé n'a plus à faire sa réputation. On vient des quatre coins de Lisbonne pour goûter à ses cupcakes. Autrefois dans la rue Nova da Piedade, il a déménagé pour pouvoir se doter de plus de tables mais surtout d'une terrasse !

Autre adresse : Tease Cais do Sodré – 160 rua de São Paulo

BIEN ET PAS CHER

CAFÉ MANAH CREATIVE BISTRÔ
8 rua Moeda ✆ +351 910 100 722
manah.lisboa8@gmail.com
Ouvert du mardi au dimanche de 11h à minuit. Comptez environ 20 €/pers.
Situé non loin du mercado da Ribeira, Manah vous propose des plats aux saveurs orientales, tout droit venues d'Israël. Cet établissement a créé une ambiance chaleureuse pour recevoir ses clients, afin qu'ils s'y sentent comme à la maison. Car sa cuisine est avant tout une cuisine à partager. C'est le concept du mezze, cet assortiment de plats à partager.

VENEZ DÉGUSTER UN MYTHE...

PASTÉIS DE BELÉM
84-92 Rua de Belém, Belém
✆ +351 213 637 423 – www.pasteisdebelem.pt
pasteisdebelem@pasteisdebelem.pt
Tram n° 15. Bus n° 714, 727, 728, 729 et 751. Train de Cais do Sodré, ligne de Cascais : arrêt Belém. Ferry : arrêt Belém.
Ouvert tous les jours de 8h à 20h, 19h les jours fériés.
Après la tour, le monastère... Cette vénérable maison, fondée en 1837 et détenant, depuis lors, un secret de fabrication bien gardé est la halte inévitable de Belém. Si vous pouvez acheter presque partout des *pasteis de nata*, sorte de toutes petites tartes feuilletées au flan absolument savoureuses, les seules, les vraies, c'est ici que vous pourrez vous les procurer en étuis cartonnés de six. Régalade !

Marché da Ribeira.

LA FUGITIVA TACO BAR

186 rua de São Paulo
✆ +351 934 863 095
Du mardi au vendredi de 12h à 15h et de 18h à minuit (2h le vendredi). Samedi de 12h à 1h. Happy hour à 18h.

Plongez-vous dans l'ambiance mexicaine en passant la porte de ce restaurant. Sa devise : *Je mange des tacos donc j'existe.* On aura compris quel plat est mis à l'honneur ici ! Rassurez-vous, il y a aussi d'autres plats comme des salades, des nachos ou encore des *tortas* (sandwichs améliorés). On aime y venir au moment de l'happy hour, pour avoir deux margaritas pour le prix d'une.

KITCHENETTE POP UP CAFÉ

72 rua Coelho da Rocha
✆ +351 963 819 871
www.kitchenette.pt
Ouvert du lundi au samedi, menu spécial ou événement annoncé sur les réseaux sociaux.

Au départ, c'était un projet qui avait pour but de promouvoir les petits producteurs à travers la vente de paniers mensuels. Le projet a pris de l'ampleur depuis 2019, et il est devenu un laboratoire d'expérimentations grâce à ce café qui a ouvert dans le quartier de Campo de Ourique. En plus

L'ATLANTIQUE DANS VOTRE ASSIETTE...

CERVEJARIA O PALÁCIO

142 Rua Prior do Crato
Alcântara
✆ +351 213 961 647
https://restauranteopalacio.pt
Bus : 714, 720, 732, 738 et 742. Tram n° 15 et 18.
Ouvert de midi jusqu'à minuit, fermé le jeudi. Comptez environ 15 € pour un plat principal. Fruits de mer au kilo.

Près de la gare d'Alcântara, on annonce la couleur dès la vitrine à l'aquarium bien garni de produits encore vivants ! Dans cette brasserie populaire et animée, spécialisée en fruits de mer, vous vous régalerez d'excellents coquillages ou de bons poissons grillés, le tout dans une ambiance vibrante et bon enfant ponctuée par les coups de marteaux tapant sur les crabes !

d'être un café, c'est une cuisine pop-up qu'il est possible de réserver pour tester son concept de restauration. Ainsi, l'offre change régulièrement, et vous aurez l'occasion de tester en avant-première la cuisine de futurs restaurants.

MERCADO DA RIBEIRA

Time Out market
Avenida 24 de Julho
A Ribeira, Cais do Sodré
✆ +351 213 462 966
Métro : Cais do Sodré.
Ouvert tous les jours de 10h à minuit, jusqu'à 2h du jeudi au samedi.
Rénovées il n'y a pas si longtemps, ces très belles halles, anciennement consacrées aux étalages alimentaires d'un marché ordinaire, ont été métamorphosées par la société TimeOut. Résultat : une immense cantine un brin huppée où l'on concocte soi-même son repas dans un esprit « tapas de qualité » ! Sont juxtaposées un bonne vingtaine de cuisines – certaines représentent des chaînes de restauration connues – allant de la gastronomie créative portugaises aux pizzas et autres cuisines du monde (thaï, japonaise, française...). Un lieu des plus *trendy*, à tester de toute urgence !

MERCADO DE CAMPO DE OURIQUE

Rua Coelho da Rocha
✆ +351 211 323 701
Ouvert du dimanche au jeudi de 10h à 23h, jusqu'à 1h le vendredi et samedi. Repas entre 10 € et 20 €.
Les Halles du quartier de Campo de Ourique abritaient depuis sa création en 1934 un des marchés les plus typiques de la capitale. Il a été restauré tout en conservant son style original pour devenir un lieu branché. Le *Mercado* associe avec brio recettes traditionnelles portugaises et pratiques culinaires modernes comme les fameux bowls. A la différence du Time Out Market, ce lieu est encore très apprécié par les locaux. Il y a parfois des concerts organisés.

Mercado de Campo de Ourique.

TABERNA TOSCA
21 Praça de São Paulo
Cais do Sodré
✆ +351 218 034 563
www.tabernatosca.com
main@tabernatosca.com
M° Cais de Sodré.
Ouvert de midi à minuit, les vendredis et samedis jusqu'à 2h. Différents menus. Tapas à partir de 7 €.
Non loin de Cais de Sodré, voici un restaurant design et moderne qui propose tous les midis des plats du jour délicats. Vous aurez le choix entre un intérieur mélangeant murs en pierre et tableaux design, et une terrasse extérieure où l'on peut picorer quelques bonnes tapas accompagnées d'un des superbes vins que propose la maison. Nous recommandons la dinde sauce safran avec ses petits pruneaux, accompagnée de son riz basmati !

BONNES TABLES

COMPTOIR PARISIEN
44 Rua Vieira Portuense
Belém
✆ +351 213 638 279
www.restaurante-comptoir-parisien.com
Repas à partir de 25 €. Ouvert de 10h à 22h du jeudi au samedi, de 10h à 17h dimanche, mardi et mercredi. Fermé le lundi. Fermeture annuelle en janvier.
Situé tout près des fameux « pasteis » de Belém, face au parc verdoyant. L'accueil est très chaleureux et, petit plus, en français, car Nicole et Gilles sont deux anciens propriétaires de brasseries à Paris. Le menu joue à fond la carte de la cuisine de bistrot et de la saisonnalité, avec des produits frais locaux, proposant un savant mélange de saveurs.

PETISCOS, TAPAS À LA PORTUGAISE...

TASCA DA ESQUINA
41C Rua Domingos Sequeira, Campo de Ourique
✆ +351 210 993 939– www.tascadaesquina.com
info@tascadaesquina.com
Tram n° 25 ou 28. Bus n° 701, 709 ou 774.
Ouvert du lundi au samedi de 12h30 à 15h30 et de 19h30 à 23h. A la carte avec des plats autour de 20-30 €.
Pari réussi pour le top chef Vitor Sobral et son concept créatif de cuisine d'auteur dans une taverne à la portugaise contemporaine. Dans un cadre bistrot amical, accueillant une clientèle gourmet hétérogène, la petite Tasca à l'angle, avec cuisine à vue et véranda réduite présente des menus intelligents de 4 à 7 miniatures. Selon l'appétit, se laisser guider par l'humeur du chef : velouté coloré, fromages et charcuteries, coquillages cuisinés, morue et ses multiples recettes, filet mignon de porc et assortiment de desserts maison. La bonne table à l'atmosphère décontractée et carte des vins jonchée de belles références portugaises sert bonne sélection de produits du terroir. Un peu plus loin dans le quartier la Cervejaria est une brasserie spécialisée en steaks épais et fruits de mer.

DESCOBRE RESTAURANTE

65 Rua Bartolomeu Dias
Belém ✆ +351 218 056 461
www.descobre.com.pt
reservas@descobre.com.pt
Bus 529, tram 15E.
Ouvert du vendredi au lundi de 12h à 16h et de 19h à 23h. En moyenne 25 € le repas. Terrasse intérieure et en extérieur. Transport offert de votre hôtel au restaurant.
Non loin du Centre Culturel de Belém en direction d'Algés, voici une adresse pour découvrir la gastronomie portugaise sans trop dépenser et quelle que soit l'heure. A la base, des recettes traditionnelles mais avec un petit plus qui surprend les papilles ! On peut s'en tenir aux entrées avec un grand choix de « petiscos », choisir un poisson comme un bar au four et à l'aneth ou une viande : filet de canard, mouton à l'indienne ou encore poulet au curry. Bonne sélection de vins, même au verre. Un bon repas dans une ambiance locale chaleureuse.

FURIA DO MAR

193A Rua Ferreira Borges
Campo de Ourique
✆ +351 213 865 269
infoagina@gmail.com
Bus n° 774.
Ouvert tous les jours de midi à minuit. Repas à partir de 20 €.
Comme son nom l'indique, ici on cuisine la « cataplana », plat typique mijoté et servi dans un plat en cuivre, qui conserve toute la saveur des ingrédients. Fruits de mer et poissons sont ainsi mis à l'honneur. On pourra aussi choisir ses fruits de mer vivants ou son poisson frais à faire griller, ainsi que d'autres spécialités de la cuisine traditionnelle portugaise comme les « pataniscas » de morue accompagnées d'un « arroz de feijão ».

© COMPTOIR PARISIEN
Comptoir Parisien.

IL MATRICIANO

107 Rua São Bento
São Bento
✆ + 351 213 952 639
bebel.ristoranteitaliano@gmail.com
Bus n° 706, 727, 706 et 773.
Métro : Rato.
Ouvert tous les jours sauf le dimanche de 12h30 à 15h et de 19h à 23h. Compter environ 20-30 € pour un repas.
Un petit restaurant juste en dessous de l'assemblée de la république. C'est en plongeant son regard qu'on le remarque avec ses tables souvent remplies. À l'intérieur il y a des tables en bois, un mélange de mobilier ancien et de décoration contemporaine, et pour les beaux jours une petite terrasse ensoleillée. Il est tenu par un couple d'Italiens qui vous proposent non pas des pizzas mais des plats venus tout droit d'Italie que vous pourrez accompagner d'un bon vin.

A OBRA
21 Rua da silva
✆ +351 910 636 790
Ouvert tous les jours de 16h à minuit. Repas pour 30-35 € environ.
La rua da Silva est une petite rue cachée où la nature a repris ses droits. Il y a des plantes à tous les balcons et devant les portes. Vous trouverez dans cette rue plusieurs restaurants et bars, dont A Obra. Il possède une petite salle joliment décorée où le bois domine. Lumières douces pour une ambiance intimiste. La carte change régulièrement et propose des petiscos et des plats. Il y en a pour tous les goûts et il vous sera difficile de choisir. Pourquoi pas des courgettes au pesto maison et parmesan ? Les desserts sont également à tester !

O MERCADO DO PEIXE
Estrada Pedro Teixeira
✆ +351 213 616 070
mercadodopeixe@netcabo.pt
Bus : 723 (Marquês de Pombal), 729 (Colombo/Belém).
Ouvert tous les jours de 12h30 à 15h30 et de 19h30 à 22h30, fermé le dimanche soir. Compter en moyenne 35 € le repas.
Situé à la lisière du parc de Monsanto, non loin de Belém, c'est, comme son nom l'indique (« marché aux poissons »), un restaurant de poissons et de fruits de mer. La salle, rustique et spacieuse, est chaleureuse, l'ambiance y est locale. Au centre se trouve un grand aquarium ainsi qu'un étal de poissons – comme au marché. On peut faire son choix parmi une variété de 16 sortes de poissons et crustacés : mérous, soles, dorades, bars, rougets, sardines, gambas, langoustes, langoustines, homards... Juste à côté de l'étal se trouve un grand barbecue où sont grillés les poissons. C'est l'originalité de la maison !

SENHOR UVA
66 rua de Santo Amaro
✆ +351 21396 0917
https://senhoruva.com
info@senhoruva.com
Ouvert du mercredi au dimanche, de 18h à minuit. Comptez au minimum 30 € par personne.
Perchée en haut de la côte depuis la rue São Bento, venez découvrir cette petite merveille ouverte il y a peu. C'est un de nos coups de cœur de l'année ! L'ambiance chaleureuse et la disposition de la salle conviennent parfaitement aux voyageurs solitaires. C'est le propriétaire qui vous servira (entre autres) et il est très sympathique. Ici on sert du bon vin (d'ici ou d'ailleurs) et des plats pour se marier avec. Les produits utilisés sont bio ou locaux, il y a un vrai souci de la provenance et de la qualité. Le menu change d'ailleurs régulièrement.

THE THERAPIST
103 Rua Rodrigues de Faria – LX Factory
✆ +351 913 648 993
http://thetherapist.pt/
lxfactory@thetherapist.pt
Ouvert tous les jours de 9h à 22h. Plats autour de 15 €, tartines autour de 10 €.
Qui a dit que la cuisine saine était sans saveur ? The Therapist vous prouvera que l'on peut se faire plaisir tout en prenant soin de sa santé. Au sein de LX Factory, il dispose d'une grande salle aux allures industrielles. Ce restaurant a été créé par Joana Teixeira, une spécialiste de la nutrition, qui a également travaillé

Espace restauration et « chill ».

dans des grands groupes de l'industrie alimentaire. Les plats sont à base de poisson ou végétariens. Les desserts sont tous délicieux, surtout le gâteau au chocolat. Il y existe une seconde adresse à Alvalade.

LUXE

ESTORIAS NA CASA DA COMIDA

1 Travessa das Amoreiras
Rato – Amoreiras
© +351 213 860 889
www.casadacomida.pt
reservas@casadacomida.pt
Métro : Rato.

Ouvert de 19h à 23h30, fermé le dimanche. Repas env. 60 €/pers. Réservation conseillée.

Dans un beau et élégant décor tropical fréquenté par la haute société de Lisbonne, le chef Bertílio Gomes, responsable d'une carte remodelée, a ouvert cette table de gastronomie lusitanienne sous influence traditionnelle innovante à une clientèle plus jeune. Servis dans une jolie vaisselle, soupe de crustacés, *carril* de gambas et faisan préparé régaleront les convives.

SHOPPING

BOUTIK

106D rua de São Bento
© +351 21 396 0773
www.boutiklisboa.com
info@boutiklisboa.com

Ouvert du lundi au samedi de 9h à 19h et le dimanche de 9h à 18h. Cette boutique possède également un café.

Ce joli concept store a ouvert en bas de la rue São Bento, près de l'Assemblée nationale. Dans ce grand espace dédié à l'univers du surf mais aussi au lifestyle, vous trouverez toutes sortes de cadeaux, allant des vêtements à la papeterie en passant par les bijoux et les accessoires. Les créateurs viennent des quatre coins du monde, dénichés au gré des voyages d'Alice et Pam. Le lieu possède un café où manger des poke bowls, des toasts, des pancakes, etc.

COMPANHIA PORTUGUEZA DO CHA

105 Rua do Poço dos Negros
✆ +351 213 951 614
https://companhiaportuguezadocha.com
Ouvert tous les jours de 10h à 19h, sauf le dimanche.
Ouvert en 2014, ce magasin de thé est devenu une adresse incontournable à Lisbonne. Est proposée une large sélection de thés d'ici et d'ailleurs, ainsi que des créations maison comme le « Earl Grey Portugal » parfumé avec de la bergamote produite au Portugal, le « Lisbon breakfast » ou les très bons thés de Darjeeling, de Chine, et bien sûr du Portugal.

Autre adresse : Campera Outlet Shopping, Loja 67 ✆ +351 263 859 300.

LER DEVAGAR

103 Rua Rodrigues de Faria – LX Factory, Alcântara
✆ +351 213 259 992
www.lerdevagar.com
galeria@lerdevagar.com
Ouvert de 11h à 22h, plus tard le week-end. Petite cafétéria à l'intérieur.
Ler Devagar signifie « lire lentement ». Il est vrai que le cadre impressionnant de cette bonne librairie, parallèle au grand espace dans la LX Factory (dans l'ancienne imprimerie Gráfica Mirandela), invite à savourer chaque page et que les bouquins dans les rayonnages et sur les tables ne sont pas du genre que vous lisez en diagonale ! Des murs entiers de livres et un vélo au plafond, quoi de plus inattendu... Ici on vous invite à faire une pause dans votre journée folle, de vous asseoir à une table de la cafétéria et de bouquiner le temps d'un café.

Autre adresse : Associé un temps au projet Braço de Prata (à Poço do Bispo, au nord-est de la ville), autre librairie d'intérêt à visiter.

LX FACTORY

103 Rua Rodrigues Faria
Alcântara
✆ +351 213 143 399
www.lxfactory.com
lxfactory@mainside.pt

Ler Devagar.

© ADAM SZULY – SHUTTERSTOCK.COM

Vue de Rua Rodrigues de Faria, LX Factory.

Tram n° 15 et 18. Bus n° 714, 720, 724, 727, 732, 738, 742, 751, 756 et 760 ou, de nuit, 201 et 203.
L'enceinte est toujours ouverte mais chaque établissement possède ses propres horaires d'ouverture. Marché d'artisanat le dimanche.
Sous le pont du 25 avril, dans une ancienne usine, c'est le nouveau pôle créatif de la ville. Dans un espace post-industriel aux hangars aménagés, une pépinière d'entreprises, de start-up et d'ateliers évoluant dans différents domaines (mode, design, publicité, communication, multimédia, arts...). En reprenant vie, la LX Factory s'est adjoint les service de bars et de restaurants à la mode dont les bien cotés Café Na Fábriqua et A Cantina, quelques boutiques, un kiosque presse dans un container, ou la très bonne librairie Ler Devagar (désormais célèbre sur Instagram). Pour les amateurs de street art, c'est un lieu à ne pas manquer.

DEPÓSITO DA MARINHA GRANDE
418 Rua São Bento
São Bento
✆ +351 213 955 818
www.dmg.com.pt
geral@dmg.com.pt
Bus : n° 706. Tram : n° 28. Métro : Rato.
Du lundi au vendredi de 9h à 13h et de 15h à 19h, le samedi de 9h à 13h.
Marinha Grande, près de Leiria, est la ville où sont concentrées les cristalleries et les verreries du Portugal. Quelques échantillons sont réunis ici dans une sorte de paradis pour les chineurs, du plus tendance au plus kitsch : services de table, carafes, bouteilles et flacons, saladiers ou petits objets.
On pourra se rendre heureux à peu de frais et pour le plaisir des yeux apprécier aussi les récentes créations des artistes portugais de décoration intérieure.

ODILE
47 rua Nova da Piedade
www.odile-collective.com/fr
info@odile-collective.com
Ouvert en semaine de 11h à 19h, le samedi de 10h à 19h et le dimanche de 10h à 17h.
Odile vient du prénom de la grand-mère de la créatrice de cette boutique et de cette marque de vêtements écoresponsables. Tout récemment installée dans la petite rue qui relie la praça das Flores à la rue São Bento, vous pourrez contempler dans la vitrine de jolis paniers en osier colorés. En plus des vêtements, Odile fait travailler des artisans de différentes régions du Portugal et propose à la vente des accessoires ou des objets de décoration.

SORTIR

La zone des Docas est, après le Bairro Alto, le second pôle de la nuit lisboète. Rock, samba, salsa, house et électro se mélangent le long du port de plaisance, sous le pont du 25-Avril, et de l'Avenida 24 de Julho, pourtant si morne tout au long de la journée. Mais c'est vraiment à Cais do Sodré que la fête bat son plein avec des bars ouverts jusque 2h/3h du matin. Les clubs au style hétéroclite, eux, ne prennent le relais qu'après fermeture des bars et jusqu'au petit matin.

CAFÉS - BARS

ANTÙ – CAIS DO SODRÉ
22 rua do Corpo Santo
www.antueurope.com
Ouvert tous les jours de 17h à 2h du matin, un peu plus tard le week-end.
C'est à la fois une galerie d'art, un magasin et un bar. Un concept ultra complet qui connaît un certain succès depuis son ouverture. Il y a d'ailleurs une seconde adresse dans l'Alfama. Dans le quartier de Cais du Sodré, il est un peu caché dans une rue peu fréquentée mais vous le verrez grâce à son enseigne lumineuse rouge. Il y a aussi des DJ sets d'organisés lors des inaugurations d'expositions. Ils ont une carte de petits en-cas à grignoter pour accompagner votre boisson : *arepas*, *bao* au *pulled pork*, *sticks* de polenta frits, de quoi vous donner l'eau à la bouche.

BAR SOL E PESCA
44 Rua Nova do Carvalho
Cais do Sodré
✆ +351 213 467 203
solepesca@gmail.com
Métro : Cais do Sodré.
Du mardi au jeudi de 12h à 2h, jusqu'à 3h vendredi et samedi.
Ancienne boutique d'articles de pêche, ayant préservé collection de cannes à pêche et boîtes de conserve de poissons, *Soleil et Pêche* plaît aux anciens étudiants des Beaux-Arts. Intéressant car intégré dans le Cais do Sodré pour noctambules branchés se métamorphosant en haut lieu de la nuit, les bars d'hôtesses laissant place à des bars thématiques et clubs en vue.

CERVETECA LISBOA
62 Praça das Flores
www.cervetecalisboa.com
info@cervetecalisboa.com
Ouvert tous les jours de 15h30 à 1h et jusqu'à 2h les vendredis et samedis.
Amateurs de bières artisanales, c'est LE lieu à ne pas manquer à Lisbonne. Un peu caché sur la Praça das Flores, vous pourrez le repérer grâce à l'affluence devant sa porte.

© MAIQUE MADEIRA HTTP://MAIQUEMADEIRA.COM

Cerveteca Lisboa.

Le bar possède une carte de bières impressionnante avec des provenances du monde entier mais aussi, bien sûr, du Portugal.

O BOM, O MAU E O VILÃO

21 Rua do Alecrim
✆ +351 967 950 287
www.obomomaueovilao.pt
geral@obomomauovilao.pt
Métro Cais do Sodré. A côté de la terrasse de Pensão Amor.
Ouvert de 19h à 2h, jusqu'à 3h les vendredis et samedis.
« Le Bon, la Brute et le Truand », tout un programme ! Cet établissement qui porte le nom du fameux western de Sergio Leone version portugaise, c'est vraiment une des nouvelles bonnes surprises dans le quartier de Cais do Sodré. Dans une sorte d'immense appartement au style design et cosy, plusieurs pièces avec bars, canapés, fauteuils... La lumière est tamisée et l'ambiance bon enfant. On se sent bien. Tous les soirs, ou presque, il y a de la musique live : sets de DJs, concerts d'afrobeat ou de jazz. L'endroit parfait pour commencer la soirée ou la finir en douceur. Très bons cocktails.

A PARÓDIA

26 B Rua do Patrocínio
Estrela – Campo de Ourique
✆ +351 213 964 724
www.aparodia.com
parodia@aparodia.com
Tram n° 25 et 28. Bus n° 709, 720, 738 ou 773.
Ouvert tous les jours de 21h à 2h.
Entre Estrela et Campo de Ourique, il fait partie des secrets les mieux gardés de la nuit : dans un quartier sans réelle vie nocturne, ce mini Pavilhão Chines est un espace caché et cosy façon Arts déco avec tout plein de beaux objets et quelques caricatures et photos friponnes accrochées aux murs. D'excellentes *tostadas* à déguster et cocktail (le *Paródia* est divinal !) à siroter. Depuis son ouverture en 1975, A Parodia propose des soirées poésie, théâtre ou musique (un piano est disposé dans l'une des petites pièces)...

PENSÃO AMOR

19 Rua do Alecrim
Cais do Sodré
✆ +351 213 143 399
www.pensaoamor.pt/PT
pensaoamor@mainside.pt
Métro : Cais do Sodré. Bus n° 758.
Tram n° 28.
Du lundi au mercredi de 14h à 3h, jusqu'à 4h du jeudi au samedi.
Au-dessus du club Roterdão et de la movida portugaise de Cais do Sodré, cet ancien lupanar, naguère fréquenté par les prostituées locales et les marins étrangers en escale, conserve son ambiance cabaret sulfureuse d'antan. De vieilles photos un peu grivoises, des bibelots de jadis et d'anciens dessins de femmes nues composent la déco. Pour les consommations, deux tarifs s'appliquent, jour et nuit, ce dernier un poil abusé pour le niveau de vie local, reste une manière sûre de sélectionner la clientèle. Incontournable !

Autre adresse : Seconde entrée : 38, Rua Nova do Carvalho.

TILES BAR

33 rua São Paulo ✆ +351 21138 4724
tilesbar2016@gmail.com
Ouvert tous les jours de 11h à minuit, jusqu'à 2h les jeudis, vendredis et samedis.
Après avoir ouvert à Intendente en 2016, cette adresse a déménagé en 2019 près de Cais do Sodré. Nouveau lieu, mais le concept reste le même : un bar sympa où boire un verre entre amis. Par contre, il a perdu sa terrasse au passage, il faudra donc se contenter de la salle. Cela dit, les gérants ont conservé les belles arcades en pierre de taille et un petit rappel au nom du bar est fait avec des azulejos sur le comptoir. Vous pourrez donc y boire un bon verre de vin en dégustant un burger et des frites maison, ou encore des tapas, des salades, etc.

CLUBS ET DISCOTHÈQUES

B.LEZA

Armazém B Cais da Ribeira
Cais do Sodré ✆ +351 210 106 837
http://blogdibleza.blogspot.fr

Pensão Amor.

Métro : Cais do Sodré. Bus n° 735, 736, 758, 760 ou 794. Tram n° 15 ou 18.

Ouvert du mercredi au dimanche de 22h30 à 4h (sauf le dimanche où cela ferme à 2h). Entrée libre ou payante.

Portant le pseudonyme d'un compositeur contestataire du siècle dernier, originaire du Cap-Vert, le B.Leza, convivial et souriant, nous emplit de rythmes lusophones, live ou enregistrés, et d'un maximum d'africanités. Venez vite profiter des orchestres sur scène distillant mornas, coladeira, funaná, kuduro, kizomba... Mais aussi de quelques soirées latino-américaines et même d'une nuit poésie (le dimanche) et d'un rendez-vous mensuel fado. La chaleur augmente proportionnellement à la foule sur la piste dansant aux sons brésiliens, angolais ou du Mozambique...

INCÓGNITO

37 Rua dos Poiais de São Bento
São Bento
✆ +351 213 908 755
Tram n° 28. Bus n° 706, 727 ou 773.

Ouvert du jeudi au samedi de 23h à 4h. Entrée souvent payante.

Situé au pied du Bairro Alto, c'est un *bar-discoteca indie* disposant de deux espaces distincts sur trois demi-niveaux. Un des lieux où tout le monde se rend après la fermeture des bars. Près de l'entrée, tables et sofas pour converser, en bas la piste pour danser avec de grands mouvements ! Les soirées, techno pas de tout repos, *alternativa* ou post-punk et new wave rétro font déjà partie des annales du club. Chaudement recommandé aux amateurs du genre.

JAMAICA

Cais Gas
www.jamaica.com.pt/
jamaica@jamaica.com.pt
Métro : Cais do Sodré.

Du mardi au samedi de minuit à 6h.

L'un des lieux historiques de la nuit lisboète depuis 1971. L'espace bar-discothèque bon enfant n'est vraiment pas très grand, mais la musique plutôt bonne : excellent reggae (le mardi), les autres jours du big rock, de la pop ou des hits portugais. Rassembleur pour trentenaires et bien au-delà !

LOUNGE

1 0/P Rua da Moeda, Cais do Sodré
✆ +351 214 032 712
www.loungelisboa.com.pt
loungelisboa@gmail.com
Métro : Cais do Sodré. Tram n° 25. Bus n° 714.

Ouvert tous les jours de 22h à 4h. Programmation des soirées sur le site Internet.

Derrière le marché de la Ribeira, ce Lounge est une étape unique de la nuit lisboète. Grande salle à la décoration épurée et aux effets lumineux de lanternes magiques, grand parvis accueillant. Clientèle un peu plus jeune qu'au Bairro Alto, prix modérés et musique poussée par des DJ plutôt bien inspirés (house, breakbeat, curiosités...). Beaucoup de soirées se terminent dans une joyeuse cacophonie le samedi !

RIVE ROUGE

mercado da Ribeira
✆ +351 213 461 117
https://www.rive-rouge.com/
info@rive-rouge.com

Ouvert du jeudi au dimanche de 22h à 4h et jusqu'à 6h le week-end. Dress code smart casual.

Situé à l'intérieur du Mercado da Ribeira, il est facile de passer à côté sans même savoir qu'il existe. On vous prévient tout de suite, il faut aimer la couleur rouge pour s'aventurer à l'intérieur. Ici, on diffuse principalement de la musique des années 2000 et les gens qui fréquentent ce club sont plutôt des trentenaires, voire des quarantenaires. On déplore le service de sécurité à l'entrée qui peut être fort déplaisant. Cela reste une option si l'on veut rester en centre-ville pour finir la soirée.

TITANIC SUR MER
Cais do Gás
rua da cintura do porto de Lisboa
info.titanicsurmer@gmail.com
Métro Cais do Sodré.
Les horaires varient selon les jours de la semaine. L'entrée peut être payante selon les soirs. Brunch le week-end.
Un club connu des Lisboètes qui organise régulièrement des soirées à thème. Le week-end, c'est l'un des clubs où finir la nuit, la semaine on peut y écouter du jazz, danser le forro... Situé sur les bord du Tage, c'est un incontournable de la vie nocturne de Lisbonne.

SPECTACLES

CCB – CENTRO CULTURAL DE BELÉM
Praça do Império, Belém
✆ +351 213 612 444
www.ccb.pt – eventos@ccb.pt
Billetterie ouverte tous les jours de 13h à 19h30 (et en ligne sur le site Internet). Réduction Lisboa Card.
Cet énorme blockhaus de pierres taillées, en opposition aux dentelles des Jerónimos, est un monde à lui tout seul. Le CCB (pour les intimes), c'est un peu un sanctuaire de l'art et de la culture où, de coursives en plans inclinés, se découvrent : auditoriums, salles d'exposition, boutiques, cafétéria terrasse, restaurant et bar. S'y succèdent d'excellents spectacles : récitals, pièces, concerts (tous styles), ballets (modernes et classiques). Demandez le programme mensuel des festivités !

MUSIC BOX
24 Rua Nova do Carvalho
Cais do Sodré
✆ +351 213 430 107
www.musicboxlisboa.com
office@musicboxlisboa.com
Métro : Cais do Sodré.
Entrée au club à 10 € avec une boisson incluse. Concerts : prix variables.
Cet espace moderne, dont Alex Cortez (bassiste du groupe Rádio Macau) est cogérant, s'est vite imposé dans la vie nocturne de Lisbonne. Au programme : sessions de Djay et Vjay (multimedia), concerts rock ou performances jazz expérimental côtoient des cycles de cinéma et des ateliers audiovisuels. Le week-end, la discothèque se remplit vers 2h du matin pour des soirées vitaminées.

Torre Vasco de Gama, Lisbonne

J.GUTIERREZ – ISTOCKPHOTO

IMMANQUABLE DANS CE QUARTIER

- Visiter l'un des plus grands aquariums du monde.
- Faire une balade en vélo dans le *Parque das Naçœs*.
- Admirer l'architecture de la gare d'Oriente et du Pavillon du Portugal.
- Monter tout en haut des 21 étages de la tour Vasco de Gama.
- S'aventurer du côté de Marvila et Braço de Prata pour sortir le soir et voir la galerie Underdogs.

ORIENTE

En venant par le train de France ou de Porto, la première image que la ville vous donne à voir est celle d'une Lisbonne totalement futuriste. Tout a commencé par un immense chantier et la mise en marche d'une armée de bulldozers pour réhabiliter une zone de 340 ha (sur 5 km de rives) de friches industrielles polluées. L'Exposition universelle de 1998 a fait sortir de terre : des bâtiments d'expositions colossaux, un grand centre commercial, un port de plaisance, des infrastructures sportives, des résidences de luxe, des centres d'affaires, une gare ultramoderne (œuvre audacieuse de l'architecte espagnol Santiago Calatrava) et une station de métro. Ils ont chassé les entrepôts abandonnés, les abattoirs, la raffinerie, les usines désaffectées, les stations d'épuration et le bidonville. Sans oublier aussi la création du vaste ouvrage constitué par le pont Vasco de Gama, viaduc autoroutier le plus long d'Europe, franchissant l'estuaire du Tage sur une largeur de 12,3 km en direction de l'Alentejo. Pour célébrer le 500e anniversaire de la découverte de l'Inde par Vasco de Gama en 1498, ce nouveau pôle urbain avant-gardiste au caractère ordonné et froid s'est déployé au nord-est de la ville sur les rives du Rio Tejo, un peu comme une Brasilia revisitée, presque germanique. Sa thématique aquatique et marine – océan et découvertes – et son souci environnemental – verre, béton et acier – font vivre, aujourd'hui, le site au-delà de l'Exposition 98. L'un des grands mérites de la ville aura été d'analyser les erreurs de Séville (exposition de 1992) en la matière, afin de pérenniser le parc des Nations (parque das Nações), noyau dur de la zone Oriente (appelée affectueusement « Expo » par les Lisboètes). Ici, entreprises privées et de services se côtoient : un océanorium (navire à quai contenant le gigantesque et le plus grand aquarium d'Europe) ; un musée (le pavillon de la connaissance) ; des sites d'animations (comme le parque do Gil, espace de jeux) ; des salles de congrès, foires et spectacles (Altice Arena) ; des hôtels de luxe, bars et restaurants thématiques, commerces variés et casino high-tech (à la place du pavillon du futur) ; et même un hôpital... et l'expansion continue... Tout cela fonctionne bien, l'ensemble est même devenu l'un des lieux de promenade favoris du week-end. Le parc entièrement piétonnier s'articule en trois zones principales autour d'anciens grands pavillons d'attraction. En apercevant les étendards des nations flottant au vent, vous vous orientez assez facilement grâce à la signalisation abondante, il est même possible de louer des bicyclettes ou de survoler l'espace en téléphérique. Parmi les édifices caractéristiques, la Torre Vasco da Gama (de 145 m de haut) ou le Pavillon du Portugal (Pavilhão

Gare d'Oriente.

de Portugal), et sa fameuse visière de béton conçue par l'architecte Álvaro Siza Vieira, retiendront l'attention. Très recherchés par temps chaud, les beaux jardins d'eau et les volcans d'eau de l'Alameda dos Oceanos émerveilleront petits et grands. Une pause dans l'un des bars, pubs ou restaurants avec terrasse en bordure de Tage est conseillée pour observer le va-et-vient près du Tage. La nuit, en fin de semaine, c'est la *festa* avec karaoké et animations musicales plutôt latinos ou irlandaises. Et puis, vous pouvez faire du shopping au centre commercial Vasco de Gama : aménagé en un temps record dans le hall d'accueil de feu l'Expo, il est architecturalement original avec son toit d'eau.

VISITER

Le téléphérique, une architecture futuriste, un aquarium qui est l'un des plus grands du monde, des berges aménagées pour une balade en amoureux ou un footing, voilà autant de bonnes raisons pour vous rendre dans le quartier d'Oriente. Sur votre chemin ou au retour, vous pourrez vous arrêter du côté de Braço de Prata ou Marvila et tester un des bars et restaurants branchés qui commencent à apparaître dans la zone.

ESTAÇÃO DO ORIENTE (GARE DE L'ORIENT) ★★

Avenida Dom João II
Métro : Oriente.
Sur plusieurs niveaux, le complexe comprend : station de métro, espace commercial, gare routière et gare ferroviaire. Superbement moderniste, sa structure blanche audacieuse est due à l'architecte espagnol, de renommée internationale, Santiago Calatrava. Des piliers en forme de palmiers formidables soutiennent une grande toiture de métal et de verre feuilleté. Tous les dégagements sont plutôt réussis même si, ouvert aux vents, l'espace pour le voyageur fait penser à un parking souterrain brut de décoffrage et un rien hostile.

JARDINS GARCIA DA ORTA ★★

Passeio das Tágides

Métro : Oriente. Entrée libre.

Dans la zone voisine du Tage au nord du Doca dos Olivais, il occupe approximativement 2 500 m² recouverts d'une abondante végétation exotique et tropicale. Les espèces en présence, réparties en six zones, sont censées être représentatives de territoires explorés lors de l'époque des découvertes : Afrique, Brésil, Coloane (près de Macao), Goa, Macaronésie, São Tomé, Timor. Dans cette oasis, en l'honneur de Garcia de Orta, médecin et botaniste portugais, vous serez émerveillé par les dragonniers, bougainvilliers ou les oiseaux de paradis.

PARQUE DAS NAÇÕES ★★

Alameda dos Oceanos

Oriente

✆ +351 218 919 333

www.portaldasnacoes.pt

info@marinaparquedasnacoes.pt

Métro : Oriente. Bus : n° 5, 25, 28, 44, 708, 750, 759, 782, 794.

Parc ouvert du dimanche au jeudi de 9h30 à 1h, vendredi et samedi jusqu'à 3h. Tarifs des attractions sur Internet.

Ce site sur les rives du Rio Tejo est suffisamment vaste (60 ha), varié, intéressant et excentré pour justifier un regroupement. Résolument dédié à l'océan et aux découvertes, le parc piéton s'articule en trois zones principales dans lesquelles quelques grands pavillons d'attraction ont survécu à l'Exposition 1998. Le parque des Nations, c'est le noyau de l'immense chantier (300 ha sur 5 km de rives) qui anime l'est de la ville depuis maintenant quelques années... C'est aussi là que se trouve le fameux aquarium, un incontournable pour les enfants, ou encore le caminho da Agua (chemin de l'eau) qui n'est autre qu'une installation artistique réalisée par l'artiste Rigo, le long de l'allée centrale. Vous vous orienterez facilement grâce aux plans distribués et à la signalisation surabondante (heureux présage pour Lisbonne !). Pour vous mouvoir plus rapidement, il est même possible de louer des bicyclettes.

Parque das Nações.

ORIENTE
Musée
Curiosité
Marché et C. commercial
Théâtre
Hôpital
Parking
Station de métro
Gare ferroviaire
vers le pont Vasco de Gama
Parco do Tejo e do Trancão
Rua de Moscavide
Don João II
R. Zambeze
Rua dos Galés
Avenida dos Oceanos
Amores
Rua da Ilha dos
Rue Com. Cousteau
vers Santa Maria de Olivais
Avenida João Pinto Ribeiro
Avenida
Praça do Venturoso
de Boa
Rotunda do Vice-Reis
Esperança
Tour Vasco de Gama
Estrada de Moscavide
Av. do Atlantico
Rua Padre Joaquim ALves
Rua do mar da China
Jardins Garcia de Orta
Feira Inter. de Lisboa
Avenida Don João II
Passeig de Cantábrico
Rua do Mar Vermelho
Rua Conselheiro Lopo Vaz
Telephérique
Parque das Nações
Rua Recíproca
Av. do Indico
Altice Arena
Gare ferroviaire de l'Orient (Estação do Oriente)
Oriente
Centre Com. Vasco de Gama
Avenida de Berlim
Av. do Pacifico
Pavillon du Portugal (Pavilhão du Portugal)
PARQUE DAS NAÇÕES
Rua do Caribe
Pavillon du Futur
Doca dols Olivais
Passeio do Baltico
vers Quinta Pedagógica
R. do Mar d. Norte
Pavillon des expositions
Océanário de Lisboa
TEJO
venida de Pádua
Av. de
Pavillon de la connaissance (Pavilhão do Conhecimento Cienca Viva)
Jardins da Agua
Avenida de Ulisses
Praça Principe Perfeito
Théâtre Camões
Rua da Centiera
Rua D. Fuas Roupinho
Rua dos Cruzados
Rua da Petrogal
Rua do Adamastor
Caminho da Costa
P. dos Navegadores
Hospital das Descobertas
Avenida Fernando Pessoa
Rua de Fogo
Alameda dos Oceanos
Rua Mercadores
Rua das Musas
Porto do Recreio
vers Teresinhas
Passeio de Baltico
R. dos Argonautas
Jardim Triangular
vers Alfama
Av. marechal Gomes da Costa
Rua Gaivotas em terra
Passeig de Neptuno
0
250 m

© PEPO – FOTOLIA

Pavillon du Portugal.

PAVILHÃO DE PORTUGAL (PAVILLON DU PORTUGAL) ★★

Au cœur du Parque das Nações.
Métro : Oriente.

Impressionnant, ce bâtiment du fameux architecte Álvaro Siza Vieira l'est forcément de près ou de loin. Né de l'idée d'une simple feuille de papier posée sur deux briques, avec sa place cérémoniale couverte sous une imposante et originale *pala* (visière) de béton, pour ne pas gâcher la vue sur le Tage, il avait pour lourde mission de représenter le Portugal à l'Exposition mondiale 1998.

PAVILHÃO DO CONHECIMENTO – CENTRO CIÊNCIA VIVA ★

1 Largo José Mariano Gago
Parque das Nações
✆ +351 218 917 100
www.pavconhecimento.pt/
info@pavconhecimento.pt
Métro : Oriente. Bus n° 26B, 400, 705, 708, 725, 728, 744, 750, 759, 782 ou 794.
Ouvert tous les jours, sauf les lundis, de 10h à 18h, 11h à 19h le week-end et les

JETEZ-VOUS À L'EAU !

OCEANÁRIO DE LISBOA ★★★

Esplanada Dom Carlos I
Parque das Nações
✆ +351 218 917 000
www.oceanario.pt
info@oceanario.pt
Métro : Oriente. Bus n° 705, 708, 725, 728, 744, 750, 759, 782 ou 794.
Ouvert tous les jours de 10h à 18h, jusqu'à 20h en été. Entrée 22 € et 15 € en tarif réduit. Gratuit pour les -3 ans.

Que vous aimiez les poissons ou bien l'architecture, le lieu fait partie des sites phares de Lisbonne. Deuxième océanorium au monde, après celui d'Osaka, conçu par le même architecte, l'Américain Peter Chermayeff, il recrée 4 écosystèmes autour d'un énorme bassin central de 6 000 m³ : Antarctique, océan Indien, Pacifique Nord et Atlantique. Tout y est, flore, température, poissons et oiseaux ou animaux. Evitez la fréquentation excessive de fin de semaine pour apprécier les nouvelles sensations, notamment les expositions temporaires.

Pavilhão Do Conhecimento – Centro Ciência Viva.

jours fériés. Entrée : 11 € ; tarif réduit 9 € (de 12 à 17 ans) et 8 € (enfant de 3 à 11 ans et + 65 ans), Lisboa Card : moins 15 %. Tarif famille 28 €.
Idéal pour les enfants, ce musée interactif présente plus de 150 activités de découverte concernant des phénomènes scientifiques, technologiques et naturels. Passionnant et animé par diverses expositions et nombreux modules pouvant traiter aussi bien du corps que de la conquête de l'espace.

PONTE VASCO DA GAMA ★★

Parque do Tejo
Métro : Oriente.
Ce pont à haubans, le plus long d'Europe après celui de Crimée, a été réalisé en tenant compte de la courbure de la Terre et peut supporter un tremblement de terre 4,5 fois plus puissant que celui de 1755 et des vents allant jusqu'à 250 km/h. Inauguré juste avant l'Exposition universelle de 1998, après trois ans de travaux, il enjambe le Tage d'Oriente vers le sud et les communes de Montijo et Alcochete. Avec celui du 25 avril, c'est la deuxième option vous permettant d'enjamber le fleuve. Conceptualisé par l'ingénieur français Jean Vassord, ce viaduc autoroutier paraît sans fin, long de 17 185 m dont près de 13 000 m au-dessus du Tage, et ses fondations plongent à 95 m en dessous du niveau de la mer.

Ponte Vasco da Gama.

QUINTA PEDAGÓGICA (FERME PÉDAGOGIQUE)

Rua Cidade de Lobito, Olivais Sul
✆ +351 218 550 930
http://quintapedagogica.cm-lisboa.pt
quinta.pedagogica@cm-lisboa.pt
Métro : Olivais.
Ouvert du mardi au vendredi de 9h à 17h30, en été jusqu'à 19h ; samedi et dimanche de 10h à 17h30, en été de 10h à 19h.Entrée libre.
Cette « ferme des tout-petits » est destinée à leur faire connaître les animaux, la nature et les activités liées à la ferme. Elle organise, en outre, différents ateliers : culinaire (pâtisserie, boulangerie, fromagerie), céramique ou observation de la nature.

TELEFÉRICO (TÉLÉPHÉRIQUE)

Passeio de Neptuno
✆ +351 218 956 143
www.portaldasnacoes.pt
Métro : Oriente.
Ouvert de 11h à 18h, en été jusqu'à 20h. Billet aller à 4 €, aller-retour à 6 €. Pour les enfants de 5 à 14 ans : aller à 2 €, aller-retour à 3,35 €.
Pour une vue d'ensemble du site de l'Expo, vous pourrez utiliser les œufs du téléphérique longeant la berge sur 1 km, de la tour Vasco de Gama à l'écluse à 20 m du sol, près de l'Oceanarium. De quoi zoomer sur les eaux brillantes du Tage et les éléments imposants du parc des Nations.

TORRE VASCO DE GAMA ★★

Cais das Naus
Parque das Nações
Métro : Oriente.
Cette tour emblématique, vestige de l'Exposition 1998, est, à ce jour, le plus haut bâtiment de Lisbonne. L'œuvre des architectes Leonor Janeiro et Nick Jacobs culmine à 145 m de hauteur, constituée de béton et d'acier. Sa forme est censée représenter la voile de la caravelle du navigateur Vasco de Gama. Sa visite est possible en entrant dans l'hôtel de luxe, Myriad, de 21 étages du groupe Sana.

AMBIANCE CARIOCA GARANTIE !

CHIMARRÃO

Edificio Lisboa
Alameda dos Oceanos P 2.11 R/C Fracção A
Parque das Nações
✆ +351 210 026 600
Métro : Oriente.
Ouvert tous les jours de midi à minuit. Environ 15 €.
Du nom d'un thé prisé par les gauchos du Rio Grande do Sul (Etat brésilien du sud), cette chaîne détient plusieurs succursales à Lisbonne. L'espace coloré et agréable est approprié pour un traditionnel *churrasco* brésilien avec de bonnes viandes grillées à la braise (dont la *picanha*, filet mignon et bien d'autres morceaux tout aussi prisés, parfois en brochettes) sans oublier la *feijoada* (sorte de cassoulet) et un généreux buffet d'accompagnement, à prix fixe et à volonté.

© FANFAN – FOTOLIA

Téléphérique de Lisbonne.

SE RESTAURER

Ce n'est pas le quartier le plus intéressant niveau gastronomie, cependant vous trouverez de nombreuses options au sein du centre commercial et le long du Tage.

SUR LE POUCE

O CLUBE DO HAMBURGER
18F rua do Pólo Norte
Parque das Nações
✆ +351 218 942 185
www.oclubedohamburguer.pt
oclube.dohamburguer@gmail.com
Ouvert tous les jours de 12h à 22h30. Hamburger à partir de 13 € mais pouvant aller jusqu'à 19 €.
Avec ses murs en briques rouges, on nous embarque à New York et pourtant nous sommes toujours à Lisbonne ! L'établissement se vante d'avoir les meilleurs burgers de la zone, on veut bien le croire et on nous laisse d'ailleurs surveiller les cuisiniers derrière le comptoir. On trouvera ici un large choix de burgers, impossible de ne pas trouver son bonheur.

BIEN ET PAS CHER

THE GREEN AFFAIR
41b Alameda dos Oceanos
✆ +351 969 001 035
Ouvert tous les jours de 12h à 23h. Menu pour le déjeuner en semaine à 12 €.
Si vous voulez manger en dehors du centre commercial, voici une option pour un repas rapide et pas trop cher. Certes, c'est végétarien mais cela ne veut pas dire qu'il n'y a que de la salade. Vous trouverez des burgers, des plats de pâtes mais aussi des risottos. En dessert, vous pourrez vous laisser tenter par un bon cheesecake. Et ensuite, pourquoi ne pas faire une petite promenade digestive le long du fleuve ?

BONNES TABLES

CARTEL 36

Lote 3.14.04C, Loja 12C
Rua Sinais de Fogo
Parque das Nações
✆ +351 912 248 571
www.cartel36.pt
geral@cartel36.pt

Ouvert du mardi au dimanche de 12h30 à 15h30 et de 19h30 à minuit. Fermé le lundi. La cuisine ferme un peu plus tôt.

Situé auprès de la marina du Parque das Nações, ce restaurant a souhaité créer une ambiance « comme à la maison ». Son adage : *mi casa es su casa*. Au menu, une multitude de plats traditionnels. Un lieu convivial agréable pour manger.

GUILTY BY OLIVIER, PARQUE DAS NAÇÕES

27 Avenida Dom João II
✆ +351 21 098 8597
https://restaurantesguilty.com/

Ouvert tous les jours pour le déjeuner et le dîner. Plat et salades à partir de 16 €.

Une grande salle façon bistrot, des grandes banquettes en cuir rappelant les fauteuils club, des bouteilles de vin exposées sur le mur du fond : en bref tout pour se sentir dans une ambiance chaleureuse. Situé au rez-de-chaussée de l'hôtel Tivoli Oriente, ce restaurant vous invite à céder à la gourmandise sans vous sentir coupable. Vous y trouverez des plats plutôt classiques de la cuisine italienne : pizzas, pâtes mais aussi des salades et toute sorte d'accompagnements.

LUXE

FIFTY SECONDS

Parque das Nações
Tour Vasco de Gama
Cais das Naus, Lote 2.21.01
✆ +351 211 525 380
www.fiftysecondsexperience.com
info@fiftyseconds.pt

Cartel 36.

Ouvert tous les jours de 12h30 à 15h et de 19h30 à 23h. Comptez environ 150 à 200 € par personne. Menu gastronomique à 220 €.
Le Fifty Seconds Martin Berasategui est le dernier-né du groupe SANA. Il est situé au dernier étage de l'emblématique tour Vasco da Gama, qui fait 120 m de haut. Cinquante secondes, c'est le temps qu'il faut à l'ascenseur pour grimper les étages jusqu'en haut de la tour et vous offrir une superbe vue panoramique. C'est dans un décor sophistiqué, où les murs laissent apparaître la cave à vin, que vous pourrez déguster une cuisine contemporaine qui saura ravir vos papilles.

SHOPPING

Pour une bonne séance de shopping, vous pourrez vous rendre au centre commercial Vasco de Gama. Plus petit que le centre Colombo, certes, mais tout aussi valable. Vous y trouverez un large choix de boutiques de toutes sortes : vêtements, décoration, jouets, chaussures, accessoires... Voici une sélection de boutiques typiquement d'ici.

CENTRO COMERCIAL VASCO DA GAMA

Avenida Dom Joao II,
Lote 1.05.02
✆ +351 218 930 690
www.centrovascodagama.pt
centrovascodagama@sonaesierra.com
Métro : Oriente.
Ouvert tous les jours de 9h à minuit.
L'un des tout derniers centres commerciaux ouverts à Lisbonne, un concept moderne (voire avant-gardiste) et plaisant avec ses près de 170 boutiques (dont 36 restaurants et 10 salles de cinéma...) et ses arcades vitrées rafraîchies par glissement d'eau.

ESPAÇO BATALHA

Centro Comercial Vasco da Gama,
Loja 0.033
Avenida Dom João II
✆ +351 218 955 601
www.espacobatalha.pt
loja@espacobatalha.pt
Métro : Oriente.
Ouvert du lundi au vendredi de 10h à 21h, samedi et dimanche de 10h à 15h30.
Cette enseigne de bijoux bien connue depuis 1635 présente des modèles classiques (un rien baroques) et surtout une ligne fantaisie superbe (à base de perles de couleurs ou de métal), très originale. Les tarifs sont raisonnables pour la qualité et le choix présentés.

A LOJA DO GATO PRETO

Centro Comercial Vasco da Gama,
Loja 2.071/73 A
Avenida Dom João II
✆ +351 218 951 274
www.alojadogatopreto.com
Ouvert tous les jours de 10h à 21h.
Plein d'idées cadeaux chez « le Chat noir », sorte de réincarnation de celui de Toulouse-Lautrec ! La mascotte imprimée sur des accessoires plutôt colorés donne un caractère très amusant. Une boutique mignonne proposant l'éternel assortiment de vaisselle, de rideaux et de nappes ou d'éléments de cuisine, toujours tendance, raffinés et pas très chers.

NATURA

Centro Comercial Vasco da Gama, Loja 2.044
Avenida Dom João II
✆ +351 961 522 009
www.naturaselection.com
natura.selection@centrovascodagama.pt
Métro : Oriente.
Ouvert tous les jours de 10h à 21h.
Les boutiques de cette chaîne espagnole, citoyenne du monde et sensible au développement durable, proposent des vêtements très sympathiques, des bijoux et quelques éléments de décoration dans un cadre agréable.

UNDERDOGS GALLERY – ART STORE

Armazem 56
Rua Fernando Palha
✆ +351 218 680 462
www.under-dogs.net
info@under-dogs.net
Ouvert du mardi au samedi de 14h à 19h.
Créée par Vhils, le street artist portugais le plus connu et son ex-compagne (une Française), cette galerie d'art a pour but de promouvoir l'art urbain. Cette plateforme culturelle existe depuis 2010 et souhaite donner une chance aux artistes locaux et internationaux de développer leur travail dans la ville de Lisbonne. Chaque exposition donne lieu à la création d'un mur dans la ville (en accord avec la mairie, bien sûr). La boutique permet d'acheter des œuvres à tous les prix.

SORTIR

Le quartier de Oriente en lui-même ne dispose pas de beaucoup de d'endroits pour sortir. Par contre vous pouvez aller explorer Marvila (qui se trouve un peu avant) ou Braço de Prata. Vous y trouverez quelques bars et restaurants.

CAFÉS - BARS

DOIS CORVOS TAPROOM

94 rua Capitão Leitão
✆ +351 211 384 366
www.doiscorvos.pt/en/taproom
info@doiscorvos.pt
Ouvert du lundi au jeudi de 15h à 23h, vendredi de 15h à 1h30, samedi de 12h à 1h30 et dimanche de 12h à 23h.
Dois Corvos est une fabrique de bière artisanale et un projet familial avant tout, fondé en 2013. Leurs bières sont distribuées un peu partout, cependant,

© WOLSZCZAK – FOTOLIA

Vue sur le Parque das Nações et le Pavilhão Atlântico depuis le téléphérique.

c'est directement à la fabrique que vous pourrez toutes les goûter et les ramener chez vous. Certains jours, des visites de la fabrique sont possibles également.

MUSA DA MARVILA

9 rua Vale Formoso
Braço de Prata
https://cervejamusa.com/pages/marvila
alice@cervejamusa.com
Ouvert mardi, mercredi et jeudi de 17h à 1h, le vendredi jusqu'à 3h, samedi de 13h à 3h et dimanche de 13h à 23h.
Créée en 2016, cette marque de bière artisanale a ouvert des espaces pour déguster ses produits : un en centre-ville et un à Braço de Prata (un quartier de Marvila). Un quartier autrefois peu fréquentable, mais qui connaît aujourd'hui un vrai renouveau grâce aux incubateurs de start-up et différents espaces de coworking (sans compter les murs de street-art). L'endroit est sympathique à découvrir si vous vous aventurez par là. Ils servent aussi des tapas maison. Des soirées sont régulièrement proposées le week-end, n'hésitez pas à consulter leur page Facebook.

SPECTACLES

ALTICE ARENA

Rossio dos Olivais, Lote 2.13.01A
Parque das Nações
✆ +351 218 918 409
http://arena.altice.pt/
Info@aarena.pt
Métro : Oriente.
Prix du billet variable en fonction du spectacle.
Pour les énormes événements sportifs, gros concerts pop, rock, variété, musique brésilienne et portugaise, hormis le stade d'Alvalade (pour les mégas concerts !) c'est surtout l'Altice Arena (ex-Pavilhao Atlântico et ex Meo Arena) et sa carapace de gigantesque crustacé sur plan incliné – acoustique un peu moyenne – qui accueille les fidèles.

PALACIO DO GRILO

1 Calçada do Duque de Lafões
✆ +351 910 440 942
https://palaciogrilo.com/fr/
contact@palaciogrilo.com
Ouvert tous les jours de 11h à minuit. Le soir, un couvert de 4 €/adulte est demandé pour la performance.
Ce restaurant est situé dans un ancien palais : le palais do Duque de Lafões, bâtiment qui possède trois siècles d'histoire et ouvre ses portes pour la première fois. La journée, cela ressemble plutôt à un restaurant classique mais le soir, il se transforme pour un repas au milieu d'un spectacle de théâtre vivant. Une expérience artistique pour tous publics où se mélangent nourriture de l'esprit et celle du corps. Profitez-en pour déambuler dans les différentes salles du palais et dans son jardin. Après tout, ce n'est pas tous les jours qu'on mange dans un palais !

FÁBRICA BRAÇO DE PRATA

1 Rua da Fábrica do Material de Guerra
Poço do Bispo
✆ +351 925 737 045
www.bracodeprata.com
fabricabprata@gmail.com
Bus n° 210 (nuit), 718, 728, 781, 782. Train (ligne Santa Apolónia – Oriente) : Braço de Prata. Retour possible en covoiturage ou en taxi (compter 10-15 € pour le centre-ville).
Ouvert du lundi au mercredi de 8h à 23h, jeudi à samedi de 9h à 1h et le dimanche de 9h à 20h.
Excentrée, au nord-est de la ville, dans une ancienne fabrique de matériel de guerre, la Fabrica s'est reconvertie en lieu artistique avec onze salles (Visconti, Nietzsche, Deleuze, Duras, Kafka, Kandinski…) et ateliers. Chaque porte cache un petit secret : galerie d'art, librairie, boutique de créateurs, lieu de conférences et de lectures, salles de spectacles (concerts de musiques du monde) et de cinéma, cantine, bar-restaurant, terrasse… Surveillez la programmation de cet espace moderne à la décoration minimaliste, réellement convivial. En fin de semaine, plusieurs soirées s'y déroulent simultanément (exemple : lectures + jam session world + concert funk + performance + danse...).

ACTIVITÉS ENTRE AMIS

CASINO DE LISBOA

Alameda dos Oceanos
Parque das Nações
✆ +351 218 929 000
www.casinolisboa.pt
info.casinolisboa@estoril-sol.com
Métro : Oriente.
Ouvert de 15h à 3h du lundi au jeudi, le vendredi, le samedi et la veille de jours fériés de 16h à 4h du matin.
Un édifice à l'architecture épurée avec beaucoup de verre pour faire rentrer la lumière, à fréquenter à l'occasion, en surveillant de près la programmation des animations et des concerts de l'auditorium (stars portugaises, brésiliennes et américaines). Un nouveau concept de casino à l'atmosphère assez avant-gardiste en constante mutation et sophistication technologique ! Sur trois étages : jeux, bars et restaurants.

ORGANISER SON SÉJOUR

Les fameux tram ways, Lisbonne.

PENSE FUTÉ

ARGENT

Le 1er janvier 2002, l'escudo s'est incliné en laissant sa place à la monnaie unique : l'euro.

CLIMAT

Sous influence océanique, Lisbonne bénéficie d'un climat méditerranéen et tempéré. Les hivers ne sont pas trop froids et les étés raisonnablement chauds, printemps et automne comportent de très belles périodes d'ensoleillement. Attention toutefois, on est proche de l'océan et il peut y avoir de belles différences de température entre le jour et la nuit. Prévoir toujours quelque chose pour se couvrir en été et également un bon imper en hiver. A savoir aussi que les mois d'avril et de novembre sont souvent très pluvieux.

DÉCALAGE HORAIRE

GMT + 1 : une heure de décalage avec la France, quand il est 12h à Paris, il est 11h à Lisbonne, tout au long de l'année.

FORMALITÉ

Pour les ressortissants de l'Union européenne, la carte d'identité suffit ou le passeport (même périmé depuis moins de cinq ans). Pas de visa nécessaire pour les Canadiens si le séjour est d'une durée inférieure à trois mois. Pour les Suisses, il faut présenter la carte d'identité ou le passeport en cours de validité.

INTERNET

Sachez que la plupart des cafés et restaurants disposent du wifi, vous n'avez qu'à demander le code au comptoir. Certains parcs disposent de wifi public, comme celui de Principe Réal. Tous les hôtels sont également équipés. Le wifi est aussi disponible dans certaines stations de métro.

LANGUES PARLÉES

La langue parlée est le portugais, cependant à Lisbonne beaucoup de personnes parlent anglais et parfois français.

SÉCURITÉ

D'une manière générale, Lisbonne se montre très paisible comparée à d'autres capitales européennes. Cependant, avec la hausse du nombre de touristes, on constate une augmentation des vols. Conservez vos réflexes de vigilance tard la nuit ainsi que la journée à cause des pickpockets, surtout dans les trams 28 et 15E qui sont très touristiques. Évitez les rues désertes si vous rentrez seul le soir.

TÉLÉPHONE

Au Portugal est utilisé le réseau GSM, compatible avec le reste de l'Europe.

- **Téléphoner de France au Portugal :** 00 + code pays (351) + numéro local à 9 chiffres.
- **Téléphoner du Portugal à l'étranger :** 00 + code pays (exemple 33) + n° du correspondant à 9 chiffres.

TOURISME

ASK ME LISBOA – TURISMO DE LISBOA
Praça do Comércio
✆ +351 210 312 810
www.visitlisboa.com
info@lismarketing.pt
Métro : Baixa–Chiado ou Terreiro do Paço.
Ouvert de 9h à 20h. Wifi gratuit. Lisbon Shop, 7 Rua do Arsenal. Autres adresses dans la région : consultez le site web.

Un centre d'information très complet, géré par ATL (Associação Turismo de Lisboa) et s'occupant uniquement de Lisbonne et des environs, c'est le point d'information touristique central ! Le tourisme de Lisbonne avec ses différents offices de tourisme vous facilitera la visite de Lisbonne. Les fonctionnaires qualifiés vous aideront à découvrir Lisbonne et sauront vous conseiller suivant les activités souhaitées.

- **Autre adresse :** Lisbon Shop – (Rua do Arsenal, 7-15 ✆ +351 210 312 802 – ouvert de 9h30 à 19h30 tous les jours). • Aéroport, (Arrivées) ✆ +351 218 450 660 – ouvert de 7h à minuit. • Gare Santa Apolónia, CP-Gabinete de apoio ao cliente, porta n° 48 ✆ +351 910 517 982 – Ouvert du mardi au samedi de 7h30 à 9h30. • Palácio Foz, Praça dos Restauradores ✆ +351 213 463 314, ouvert de 9h à 20h. • Lisbon Shop II, 50 Rua do Regedor (Restauradores) – ouvert de 10h à 19h – ✆ +351 910 518 030.

© ILLPAXPHOTOMATIC - SHUTTERSTOCK.COM

• Kiosque do Rossio, Praça do D.Pedro IV ✆ +351 910517914 – Ouvert de 10h à 13h et 14h à 18h. • Belém – ASK ME Mosteiro dos Jerónimos ✆ +351 910 517 981 – Ouvert tous les jours de 9h à 18h, fermé les 1ers et 3èmes dimanches du mois, jours de foire dans le quartier • ASK ME Torre de Belém ✆ +351 910 517 886 – ouvert de 9h à 18h• ASK ME Lisboa Story Centre – Praça do Comércio, n° 78 ✆ +351 914 081 366 – Ouvert de 10h à 20h. Ici vous pourrez avoir les informations sur les différents circuits touristiques proposés par le Turismo de Lisboa et y acheter les billets. • ASK ME Parque das Nações, Alameda dos Oceanos ✆ +351 910 518 028 – Ouvert de 10h à 13h et de 14h à 18h.• Autres adresses dans les environs de Lisbonne : ASK ME Ericeira, Rua Dr. Eduardo Burnay 46 ✆ +351 910 518 029 – Ouvert de 10h à 13h et de 14h à18h • ASK ME Sintra – Mitos e lendas, Praça da República 23 ✆ +351 219 231 157 - Ouvert de 09h30 à 18h, au mois d'août jusqu'à 19h. • ASK ME Sintra Estação, Av. Dr. Miguel Bombarda, Estação CP – ✆ +351 211 932 545 – Ouvert de 10h à 13h30 et de 14h30 à 17h • ASK ME Arrábida, Travessa Frei Gaspar n° 10 Setúbal ✆ +351 916442247 - Ouvert de 10h à 18h.

OFFICE DU TOURISME DU PORTUGAL

Rua Ivone Silva, Lote 6
✆ +351 211 140 200
www.visitportugal.com
info@visitportugal.com

Ceci est le siège du tourisme du Portugal. Vous n'avez pas besoin d'aller aussi loin, il y a des bureaux de l'office de tourisme un peu partout dans le centre-ville. Un des bureaux principaux est celui qui se trouve sur la place du Rossio. Vous y trouverez toutes les informations pour votre séjour et il y a le wifi gratuit à disposition. De nombreuses brochures de tous leurs partenaires. Dans chaque bureau vous recevrez un chaleureux et souriant accueil pour vous guider.

Y ALLER

Rejoindre Lisbonne est sans contexte plus rapide par avion. Comptez 2 heures 30 de trajet contre une vingtaine d'heures en train ou en bus. Les prix pour un aller-retour en avion commencent à partir de 80/150 € selon la saison et si vous avez (ou non) un bagage en soute.

EN TRAIN

Pour rejoindre Lisbonne depuis la France, il faut se rendre tout d'abord à Madrid avec la SNCF. De là, prendre un autre train via la RENFE jusqu'à Vigo Urzaiz, puis emprunter le réseau ferroviaire portugais. Compter environ 20h30 de trajet.

CP (CAMINHOS DE FERRO PORTUGUESES)

www.cp.pt

Lisbonne comprend différentes gares ferroviaires. Celles de Santa Apolónia et Oriente accueillent les trains de longues distances.

KELBILLET

www.kelbillet.com

Kelbillet est un site comparateur regroupant les principales compagnies desservant les meilleures destinations européennes : SNCF, BlaBlaCar, Thalys, OuiBus, Air France, EasyJet, Flixbus, Air France, Thalys, etc. Vous souhaitez trouver un billet de train pas cher, mais aussi un billet de bus, avion, ou du covoiturage ? Ou bien acheter un billet de train à un autre voyageur ? Revendre un billet que vous ne pouvez utiliser ou vous faire rembourser ? KelBillet.com est un très bon plan. Ce site propose de nombreux billets pour voyager en France et en Europe.

RENFE

www.renfe.es

Le site de la Renfe permet de réserver ses billets pour les trains à grande vitesse AVE qui permettent de rejoindre rapidement les grandes villes autour de Madrid...

EN AVION

Plusieurs compagnies permettent de rejoindre Lisbonne en 2 heures 30. En réservant à l'avance ou en prenant des vols low cost vous trouverez facilement des billets à moins de 100 € en basse saison. L'été et pendant les vacances scolaires, les prix s'envolent, aussi mieux vaut s'y prendre tôt.

■ **AIR FRANCE**
France
© 09 69 39 36 54
Air France propose plusieurs vols directs et quotidiens de Paris à Lisbonne (2 heures 30 de voyage).

SITES COMPARATEURS & ENCHÈRES

■ **EASY ALIBA BUY**
France
www.alibabuy.com
Comparateur de voyages.
Ce site permet aux internautes d'avoir une vue d'ensemble sur les diverses offres de séjours proposées par des partenaires selon plusieurs critères (nombre de nuits, catégories d'hôtel,...). Les internautes souhaitant avoir plus d'informations ou réserver un produit sont ensuite mis en relation avec le site du partenaire commercialisant la prestation.

■ **EASYVOYAGE**
© 08 99 19 98 79
www.easyvoyage.com
contact@easyvoyage.fr
Le concept peut se résumer en trois mots : s'informer, comparer et réserver. Des infos pratiques sur plusieurs destinations en ligne (saisonnalité, visa, agenda...) vous permettent de penser plus efficacement votre voyage. Après avoir choisi votre destination selon votre profil (famille, budget...), le site vous offre la possibilité d'interroger plusieurs sites à la fois concernant les vols, les séjours ou les circuits. Grâce à ce moteur performant, vous pouvez réserver directement sur plusieurs bases de réservation (Lastminute, Go Voyages et bien d'autres).

■ **LILIGO**
www.liligo.com
Site comparateur de voyages qui propose d'étudier le prix de votre prochain séjour.
Liligo interroge agences de voyages, compagnies aériennes (régulières et *low cost*), trains (TGV, Eurostar...), loueurs de voitures mais aussi 250 000 hôtels à travers le monde pour vous proposer les offres les plus intéressantes du moment. Les prix sont donnés TTC et incluent donc les frais de dossier, d'agence...

■ **EASYJET**
✆ 09 77 40 77 70
La compagnie low cost propose des liaisons au départ de Paris-CDG, Nice, Bordeaux ou Lyon en direction de Lisbonne.

■ **TAP AIR PORTUGAL**
France
✆ 0 820 319 320
https://www.flytap.com/fr-fr/
Tap Air assure plusieurs vols quotidiens pour Lisbonne au départ de Paris. La capitale portugaise est aussi reliée à Bordeaux, Lyon, Nantes et Marseille par la compagnie.

■ **TRANSAVIA**
✆ 08 92 05 88 88
www.transavia.com
Plusieurs vols aller-retour depuis Paris Orly3, Nantes et Lyon avec une fréquence augmentée en haute saison. Transavia est une des compagnies low-cost principales pour se rendre à Lisbonne.

EN BUS

Des compagnies de bus comme Flixbus proposent des trajets entre Paris à Porto. Compter environ 28 heures de trajet.

■ **FLIXBUS**
✆ 01 76 36 04 12
www.flixbus.fr
service@flixbus.fr
Ouvert tous les jours et les jours fériés.
FlixBus est une start-up allemande qui a vu le jour en 2013 dans le but de simplifier les déplacements en Europe. En quelques années, l'entreprise est devenue leader et dispose aujourd'hui du plus grand réseau européen de bus longue distance. Les réservations se font en toute simplicité (sur le site Internet), et – une fois installé – le passager peut profiter de différents services mis en place : application mobile, wifi gratuit, suivi GPS des bus en temps réel.

Praça do Comercio.

AGENCES DE VOYAGE

La capitale portugaise est présente dans le catalogue de nombreuses agences de voyages. A vous de composer votre séjour à Lisbonne ou partez en week-end liberté avec vol + hébergement.

ARTS ET VIE

251, rue de Vaugirard (15e)
Paris (France)
✆ 01 40 43 20 21
www.artsetvie.com
info@artsetvie.com
Autres agences à Grenoble, Lyon, Marseille et Nice. Ouvert lundi-vendredi de 9h à 12h et de 13h à 17h ou en continu.
Depuis 1955, Arts et Vie, association culturelle de voyage et de loisirs, développe un tourisme ouvert au savoir et au bonheur de la découverte. L'esprit des voyages culturels Arts et Vie s'inscrit dans une tradition associative et tous les voyages sont animés et conduits par des accompagnateurs passionnés et formés par l'association. « Lisbonne et l'Algarve » est un circuit de 10 jours qui propose un tour complet de la capitale.

CLIO

34, rue du Hameau (15e)
Paris (France)
✆ 01 53 68 82 82 – www.clio.fr
Agence ouverte du lundi au vendredi de 10h à 18h, le samedi sur rendez-vous.
Spécialiste des voyages culturels, Clio vous fait découvrir de nombreuses destinations à travers le monde. Pour partir explorer les trésors de Lisbonne, optez pour le séjour « Lisbonne, la belle du Tage ».

LA ROUTE DES VOYAGES

10, rue Choron (9e), Paris (France)
✆ 01 55 31 98 80
www.laroutedesvoyages.com
info@route-voyages.com
Ouvert du lundi au vendredi de 10h à 18h, et le samedi sur rendez-vous.
La Route des Voyages, c'est une équipe dynamique et enthousiaste dotée d'une vraie connaissance du terrain avec près de 30 ans de voyage à travers le monde (oui, tout a commencé à Lyon en 1994). Tous les voyages sont composés sur mesure, selon votre inspiration et les connaissances de la Route des Voyages. A retenir pour Lisbonne, un circuit en famille « Lisbonne et observation des dauphins », d'une durée de 7 jours.

S'Y DÉPLACER

Le charme du vieux Lisbonne se découvre essentiellement à pied. Le réseau des bus, tramway, funiculaires de la Carris, société des transports en commun, couplé à celui du métro permet de se rendre à peu près partout dans la ville et sur ses collines.
La nuit un taxi, ou encore moins cher, un Uber, sont sûrs et pratiques.

TRANSPORTS EN COMMUN

COMPAGNIE TRANSTEJO-SOFLUSA

Terminal Fluvial do Cais do Sodré
Rua da Cintura do Porto de Lisboa
Cais do Sodré
✆ +351 808 203 050
https://ttsl.pt/
apoio.cliente@transtejo.pt
Métro : Cais do Sodré.
Billets de 1,25 à 2,80 € selon la destination.
Trois terminaux (Terreiro do Paço, Cais do Sodré et Belém) permettent de traverser le Tage pour admirer Lisbonne depuis la rive sud (Montijo, Seixal, Cacilhas, Trafaria ou Porto Brandão). Chaque station de ferry possède un bureau d'information et de vente de billets.

Autre adresse : Renseignements touristiques : ✆ +351 210 422 417 ou +351 218 824 675.

CP (CAMINHOS DE FERRO PORTUGUESES)

✆ +351 218 050 653
www.cp.pt
Le prix du billet dépend du nombre de zones traversées, la zone 1 étant le centre de Lisbonne.
Lisbonne comprend différentes gares ferroviaires, au bord du Tage : Santa Apolónia (proche du centre-ville) et Oriente (moderne, au nord-est) accueillent les trains de longues distances. La gare d'Entrecampos relie les banlieues nord, et fait traverser le Tage à quelques trains par le pont du 25-Avril grâce à la compagnie Fertagus (www.fertagus.pt). Pour quelques escapades, l'estação de Cais do Sodré autorise le parcours côtier jusqu'à Cascais via Estoril tandis que l'estação do Rossio dessert Sintra.

© JEAN-PAUL LABOURDETTE

Mosaïque du métro de Lisbonne.

■ **MÉTRO**
© +351 213 500 115
www.metrolisboa.pt
relacoes.publicas@metrolisboa.pt
Pour utiliser les transports, le plus simple est d'acheter la carte Viva viagem (0,50 €) et de la charger.
Le métro fonctionne de 6h30 à 1h du matin. Il existe plusieurs formules : zapping pour un trajet en métro ou bus et des formules pour prendre sur un trajet métro et bus (le billet Carris/Metro). Ses plus anciennes infrastructures datent de 1959. Sa décoration est différente dans chaque station, ce qui permet de vous promener dans une sorte de galerie d'art. En sortant de la station Picoas, c'est, en effet, bel et bien une belle voûte parisienne de Guimard qui coiffe l'escalier, mais, aucun doute, vous êtes toujours à Lisboa !

■ **REDE EXPRESSOS**
Terminal Rodoviário de Sete Rios
Praça Marechal Humberto Delgado – Estrada das Laranjeiras
© +351 707 223 344
www.rede-expressos.pt
Plus vous achetez votre billet en avance et moins vous payez cher. Tarif jeune jusqu'à 29 ans.
C'est la principale compagnie intérieure portugaise, elle dessert de très nombreuses destinations du nord au sud. Le réseau est très bien fait et les bus sont quasiment toujours à l'heure. Vous pouvez acheter vos billets dans chaque gare routière ou sur le site Internet. Si vous téléchargez l'application, vous n'avez pas besoin d'imprimer le billet, ce qui peut être pratique quand on n'a pas d'imprimante sous la main. Sachez que plus vous achetez votre billet à l'avance et moins il coûte cher. Il y a également des réductions pour les étudiants.

TAXI

Pistache et noir, ils sont nombreux jusqu'en périphérie. La prise en charge coûte environ 3,90 €, le supplément pour les bagages 1,60 € et le compteur tourne assez lentement en journée. N'hésitez pas à demander le prix de la course avant de monter histoire de vous assurer que le chauffeur ne fera pas de détour en milieu de parcours pour faire monter le prix. On vous recommande aussi les chauffeurs Uber ou Bolt, moins chers et pratiques surtout la nuit quand on est bien fatigué ; en effet, pas besoin de partir à la recherche d'un taxi, il suffit de mettre en route son appli et d'en commander un où que l'on soit.

AUTOCOOPE COOPERATIVA DE TÁXIS DE LISBOA
✆ +351 217 932 756
https://cooptaxis.pt/
taxi@cooptaxis.pt

RETÁLIS-RADIO TÁXIS DE LISBONNE
5 Rua General Themudo Barata
✆ +351 218 119 000
www.retalis.pt – clientes@retalis.pt

LOCATION DE VOITURE

Les classiques agences de location sont présentes à l'aéroport mais ne sont pas forcément les plus économiques. De nombreuses sociétés situées dans le centre de Lisbonne proposent des offres intéressantes. Par ailleurs, si des offres vous semblent ultra-avantageuses sur Internet, sachez qu'au moment du retrait du véhicule pourra vous être demandée une caution astronomique (bien lire ce qui est écrit en tout petit !).

AUTOJARDIM
Rua Vasconcelos Costa – Moreira Portugal
✆ +351 22 947 6578
https://auto-jardim.com/
Réservation en ligne avec différents points de retrait.
Voitures à louer à partir de 35 € pour une petite citadine, pour une durée de 3 jours. Une gamme complète de voitures sont à votre disposition à des prix défiant la concurrence ; ceux-la sont dégressifs suivant la durée de la location.

BSP AUTO
✆ 01 86 26 90 80
www.bsp-auto.com
Site comparatif accessible 24h/24.
Il s'agit là d'un prestataire qui vous assure les meilleurs tarifs de location aux conditions les plus avantageuses auprès des grands loueurs de véhicules dans les gares, aéroports et les centres-villes du monde entier. Le kilométrage illimité et les assurances sont souvent compris dans le prix. Avec BSP Auto, vous pouvez réserver dès maintenant et payer seulement cinq jours avant la prise de votre véhicule. Autre bonus du courtier BSP : pas de frais de dossier ni d'annulation (jusqu'à la veille). La moins chère des options zéro franchise.

VÉLO

GIRA
✆ +351 211 163 060
www.gira-bicicletasdelisboa.pt
Vélos normaux ou électriques. 2 € le pass à la journée avec les premières 45 min gratuites, puis 2 € pour chaque 90 min supplémentaires.
C'est officiel, Lisbonne dispose d'un service type « vélib » qui s'appelle Gira. Petit plus : le réseau possède également des vélos électriques, bien utiles pour monter les côtes de Lisbonne. Les tarifs sont à l'année, au mois ou à la journée.

Pont du 25-Avril.

Cependant, ce n'est pas avantageux si l'on prévoit des trajets longs (type excursion). Les stations sont plutôt situées au niveau des pistes cyclables (donc un peu excentrées) mais vous en trouverez quand même à Cais do Sodré ou Martim Moniz. Pour acheter votre pass, vous devrez d'abord télécharger l'application.

LISBON BIKE RENTALS

8 Rua das flores
✆ +351 215 879 373
www.lisbonbikerentals.com
hello@lisbonbikerentals.com
Ouvert de 9h à 18h, sauf le dimanche à partir de 10h. Fermé le lundi.
Possibilité de louer des vélos, des vélos électriques ou des scooters. Ils proposent également un tour guidé de la ville de 3 heures.

RED TOUR

18 et 22 Rua dos Fanqueiros
✆ +351 910 802 000
www.redtourgps.com
info@redtourgps.com
De 9h30 à 13h et de 14h30 à 18h30 (jusqu'à 19h30 d'avril à septembre).
Cette entreprise loue des Segways®, buggies et bicyclettes électriques en proposant aussi des circuits.

MOTOCATIONS / SCOOTER

LX RENT SCOOTER

21 Campo das Cebolas
✆ + 351 917 249 806
https://www.lxrent.pt/fr
Compter entre 34 € et 54 € la journée pour une location de scooters.
Une entreprise qui propose une location de scooters et vespas pour découvrir Lisbonne à deux roues. Que ce soit à la journée, ou pour un week-end, vous pourrez partir arpenter les petites ruelles de Lisbonne sur votre bolide. Une visite originale et sympathique, mais attention à la conduite, les Portugais sont parfois un peu nerveux au volant et les piétons traversent souvent sans regarder. Ceci dit, c'est une bonne option pour se rendre dans des lieux peu accessibles à pied.

SE LOGER

Les tarifs les plus bas sont pendant la basse saison, de novembre à mars. Par contre, le reste de l'année, pour les fêtes ou les manifestations importantes, les prix s'envolent. Lisbonne n'est plus du tout aussi bon marché qu'auparavant. Pour certains établissements, il est parfois possible d'obtenir des prix plus attractifs via une agence de voyages ou une centrale de réservation. D'avril à octobre et plus particulièrement les week-ends, il est fortement recommandé de réserver à l'avance. Pour les petits budgets, vous avez les petites pensions et residências (residêncial, au singulier), de catégorie plus modeste mais proposant globalement de bons services (à partir de 40/50 € la chambre double), Lisbonne détient plus d'une centaine d'hôtels, soit près de 15 000 chambres. Elles peuvent se trouver aussi bien dans un palais du XVIIIe siècle proche du château, que dans un édifice contemporain des plus modernes en zone de congrès, en passant par un immeuble bourgeois du vieux Lisbonne. Au rayon nouveautés, c'est essentiellement des hôtels haut de gamme, charme (boutique-hôtel) ou affaires qui, à présent, s'implantent. Prévoyez un budget à partir de 90 € pour une nuitée dans une adresse de cette division, les tarifs pouvant aller jusqu'à 2 500 € pour une suite exceptionnelle. Il y a également beaucoup d'appartements, appelés alojamento local. Depuis quelques années, la ville est devenue le royaume des appartements et chambres Airbnb, cependant les prix sont parfois plus chers que certains hôtels. Pour les jeunes voyageurs à budget limité, vous trouverez une multitude d'auberges de jeunesse, la plupart situées au cœur de la ville et de très bon standing (compter 25 € le lit en dortoir).

LOCATIONS TOUS QUARTIERS

ALFAMA PATIO HOSTEL

Escolas Gerais
3 Patio dos Quintalinhos, 5
Alfama
✆ +351 210 997 735
reservations@destinationhostels.com
Tram n° 28.

Appartement 2 personnes à partir de 50 €/nuit, 4 personnes à partir de 65 €/nuit.

Près du passage de l'*eléctrico* no 28, ce qui était auparavant une auberge de jeunesse est devenu deux appartements dont un avec une terrasse et une vue sur le fleuve. Profitez du charme de l'ancien avec le confort moderne, puisque ces appartements sont rénovés et décorés avec soin, avec une petite note vintage. Bien que l'appartement pour deux personnes possède un canapé-lit, on vous déconseille de l'utiliser si vous êtes sensible du dos.

CHIADO APARTMENTS

7 Rua Salgadeiras
✆ +351 213 955 382
www.chiado-apartments.com
bookings@ptrentals.com
A partir de 100 € la nuit en saison creuse. Séjour min. de 3 nuits. Possibilité de réduction si réservation en avance.
Des appartements standing au mobilier design au cœur de Lisbonne, c'est ce que vous proposent Chiado Apartments. Ils disposent de 14 appartements répartis dans plusieurs bâtiments, pour 4 à 8 personnes, situés sur la place Luis Camoes ou dans la rua Garrett.

LISBONAIRE APARTMENTS

16 Rua da Glória
Baixa (Restauradores)
✆ +351 912 769 797
www.lisbonaire.com
guests@lisbonaire.com
Métro : Restauradores.
A partir de 70 € le studio, 125 € l'appartement. Parking 15 €. Wifi et climatisation. Salon commun, avec billard et home cinéma à disposition. Pas de durée de séjour minimum, tarifs dégressifs.
Cet édifice, à l'architecture austère, fut rénové en 2011 et transformé en appartements. Chaque appartement possède des œuvres de designers portugais, inspirés par la typographie des rues de Lisbonne. Très central, l'ensemble bien lumineux comporte une décoration design homogène et art contemporain (textes peints et collages sur les murs, œuvres atypiques), expérimental juste ce qu'il faut pour séduire les anciens élèves d'archi. Cuisine bling-bling super bien équipée, salles de bains ultra-épurées avec baignoire, hi-fi, TV LCD 32 pouces et plus, murs blancs, mobilier gris, parquet en bois. A part !

LISBONNE COLLECTION

38C Rua Senhora do Monte
✆ +351 218 295 650
www.lisbonnecollection.com
Information@lisbonnecollection.com
Location d'appartements de standing avec services sur-mesure.

Lounge, sculpture de José Pedro Croft.

Lisbonne Collection est une société immobilière spécialisée dans la location de biens prestigieux à Lisbonne et sa région. Elle offre une sélection de qualité ayant une localisation privilégiée dans le centre-ville, que ce soit un penthouse pour un week-end, une villa pour une semaine ou un appartement à l'année. Pour un séjour inoubliable, un service de conciergerie haut de gamme à la carte vous est proposé. Une sympathique équipe francophone, disponible 24h/24, répond à chacune de vos demandes, vous conseille et vous guide afin de faire de votre séjour une expérience unique.

LISBON BEST APARTMENTS ★★
245 Av. da Liberdade
✆ +351 213 108 904
www.lisbonbestapartments.com
A partir de 110 €/nuit, appartements avec 1 ou 2 chambres. Plusieurs sites dans le centre de Lisbonne.
Avec 6 localisations dans le centre de Lisbonne (principalement dans le Chiado), c'est une très bonne option pour ceux qui cherchent à louer un appartement en famille ou entre amis et profiter de la ville autrement. Les prestations sont de qualité, la décoration des appartements standing est soignée et moderne. Le plus : vous aurez une personne du staff disponible pour tout renseignement durant tout votre séjour. Les appartements sont pour 4 à 6 personnes. Si vous réservez pour une période longue, possibilité d'avoir une petite réduction sur le prix.

TRAVELLINGTOLISBON
3 Avenida 24 de Julho
✆ +351 218 886 072
www.travelingtolisbon.com
ttl@travelingtolisbon.com
Métro : Rossio, Restauradores.
À partir de 50 €/nuit (linge de maison et ménage inclus). Informations/ réservations téléphoniques de 10h à 22h.
Propose des appartements de charme et authentiques dans le centre-ville mais aussi dans le Lisbonne résidentiel ou bien dans le quartier de l'Expo ou Parc des Nations. Allant du studio confortable au T4 moderne et luxueux, ils sont entièrement meublés et équipés. Une équipe chaleureuse vous accueillera sur place et en français pour vous faire visiter chaque appartement. Elle partagera avec vous les derniers bons plans de la ville et vous aidera à passer un séjour réussi en vous proposant des services supplémentaires, allant des transferts depuis l'aéroport au petit déjeuner dans l'appartement, en passant par des excursions personnalisées ou location de voiture. En somme, l'idéal pour des séjours de courte ou moyenne durée, afin de goûter le style de vie lisboète.

ALFAMA, CASTELO ET GRAÇA

Ces pittoresques quartiers, à l'atmosphère de village, imposent souvent d'avoir de bonnes jambes pour atteindre des établissements souvent originaux.

CASTLE INN LISBON
52 Rua de Santa Cruz do Castelo
✆ +351 96 98 28 722
www.castleinnlisbon.com
geral@castleinnlisbon.com
Tram n° 28.
Appartements équipés, pour 2 à 6 personnes, à partir de 80 € la nuit pour 2 personnes. Climatisation et Wifi.

Situé au cœur du quartier du château São Jorge, cet immeuble du XIXe siècle a été entièrement remodelé et offre sur deux étages cinq beaux appartements aux dimensions variées. Certains ont vue sur le fleuve et un patio intérieur – parfait pour observer la vie locale. Les appartements sont tout équipés et chacun a une décoration thématique différente, signée par un artiste portugais. La climatisation est sans conteste un point fort pour l'été. Ils sont propres, et très confortables pour un séjour au cœur d'un quartier traditionnel. A noter également, le très bon accueil francophone et chaleureux de la famille, propriétaire des lieux.

HÔTEL OLISSIPPO CASTELO****

112/126 Rua Costa do Castelo
Castelo-Mouraria
✆ +351 218 820 190
www.olissippohotels.com
reservas@olissippohotels.com

© LISBON POETS HOSTEL

Lisbon Poets Hostel.

Tram : n° 12 et 28.
Selon la saison et l'option, à partir de 170 € pour une chambre double ou twin, de 210 € pour une chambre double supérieure. Petit déjeuner-buffet compris (possibilité de réserver sans). Air conditionné, minibar, TV par satellite, coffre individuel, accès Internet.

Voisin des murs du château et du sympathique théâtre Taborda, c'est un 4-étoiles intime par sa situation et le petit nombre de lits qu'il renferme. Une vingtaine de chambres et suites très élégantes sur quatre niveaux à destination d'une clientèle exigeante qui, perchée sur les belles terrasses, appréciera le confort, l'hospitalité de tradition portugaise et le bel horizon des façades pastel.

LISBON POETS HOSTEL

4 Rua Heliodoro Salgado
✆ +351 213 461 241
www.lisbonpoetshostel.com
lisbonpoetshostel@gmail.com
Métro : Intendente, Anjos.
Dortoirs mixtes à partir de 20 €, chambre double avec salle de bain privée à partir de 60 €. Petit déjeuner compris.

Auparavant à quelques mètres du Largo do Chiado, cette agréable et chaleureuse auberge de jeunesse se situe maintenant sur la colline de Graça. Elle propose un concept convivial proche du centre. L'ensemble bien tenu sent bon le neuf avec des dortoirs de 4 ou 6 lits et des chambres doubles à la décoration moderne et agréable. Globe-trotters de tous pays, comme à la maison, sachez que le sympathique *hostel* programme aussi des activités quotidiennes, des soirées...

MEMMO ALFAMA HOTEL****

27 Travessa das Merceeiras
✆ +351 210 495 660
www.memmohotels.com
alfama@memmohotels.com
A partir de 114 € la chambre double, petit déjeuner inclus. Wifi.

Ouvert en 2014, le Memmo Alfama est un superbe boutique hotel qu'on ne soupçonnerait pas car il est vraiment caché dans une petite ruelle du pittoresque quartier de l'Alfama. Et dès l'entrée, on est bluffé. L'ambiance est cosy et la déco juste assez design mais pas trop. Les chambres, où la part belle est donnée au bois, sont confortables mais celles de la catégorie standard sont un peu petites. Qu'importe ! La terrasse avec vue et piscine est tellement sublime que vous passerez le plus clair de votre temps dehors ! La bonne nouvelle c'est que même si vous n'êtes pas client de l'hôtel, vous pourrez quand même venir siroter un cocktail sur cette terrasse magique. Coup de cœur !

© MEMMO ALFAMA

Memmo Alfama Hotel.

Autre adresse : Memmo Principe Real Rua D. Pedro V, 56 J, Lisbon, 1250-094

COUP DE CŒUR

SOLAR DOS MOUROS

6 Rua do Milagre de Santo António, Castelo
✆ +351 218 854 940
www.solardosmouroslisboa.com
reservations@solardosmouroslisboa.com
Tram : n° 12 et 28. Bus : n° 737.
Chambre double à partir de 100 €, suite à partir de 179 €, petit déjeuner inclus. Enfants à partir de 12 ans.

Accueil personnalisé. Dans une rue pavée proche du château, ce petit palais à la façade rose fuchsia renferme un petit jardin, de jolies terrasses et une douzaine de chambres enrichies de bibliothèques de livres anciens et d'œuvres d'art africaines ou contemporaines, sélectionnées par le propriétaire et peintre portugais, Luís Lemos. Alors qu'au loin, sous le soleil, coule tranquillement le Tage, quelle belle harmonie et quel agréable confort pour le Petit Futé qui aura pris le soin de réserver assez tôt !

© PETIT LUSA HOSTEL

Petit Lusa Hostel.

PETIT LUSA HOSTEL

24 Largo do Chafariz de Dentro
✆ +351 218 872 773
www.hostelpetitlusa.com
info@hostelpetitlusa.com
Chambre double à partir de 89 €, petit déjeuner inclus. Wifi.

Ne vous fiez pas à son nom ! Ceci est un hôtel caché dans un des recoins de l'Alfama (à 2 pas du musée du Fado). L'auberge dispose de 6 chambres privées sur le thème de Lisbonne et des personnalités portugaises, l'histoire, la littérature et la musique et une salle familiale.

SANTIAGO DE ALFAMA – BOUTIQUE HOTEL*****

10/14 Rua de Santiago
✆ +351 213 941 616
www.santiagodealfama.com
reservations@santiagodealfama.com
Tram n° 28.
A partir de 220 € selon le standing (de Classic à Deluxe avec vue) et la saison, suites à partir de 350 €. Restaurant, bar lounge, salle de réunion, coiffeur, spa, service de garde d'enfant et parking. Dans les chambres : minibar, robes de bain, TV et wifi. Petit déjeuner en supplément. Bar.

Ouvert en juillet 2015, sur les hauteurs du pittoresque quartier de l'Alfama, le Santiago de Alfama est un boutique-hôtel tout en charme et en élégance. Cinq étoiles, il possède 19 chambres aux différents standings ainsi qu'un bar lounge où il fait bon siroter un cocktail, un excellent restaurant gastronomique fusion (A Fábrica de Santiago) pour les fines bouches, et un service de massage pour se relaxer après une rude journée de marche dans les ruelles escarpées de la ville. A deux pas du château São Jorge et du mirador Santa Luzia, certaines chambres ont vue sur le Tage et sur toute l'agglomération de Lisbonne ! Mention spéciale au couloir avec la petite vitre au sol qui donne sur un escalier ancien illuminé, découvert lors de fouilles archéologiques. Sublime...

SOLAR DO CASTELO**** ★★★

2 Rua das Cozinhas
Castelo
✆ +351 218 870 909
https://lisbonheritagehotels.com/solar-do-castelo
solar.castelo@heritage.pt

Chambre à partir de 276 €. Possibilité de panier d'accueil en plus avec champagne ou vin portugais à partir de 26 €.

Vous devrez vous faufiler à travers les ruelles étroites du quartier pour accéder à cette oasis paisible au beau milieu des pins. L'ensemble a été construit dans la seconde moitié du XVIIIe siècle à même la muraille intérieure du château de São Jorge et plus particulièrement sur le site des anciennes cuisines royales du palais. Disposées entre la partie ancienne et la partie récente avec son couloir en pierres apparentes, les 20 chambres possèdent tout le confort moderne, et sont toutes uniques. Un jardin est à disposition pour un moment de détente assuré !

THIS IS LISBON HOSTEL

63 Rua da Costa do Castelo
Castelo – Mouraria
✆ +351 218 014 549
thisislisbonhostel.com
Métro : Rossio ou Martim Moniz.
Tram n° 12.

En dortoir à partir de 22 €, chambre double à partir de 60 €, petit déjeuner, casiers, café/thé et wifi compris. Chauffage central. Laverie (séchage compris) à 8 €. Entrée par Escadinhas Marquês Ponte de Lima, 1.

Situé dans la rue qui contourne le château, une localisation originale dans un quartier pittoresque, cet hostel a ouvert en 2010 et connaît un fort succès. Il siège dans un édifice du XIXe siècle très bien rénové ! Selon la saison, l'ensemble très net dispose de trois à cinq dortoirs mixtes et de deux à quatre chambres doubles (ou twins), dont une avec salle de bains privée, aux noms évocateurs (Saudade, Pessoa…) et un petit appartement voisin. A retenir, aussi, sa grande terrasse formidable avec vue inédite sur la ville.

This is Lisbon Hostel.

TINGS LISBON

37-43B rua da Senhora du Monte
✆ +351 925 333 811
https://tingslisbon.com/
tingslisbon@gmail.com
Chambre twin à partir de 69 €, double à partir de 94 €, petit déjeuner compris.
Voici un hôtel qui pour une fois n'appartient pas à un grand groupe. Il est en effet tenu par un couple de Danois qui auparavant avait un petit hôtel à Katmandou. Le Covid-19 a fait qu'ils ont dû stopper leur projet et revenir en Europe. Leur but est d'offrir un endroit accueillant et chaleureux, le tout dans une atmosphère familiale. D'ailleurs, le couple habite sur place. Les chambres sont décorées chacune avec une ambiance différente. Vous pourrez aussi profiter du jardin et de la terrasse et vous aurez accès à une cuisine commune.

AVENIDAS NOVAS ET LE NORD

Hormis quelques îlots paisibles (dont praça da Alegria ou Estefânia), Marquês Pombal, Saldanha et les nouvelles avenues connaissent souvent une circulation intensive mais sont très bien desservis par les transports urbains.

ALTIS GRAND HOTEL***** ★★★

11 Rua Castilho
Avenida da Liberdade - Marquês Pombal
✆ +351 213 106 000
www.altishotels.com
reservations@hotel-altis.pt
Métro : Marquês Pombal, Avenida ou Rato. Bus n° 706, 709, 720, 727, 738, 774 ou Aerobus.
Chambres doubles supérieures à partir de 174 €, petit déjeuner compris. Fitness, parking, Spa/piscine sous conditions.
Bien situé entre le Jardim Botânico et le Parque Eduardo VII, le très fréquenté Hôtel Altis, à l'ambiance un peu froide, propose des chambres douillettes et tous les services de son rang ainsi que les hautes technologies qu'impliquent ses cinq étoiles (un peu surestimées). En prime : un buffet et deux bons restaurants avec très belle vue panoramique sur la ville, au dernier étage, et un centre de conférences très apprécié. Voisines, les élégantes suites exécutives de l'Altis Suites et les appartements de l'Altis Prime Hôtel complètent l'offre du groupe.

DOUBLE TREE BY HILTON - FONTANA PARK HOTEL**** ★★★

2 Rua Engenheiro Vieira Da Silva
Saldanha - Estefânia
✆ +351 213 410 600
lisbonfontanapark.info@hilton.com
Métro : Saldanha ou Picoas. Bus : n° 720, 727, 736, 738, 744, 753, 760, 774, 783 ou Aerobus.
Chambre double à partir de 120 €, haut de gamme 160 €, avec petit déjeuner. Bar, restaurants, parking, jardin intérieur.
Entre les galeries marchandes luxueuses Atrium et Saldanha Residence et les halles populaires du 31 de Janeiro, ce récent hôtel design déploie une thématique intégrale en noir et blanc, excepté... deux éléments. A vous de les découvrir en séjournant dans ses espaces très spacieux sur fond musical lounge. Sur sept étages, vous constaterez que la présence de couloirs arbitrairement oppressants crée, a posteriori, une

sorte de soulagement lorsque vous pénétrez dans sa chambre de haute volée (confort moderne, miroirs sans teint, literies extra-larges).

FOUR SEASONS HOTEL RITZ*****

88 Rua Rodrigo da Fonseca
Marquês Pombal
✆ +351 213 811 400
www.fourseasons.com/lisbon

A partir de 610 € pour une double supérieure, à partir de 1 200 € pour une junior suite. La suite présidentielle, elle, est uniquement disponible à la réservation par téléphone. Petit-déjeuner inclus. Air conditionné, restaurants, sauna, spa, piscine, fitness, parking, wifi…

Le large immeuble, construit en 1959, présente une vue sur le parc Edouardo VII, la ville et le Tage au loin. Depuis sa reprise par le groupe Four Seasons, le Ritz s'est refait une réputation et une beauté (rénovation totale), en améliorant considérablement ses services. La grande majorité des 282 chambres spacieuses (dont 20 suites) possède des terrasses privatives et des intérieurs magnifiques (tapisseries faites à la main, tapis et artisanat portugais). En plus, l'un de ses restaurants, le Varanda, est reconnu comme l'un des plus sophistiqués de la ville. Bref, un 5-étoiles très recommandé lorsque l'on jouit du budgetapproprié.

HÔTEL BRITÂNIA****

17 Rua Rodrigues Sampaio
Liberdade
✆ +351 213 155 016
www.hotel-britania.com
britania@heritage.pt

Chambre double à partir de 130 €, suite avec terrasse à partir de 190 €. Possibilité de garage à partir de 15 €. Réductions en ligne.

Dans une rue tranquille, parallèle à l'avenue da Liberdade, derrière une façade discrète se cache une petite merveille Art déco. L'hôtel avec ses hublots évoque un paquebot d'avant-guerre ayant su s'agrémenter du confort moderne. Avec ses 30 chambres, sobres et spacieuses, c'est comme une magnifique et élégante embarcation où la gente masculine se sentira, peut-être, à l'aise plus rapidement. Charme total, accueil très professionnel et réception personnalisée. Ne manquez pas le petit salon de barbier, le bar et le lounge.

HÔTEL DO CHILE***

40 Rua António Pedro
Arroios
✆ +351 213 549 171
www.hoteldochile.com
info@hoteldochile.com
Attention métro Arroios fermé.

Chambre simple avec salle de bains à partir de 85 €, chambre double à partir de 99 €, chambre triple à partir de 125 €, petit déjeuner en plus (10 €). Air conditionné, ascenseur, TV satellite (50 chaînes), wifi, minibar. Une chambre aménagée pour personnes handicapées. Parking 10 €.

La place de Chile est au cœur de la vie locale portugaise, vous croiserez peu de touristes dans ce quartier, et la rue Morais Sores regorge de pâtisseries pour prendre son petit déjeuner. Ce petit hôtel 2-étoiles dispose de 35 chambres plutôt confortables avec réception en entresol. Une offre pas tout à fait au cœur de Lisbonne (mais bonne desserte par bus et métro), un ensemble bien tenu et d'honorables prestations pour un prix correct.

HOTEL DOM CARLOS LIBERTY***

13 Rua Alexandre Herculano
Marquês de Pombal
✆ +351 213 512 528
www.domcarloshoteis.com
reservas@domcarloshoteis.com
Chambre double à partir de 88 € ; supérieure à partir de 94 € ; deluxe de 106 €. Petit déjeuner-buffet compris. Parking.

Assez récente acquisition de la marque, complètement refaite à neuf en 2004 pour être en accord avec les exigences de l'hôtellerie contemporaine (Wi-Fi, salle de fitness...), cet hôtel est satisfaisant à tout point de vue. A deux pas de la place Marquês de Pombal et à 10 minutes à pied de Rossio, l'adresse, relookée, dispose de 59 chambres modernes et d'un lounge avec bibliothèque. Avec des prix tout aussi compétitifs, cet autre 3-étoiles Dom Carlos se destine à une clientèle plus « business ». Un très bon rapport qualité/prix/confort, un accueil attentif et un bon *room service*, tout comme à l'hôtel Dom Carlos Park, à proximité.

HÔTEL MARQUÊS DE POMBAL****

243 Avenida da Liberdade
Liberdade
✆ +351 213 197 900
www.hotel-marquesdepombal.pt
info@hotel-marquesdepombal.pt
Métro : Marquês de Pombal.
Bus n° 706, 709, 711, 732, 736, 744, 773 ou Aerobus.
A partir de 100 € pour une chambre double et 198 € pour une suite, petit-déjeuner buffet excellent compris. Garage 15 € par jour. Salles de conférence, centre fitness ouvert à tous, sauna (environ 15 € par jour), restaurant, piano-bar jazzy, un étage non fumeur.

Cet hôtel 4 étoiles ultramoderne, inauguré en 2000, possède fière allure. A la fois orienté tourisme et business, l'établissement réunit un personnel professionnel et d'excellentes conditions d'accueil. Les chambres spacieuses et très bien équipées offrent aux étages supérieurs une vue sur le château. Côté literie, c'est plutôt dimensions extra larges

Hotel Dom Carlos Liberty.

et matelas bien épais... Sachez, de plus, que notre Gégé national a dormi comme un bébé ici !

HÔTEL REAL PALÁCIO*****

115 Rua Tomás Ribeiro
São Sebastião
✆ +351 213 199 500
www.realhotelsgroup.com
reservas.lis@hoteisreal.com
Métro : Picoas, Parque ou São Sebastião. Bus : n° 718, 727, 736, 738, 742, 744, 746, 783 ou Aerobus.
Chambre double à partir de 99 €, suite à partir de 199 €, petit-déjeuner compris, Parking privé, wifi.
Dans un quartier tranquille, à quelques minutes à pied de la Fundação Calouste Gulbenkian et de l'animation du centre commercial du Corte Ingles, le 5-étoiles phare des Hotéis Real (Hôtels Royaux) développe une atmosphère raffinée et une réception d'excellence irréprochable dans un cadre très élégant et de grand confort. Entre tradition et modernisme, vous serez vite à l'aise, en profitant d'un *health club* avec Jacuzzi et soins SPA (massages, soins visage...) ainsi que de différents salons et patios. Enfin, pour déjeuner ou dîner, ne manquez surtout pas de faire un repas au restaurant de l'hôtel à la cuisine portugaise revisitée à la sauce gourmet avec une bonne pincée de créativité. Un régal !

IBIS LIBERDADE**

53 Rua Barata Salgueiro
Marquês de Pombal
✆ +351 213 300 630
www.accorhotels.com
h3137@accor.com
Chambre double à partir de 70 € la nuit en basse saison, petit-déjeuner non compris.
Cet hôtel est proche de l'avenue da Liberdade, du Rossio et de la place du Marquis de Pombal. Bien que situé en haut d'une colline, il est desservi par métro ou bus. Il offre à la réservation 70 chambres pour 1 ou 2 personnes, salle de bains, TV, air conditionné. La décoration est moderne avec de grands panneaux muraux en tête de lit. Dans le lobby, un papier peint rappelle la culture du fado. Il dispose d'un bar servant des en-cas 24h/24. Si vous ne souhaitez pas prendre le petit déjeuner en plus, vous trouverez des cafétérias à côté.

INSPIRA LIBERTADE BOUTIQUE HOTEL**** ★★

48 Rua de Santa Marta
Liberdade - Marquês de Pombal
✆ +351 210 440 900
www inspirahotels.com
reservas.ismh@inspirahotels.com
Chambre double à partir de 115 € (early booking), suite à partir de 700 €. Petit déjeuner buffet à 15 € ou offert avec certaines offres en ligne. Entrée libre au spa (bain à remous, sauna, hammam). Parking. Postes Internet à la réception et wifi dans les chambres, journaux internationaux numériques en ligne gratuits.
Associé aux Style Hotels (à la mode et élégants), l'Inspira Santa Marta est équipé d'un superbe spa avec bain à remous, hammam, sauna et même un club de fitness. Il possède aussi un salon avec grand écran et billard, le bar In avec salle de jeux adjacente... Les chambres sont agencées selon les règles du feng shui. Elles se déclinent sous différentes atmosphères, énergies et couleurs, selon les cinq éléments chinois : eau, terre, feu, métal et bois.

INTERCONTINENTAL LISBON***** ★★★
149 Rua Castilho
✆ +351 213 818 700 / +351 800 831 390
lisbonintercontinental.com
lisha.reservations@ihg.com
Chambre double supérieure à partir de 190 € la nuit, junior suite à partir de 300 €, petit déjeuner non compris.
Parmi les grands hôtels de Lisbonne, l'Intercontinental dispose d'une excellente réputation. Situé dans le nord de la ville, non loin des autres grandes enseignes, celui-ci compte 331 chambres (dont 16 suites), toutes très bien tenues et comportant tout l'équipement que l'on attend d'un 5-étoiles : TV écran plat, wifi, machine à café et une belle salle de bains privative. Décoration raffinée, dans des tons beiges et bordeaux. Dans le restaurant, vous pourrez admirer de grands panneaux d'azulejos. Animaux acceptés et parking privé.

NEYA LISBOA HOTEL****
71 - 77 Rua Dona Estefânia
Estefânia
✆ +351 213 101 800
www.neyahotels.com
reservas.lisboa@neyahotels.com
Métro : entre les stations de Picoas et Anjos. Bus n° 720, 726, 753 ou 767.
Chambre double à partir de 93 €, suite à partir de 143 €, petit déjeuner compris. Air conditionné et wifi. Gymnase. Spa.
Un hôtel écoresponsable ! Très bien insonorisé, l'établissement incorporé dans un édifice moderne a été inauguré en octobre 2011. Dans un quartier paisible, entre les centres commerciaux de Saldanha et les hôpitaux (avec lesquels certains partenariats ont été lancés), il dispose de 76 chambres élégantes aux dominantes de mauve – 57 standards, doubles et twins, plus 7 singles – et de 5 suites à la décoration champs et terre. Les chambres très confortables comportent téléviseur LCD 32 pouces avec accès Internet, minibar, sèche-cheveux, coffre-fort (spécial ordinateur portable) ou même des poubelles à tri sélectif.

RESIDÊNCIA IMPERADOR
55 Avenida 5 de Outubro
Saldanha
✆ + 351 213 524 884
www.imperador.com.pt
info@imperador.com.pt
Métro : Saldanha. Aerobus...
Chambre double à partir de 79 € et triple à partir de 112 €. Dispose d'une chambre aménagée pour handicapés.
Créé en 1964, cet hôtel est situé dans le quartier du Saldanha où les accès en transport public sont nombreux : bus, aérobus et métro (à 100 m de deux lignes de métro dont la ligne rouge desservant l'aéroport et à 300 m de la ligne bleue desservant Baixa-Chiado). Il s'agit d'un petit hôtel modeste de 43 chambres confortables à la décoration soignée avec salle de bains, téléphone et air conditionné. Le petit déjeuner est inclus, un bon rapport qualité-prix avec une bonne localisation.

SHERATON LISBOA HOTEL & SPA ***** ★★★
1 Rua Latino Coelho, Saldanha
✆ + 351 213 120 000
www.sheratonlisboa.com
sheraton.lisboa@sheraton.com
Chambre double à partir de 160 €, suite executive 445 €, suite présidentielle minimum 3 000 €. Petit-déjeuner compris.

Des chambres spacieuses et élégantes, un spa, un espace de remise en forme et un restaurant panoramique de cuisine gastronomique, le réputé Panorama avec son bar à cocktails depuis lequel on peut admirer le Tage... L'hôtel dispose de chambres à la décoration raffinée, et (juste pour information) d'une suite présidentielle avec bain à remous. Vous serez également invité à profiter du spa, avec ses nombreuses installations : piscine extérieure, hammam...

STAY HOTEL LISBOA CENTRO SALDANHA** ★

130 Rua Gomes Freire
Estefânia - Sant'Ana
✆ +351 213 193 070
https://www.stayhotels.pt
lisboa@stayhotels.pt
Bus n° 723, 730, 767 ou 774. Métro : à mi-chemin entre les stations de Picoas, Marquês Pombal et Anjos.
Chambre simple de 40 à 55 €, double de 45 à 70 €, petit déjeuner compris. Promotions en réservant sur Internet.
Dans une zone tranquille, cet ex-residencial confortable et accueillant. Une petite cinquantaine de chambres, réparties dans un immeuble rappelant un rien ceux de la Butte Rouge de Châtenay-Malabry. Les chambres sont plutôt plaisantes, d'autant qu'une bonne partie donne sur le jardin Braamcamp Freire. Le standing est basique mais le prix reste raisonnable pour les petits budgets.

TIVOLI AVENIDA LIBERTADE*****

185 Avenida da Liberdade
Liberdade
✆ +351 213 198 900
www.minorhotels.com
htlisboa@tivolihotels.com
Chambre double deluxe à partir de 250 €, 480 € la suite junior. Spa, fitness, sauna, piscine, tennis, parking.
Avec plus de 80 ans d'histoire, un établissement 5-étoiles mastodonte à Lisbonne. Sur 8 étages, l'édifice de type stalinien détient 285 chambres et offre tout ce que l'on attend d'un hôtel de luxe. Rénové en 2017, par le cabinet d'architectes Broadway Malyan, il accueille une importante clientèle d'hommes d'affaires mais aussi des touristes, des couples en lune de miel et des groupes organisés aimant profiter de sa situation, de son spa et de sa petite piscine extérieure.

UPON LISBON RESIDENCES ★★★

12 Rua Luciana Stegagno Picchio
Urbanização Benfica Stadium
✆ +351 211 549 649 / +351 211 549 640
www.uponlisbon.com
heinrich.tontur@uponlisbon.com
geral@uponlisbon.com
Environ 115 € la nuit. Tarifs dégressifs sur le site Internet selon le nombre de nuits.
Upon Lisbon Prime Résidences propose 129 appartements élégants à 600 mètres de la station de métro Alto dos Moinhos, permettant d'accéder au centre-ville. L'établissement possède un bar-restaurant sur le toit avec vue sur le stade où joue le Benfica Lisbonne ainsi qu'une piscine extérieure chauffée. Présentant une décoration moderne, tous les logements sont climatisés et baignés de lumière naturelle. Ils disposent d'une pièce à vivre confortable et d'une kitchenette. Le restaurant de l'établissement est traditionnel et de très bonne qualité.

© VALVERDE HOTEL

Valverde Hotel.

VALVERDE HOTEL
164 Avenida da Liberdade
✆ +351 210 940 300
www.valverdehotel.com
info@valverdehotel.com
A partir de 249 € la chambre double et 350 € pour une suite junior. Petit-déjeuner inclus et wifi gratuit.
Ce récent boutique-hôtel est vraiment spécial ! Décoré dans un style très british, un tantinet new yorkais, il possède un très agréable patio où la jolie piscine design est irrésistible, surtout quand il fait chaud. Le salon lounge est particulièrement agréable pour une flânerie nocturne. Les chambres sont tout confort et le personnel aux petits soins ! Coup de cœur.

WE HATE F. TOURISTS HOSTEL
88 rua Capitão Renato Baptista
✆ +351 967 326 184
www.wehateftourists.com
info@wehateftourists.com
Dortoirs classiques, supérieurs mixtes ou non. Petit déjeuner et serviette de toilette non inclus dans le prix.
Un hostel qui se situe pas loin du Largo Intendente et donc pratique pour sortir et profiter de la vie nocturne, sans pour autant dormir au-dessus des bars. Il se situe, en effet, dans une rue très calme. Les espaces communs sont joliment aménagés et on aime particulièrement le bar au dernier étage avec une terrasse offrant une vue sur la ville. Par contre, le petit déjeuner est assez basique et il ne vaut pas forcément le coup d'être payé en plus.

BAIXA, CHIADO ET BAIRRO ALTO

Le Bairro Alto possède une forte vocation à l'animation nocturne pouvant s'étaler vers le Chiado, tandis que la ville basse (Baixa) et le Rossio somnolent dès le début de soirée et pendant le week-end.

BAIRRO ALTO HOTEL*****

2 Praça Luís de Camões
Bairro Alto
✆ +351 213 408 288
www.bairroaltohotel.com
reservations@bairroaltohotel.com
Métro : Baixa-Chiado. Tram : n° 28. Bus n° 758.

Chambre simple à partir de 265 €, double à partir de 315 €, suite junior à partir de 555 €, petit déjeuner compris.

Ressemblant à une lubie, cet hôtel-boutique, associé aux labels de luxe, Grand Luxury Hotels et Leading Hotels of The World, racé mais intime est installé sur l'une des places emblématiques du quartier haut. Sous la bénédiction de la chef d'orchestre Grace Leo-Andrieu et sa fameuse *touch*, l'entreprise a investi un édifice cossu du XIXe siècle et de nombreux reportages dans les magazines féminins et de décoration ont fait de cette adresse chic, une escale à la mode. Profitez de sa terrasse avec vue et de son bar lounge.

BEHOTELISBOA

136 Rua dos Correeiros
✆ +351 213 42 23 23
www.behotelisboa.com
info@behotelisboa.com
Métro : Baixa Chiado.

À partir de 95 € la chambre (en moyenne), selon la catégorie et la saison. Réception, conciergerie et « room service » 24h/24, blanchisserie, nettoyage à sec, service de baby-sitting, TV, wifi gratuit, transport à l'aéroport, journaux, « Business center » et autres services.

Situé en plein centre de la Baixa, à l'angle de la rue dos Correeiros et da Assunção, ce petit hôtel de 39 chambres réparties sur 5 étages a vu le jour en 2015. Il occupe un immeuble historique entièrement renové, qui a toutefois gardé, comme les autres immeubles du quartier, sa façade du XVIIIe de style « Pombalino » (en référence au Marquis de Pombal qui a reconstruit la ville après le tremblement de terre). Les chambres, confortables, ont une décoration imprégnée du charme lisboète : tout en élégance, contemporaines et sobres.

BE POET BAIXA HOTEL

220 Rua Augusta
✆ +351 210 539 300
www.bepoetbaixahotel.com
info@bepoetbaixahotel.com
Métro : Rossio, Baixa-Chiado.

À partir de 90 € la chambre (prix moyen) selon la catégorie et la période de l'année. Réception, conciergerie et service en chambre, blanchisserie, nettoyage à sec, garde d'enfants, TV, wifi gratuit, navette aéroport et autres services.

Ce petit hôtel de 31 chambres est situé au cœur même de la Baixa, dans l'emblématique rue Augusta. C'est le deuxième de l'enseigne Be Hotel, le Behotellisboa étant tout près, dans la rue dos Correeiros. Ouvert en 2018, ses chambres sont réparties sur 4 étages et la décoration de chacun d'eux rend hommage à un grand poète portugais (d'où son nom) : Fernando Pessoa, Florbela Espanca et Luís Vaz de Camões sont les élus. Un extrait de poème, une couleur et un design sont attribués aux chambres de chaque étage. En somme un petit hôtel bien sympathique !

BOUTIQUE HOTEL ALEGRIA

12 Praça da Alegria
Liberdade – Alegria
✆ +351 213 220 670
www.hotelalegria.pt
info@hotelalegria.pt
Métro : Avenida. Bus : n° 709, 711, 732, 736, 744 ou Aerobus.
Selon la saison, chambre double (deluxe) à partir de 120 €, supérieure avec vue sur jardin à partir de 164 €.
À quelques pas de l'avenida da Liberdade et du Bairro Alto (en grimpant), difficile de trouver un repaire plus stratégique, paisible, chaleureux et amical ! Carrément enthousiaste, l'équipe multilingue se montre à l'écoute. Dans un bel immeuble ancien aux murs jaune pastel siégeant fièrement sur une belle place ombragée, 40 chambres gaies et lumineuses, recouvertes de parquets de pin vernis. Optez pour le 3e étage, hauteur de plafond et vues sont des valeurs ajoutées.

CASA DA JANELAS COM VISTA

35 Rua Nova do Loureiro
Bairro Alto
✆ +351 213 429 110
www.casadasjanelascomvista.com
info@janelascomvista.com
M° Baixa/Chiado.
Chambre double classique à partir de 90 € avec petit déjeuner, supérieure à partir de 110 €. Tarifs avantageux sur Internet.
Un de nos coups de cœur dans le Bairro Alto, installé dans une ancienne fabrique de paniers, entièrement rénové par ses propriétaires catalans, dans le respect de l'ancienne structure et agrémenté d'objets ramenés des quatre coins du monde. Cette « guesthouse » offre un grand espace commun consacré à la détente et une cuisine à disposition. 12 chambres tout confort, décorées sobrement mais avec goût et délicatesse, certaines avec vue sur le fleuve et la basilique d'Estrela, splendide au coucher du soleil. Un détail insolite se cache dans la déco du salon, à vous de jouer ! Une maison de goût, apaisante, à deux pas du Bairro Alto mais sans le bruit.

DESTINATION HOSTELS

Estação Ferroviária do Rossio
17 Largo Duque de Cadaval
Restauradores – Rossio
✆ +351 21 346 64 57
www.followyourdestination.com
lisbon@destinationhostels.com
Métro : Restauradores. Bus n° 709, 711, 736, 744 ou Aérobus.
En dortoir à partir de 28 €, chambre double à partir de 95 €, petit déjeuner inclus.
Depuis 2011, le Lisbon Destination Hostel a investi un pan de la très centrale gare du Rossio, à la façade esthétique, menant notamment à Sintra. Sachez qu'il y a aussi un autre établissement dans l'Alfama et en haut de la gare de Cais do Sodré avec un rooftop où des soirées en mode afterwork sont souvent organisées.

Autre adresse : Sunset Destination Hostel. Estação Ferroviária do Cais do Sodré, Largo do Duque de Terceira, 1er (Cais do Sodré) ✆ +351 210 997 735 ou +351 916 325 796 – sunset@destinationhostels.com – Patio Alfama Hostel. Escolas Gerais, 3 - Patio dos Quintalinhos 1 (Alfama) ✆ +351 218 883 127 – contact@alfamapatio.com

GOOD NIGHT HOSTEL ★

113 Rua dos Correios
2e étage
✆ +351 215 989 153
www.goodnighthostellisbon.com
bookings@goodnighthostel.com
M° Baixa/Chiado.
Dortoirs à partir de 30 € et chambre double à partir de 85 €. Petit déjeuner inclus.
En plein centre de la Baixa, un des premiers hostels à avoir ouvert ses portes à Lisbonne. Ce lieu a commencé en couch surfing, puis a ouvert en hostel. On y ressent encore l'ambiance « feel at home ». Sur 6 étages des dortoirs de 4, 6 et 9 personnes et des chambres doubles.

HERITAGE AVENIDA LIBERDADE HOTEL**** ★★★

28 Avenida da Liberdade
Restauradores
✆ +351 213 404 040
https://lisbonheritagehotels.com/heritage-avenida-liberdade-hotel/
avliberdade@heritage.pt
Métro : Restauradores ou Avenida.
Bus : n° 709, 711, 732, 736, 744 ou Aerobus.
Chambre double à partir de 170 €, junior suite de 340 €, petit déjeuner inclus. Parking à partir de 15 €.
Près du funiculaire do Lavra, l'un des plus récents projets des Hotéis Heritage (2006) ne manque pas d'attraits avec sa situation très centrale. Dans un bel édifice restauré du XVIIIe siècle à la façade avenante, il conjugue grand luxe (40 chambres avec home cinéma, salle de bains de grand confort, literie opulente...) et accueil personnalisé. La décoration soignée est signée Miguel Câncio Martins, l'architecte portugais du Buddha Bar de Paris ou bien du Man Ray de New York.

HÔTEL ANJO AZUL

75 Rua Luz Soriano
Bairro Alto
✆ +351 213 478 069
lxhotel@gmail.com
Métro : Baixa-Chiado.
Tram n° 28. Bus n° 758. Depuis Cais do Sodré, empruntez le funiculaire da Bica, depuis le Rossio, celui da Gloria.
Environ 90 € la chambre selon la taille et la présence d'une salle de bains. Pas de petit déjeuner.
Cette adresse renommée capte une clientèle de familiers, pour sa situation idéale proche de l'animation du Bairro Alto, son personnel avenant et l'excellent rapport qualité-prix proposé. Dans une rue célèbre pour avoir abrité la dernière demeure du grand poète Fernando Pessoa, l'hôtel est lové dans une petite maison bleue du XIXe siècle recouverte d'azulejos, adorable et typique, comprenant une vingtaine de chambres simples et propres.

HÔTEL DO CHIADO****

114 Rua Nova da Almada
Chiado
✆ +351 213 256 100
www.hoteldochiado.com
reservations@hoteldochiado.com
Métro : Baixa-Chiado.
Tram : n° 28.
Selon la saison et le type de chambres (classique, supérieure, premium), double ou twin à partir de 179 € (ou 159 € si non remboursable), suite à partir de 359 €, petit déjeuner-buffet inclus. Air conditionné, coffre, laverie, TV, wifi, bar-restaurant, parking. Promotions en ligne.

Dessiné par le grand architecte portugais Alvaro Siza Vieira, l'établissement 4-étoiles mélange allégrement les styles : oriental, classique et contemporain. C'est l'un des meilleurs hôtels de luxe en matière d'accessibilité (entrée dans la galerie marchande animée du Chiado) et de vue étourdissante sur le Castelo de São Jorge et la Baixa. Seulement 40 chambres, ce qui facilite un accueil plus personnalisé. Mention spéciale au bar Entretanto Rooftop pour ses apéros avec vue panoramique sur Lisbonne.

HOTEL LX ROSSIO ★★

Rua da Assunção, 52
✆ +351 213 427 625
www.lxrossiohotel.com
reservas@lxrossiohotel.com
M° Baixa-Chiado, bus 744, 760, Aerobus et tram 28.
Chambre simple, double ou twin à partir de 60 €. Petit déjeuner non compris. Wifi. Offres sur Internet.

Au cœur même de la Baixa pombaline, rendez-vous avec une adresse plutôt bon marché, bourgeoise, confortable et qui a de la personnalité. Il faut traverser l'entrée de la boutique pour parvenir à l'ascenseur, mais, à l'arrivée, vous vous installez dans un endroit irréprochable, chaleureux et un peu rétro. Les salles de bains aux tons vert olive ou roses sont aussi nettes que les 32 chambres sont parfaites, parfois vastes, avec un petit bureau et une vue agréable. Au quatrième étage, il y a des balcons d'où vous apercevez le château.

HÔTEL SANTA JUSTA****

204 Rua Dos Correeiros
✆ +351 210 499 000
www.hotelsantajustalisboa.com
info@hotelsantajustalisboa.com
Réception de 7h à 23h. A partir de 148 € la chambre double. Promotions sur le site Internet.

Boutique-hôtel situé en plein centre commercial et financier de Lisbonne, à Baixa, à côté de l'un des monuments les plus célèbres de la capitale, l'Ascenseur Santa Justa. Sa situation géographique, entre la place du Rossio, Chiado et la place du Commerce, vous permet d'être en plein centre-ville, c'est assez pratique. La tranquillité de l'endroit, l'élégance, le confort et le charme font toute la grandeur de l'hôtel. Un excellent restaurant, O Bar Elevador, offre tous types de repas avec une cuisine méditerranéenne, en particulier des produits portugais.

INTERNACIONAL DESIGN HOTEL****

3 Rua da Betesga, Rossio
✆ +351 213 240 990
www.idesignhotel.com
info@idesignhotel.com
Selon la catégorie et la saison à partir de 140 € la chambre double,

petit déjeuner inclus. Promotions en ligne. Parking (accord avec celui de la Praça da Figueira) : 15 €. Avec salle de réunions et espace loft au 5e étage. Transfert aéroport en navette confortable possible. Accueil possible en français. Room service et wifi. Bar ouvert jusqu'à minuit. Restaurant Bastardo servant des plats portugais, rehaussés par des influences des anciennes colonies.

Ses anciens résidents n'en reviendront certainement pas tant sa métamorphose est impressionnante. Sur quatre étages, l'hôtel 4 étoiles moderne et conceptuel dévoile une belle succession d'ambiances (pop, zen, tribu, urban) avec les décorations et parfums associés. Pour une expérience inédite au cœur de Lisbonne, réservez à l'avance, en fonction de vos goûts, la taille de votre chambre insonorisée et l'étage sélectionné.

LISB'ON HOSTEL

7A Rua do Ataide
Chiado
✆ +351 213 467 413
www.lisb-onhostel.com
info@lisb-onhostel.com
M° Baixa Chiado.
Bus : n° 44 ou 208.

A partir de 25 € en dortoir (6, 8, ou 10 lits), 66 € la chambre double. Petit déjeuner compris, wifi, cuisine équipée.

Voici une adresse résolument jeune et idéalement placée (entre les stations de métro Baixa-Chiado et Cais do Sodré) pour prendre la ville d'assaut, la tranquillité en plus. L'établissement comporte tout ce qu'il faut pour optimiser son séjour à moindre coût : dortoirs économiques, cuisine pour préparer ses propres repas, salle lounge où se font les rencontres autour de la table de billard, salle TV et Internet, jardin (avec hamacs, promesse d'un chill-out réussi) et une terrasse avec une magnifique vue sur la ville et le Tage en contrebas. Tout la déco se veut représentative de Lisbonne. Accueil jeune, dynamique et passionné avec bon nombre d'activités proposées (surf, karaoké, happy hours, dîners, tournée des bars...). En peu de mots : du low-cost de qualité où l'on aime faire la fête et partager ses expériences !

LISBON LOUNGE HOSTEL

41 Rua São Nicolau
Baixa
✆ + 351 213 462 061
www.lisbonloungehostel.com/
info@lisbonloungehostel.com
M° Baixa/Chiado.

Dortoirs à partir de 20 €, chambre double salle de bains partagée ou privée à partir de 54 €. Petit déjeuner, wifi.

Cet hostel porte bien son nom, avec son ambiance lounge et sa décoration ultra moderne. Aux murs de nombreuses peintures d'artistes lisboètes connus. Les espaces communs sont très spacieux et bien pensés avec un beau parquet au sol. Chaque chambre est décorée selon un thème particulier : Jazz night, White dream... Très bonne adresse, économique, accueillante et centrale, qui a reçu de nombreuses récompenses et possède la climatisation ! L'hostel possède également une adresse jumelle appelée Living Lounge Hostel, aussi située dans la Baixa.

Autre adresse : Living Lounge Hostel. 116 - 2°, rua Crucifixo ✆ +351 213 461 078 - www.livingloungehostel.com

MAXIME HOTEL

58 praça da Alegria
✆ +351 213 199 150
www.maximehotellisbon.com
askme@maximehotellisbon.com
Chambre deluxe à partir de 120 € petit déjeuner inclus. Chambre thématique à partir de 180 €.
Il était autrefois un cabaret réputé où le Lisbonne bohème venait se réunir. Aujourd'hui, il renaît de ses cendres pour devenir un hôtel de charme et un restaurant. Au total 75 chambres deluxe à la fois sexy et élégantes avec tout le confort et du café à disposition. Ensuite cinq chambres avec chacune une thématique coquine différente. L'esprit cabaret est omniprésent au Maxime Hotel et au Maxime Restaurante-Bar, vous pourrez même assister à une vraie revue lors d'un dîner-spectacle avec chanteurs, danseurs, illusionnistes et jongleurs.

MY STORY CHARMING HOTEL AUGUSTA ★★

78 rua de São Nicolau
✆ +351 211 147 899
www.mystoryhotels.com/mystoryaugusta
augusta@mystoryhotel.com
Chambre double à partir de 93 €, petit déjeuner inclus.
Le Charming Hotel Augusta porte bien son nom ! Cet établissement au cœur de la Baixa, dans une rue protégée du bruit de la circulation, vous accueille dans une ambiance cosy et contemporaine. Les chambres sont de taille idéale pour un court séjour dans la capitale avec un double vitrage qui vous coupe complètement des bruits de la ville. Le personnel est très sympathique et à l'écoute de vos besoins. Petit déjeuner sous forme de buffet avec boissons chaudes préparées à la demande.

MY STORY HOTEL ROSSIO

59 Praça D.Pedro IV
✆ 351 213 400 380
www.mystoryhotels.com
guestservice@mystoryhotels.com
Métro : Restauradores, Rossio.
46 chambres (dont 4 suites familiales), à partir de 108 €. Suites à partir de 237 €. Restaurant au premier étage.
Et voilà ! Le dernier-né de la famille My Story Hotel a ouvert ses portes en janvier 2015. Au programme : décoration épurée dans les tons clairs, service courtois et irréprochable, chambres spacieuses et lumineuses comportant tout le nécessaire à un séjour confortable (wifi, TV, téléphone) et des lits aux airs de nid douillet. Au premier étage, un bon restaurant à la cuisine au croisement des spécialités portugaises et des plats d'inspiration internationale. Idéal pour une escale de quelques jours.

MY STORY HOTEL TEJO

2 Rua Condes de Monsanto
✆ +351 218 866 182
www.mystoryhotels.com
guestservice@mystoryhotels.com
Selon le standing, à partir de 90 € la chambre double en basse saison. Petit déjeuner et wifi inclus.
Entièrement rénové fin 2017, c'est le petit dernier de la famille My Story Hotel. Ils sont désormais au nombre de trois, tous situés en plein centre de la Baixa entre les quartiers du Castelo et du Chiado/Bairro Alto. Celui-ci se trouve entre la place da Figueira et la place Martim Moniz. Les 135 chambres, toutes confortables,

© MY STORY HOTEL ROSSIO

My Story Hotel Rossio.

sont pourvues du nécessaire pour un séjour agréable. Service impeccable et chaleureux. Bar, restaurant en service buffet, sympathique pour les repas midi et soir. Une adresse parfaite pour déambuler dans les quartiers historiques sans recourir aux transports en commun. Un bon choix pour un séjour de quelques jours.

PENSÃO LONDRES
53 - 1°- 4° Rua Dom Pedro V
Bairro Alto
✆ +351 213 462 203
www.pensaolondres.com.pt
pensaolondres@pensaolondres.com.pt
Tram : n° 28. Bus : n° 758 et 773.
Funiculaire da Glória.
Chambre double à partir de 65 €, triple à partir de 95 €, petit-déjeuner compris. Wifi, climatisation, double vitrage.
Entre le Miradouro de São Pedro de Alcântara et l'incontournable bar Pavilhão Chines, cette charmante, sobre et noble pension de catégorie superieure occupe un bel immeuble bourgeois de caractère : longs corridors blancs, chambres confortables et élégantes (parfois avec vues)... Cette douillette institution de tradition portugaise confirmée nécessitera une réservation en saison et en fin de semaine.

PENSÃO PRAÇA DA FIGUEIRA
9 - 3° Travessa Nova de São Domingos
Baixa
✆ +351 213 426 757
www.pensaopracadafigueira.com
pensaofigueira@clix.pt
Métro : Rossio. Tram : n° 12 et 15.
Bus : n° 711, 732, 744, 759 ou Aerobus, et de nuit 205 ou 207.
Chambre double à partir de 45 € en basse saison, triple à partir de 69 €. Suite (4 à 5 personnes) à partir de 132 €.

La pension qui donne en grande partie sur la praça da Figueira est simple et gaie avec ses beaux parquets vernis. Les chambres sont remises à neuf très régulièrement (9 au troisième étage, 5 au quatrième, ces dernières jouissant de balcons et 7 au deuxième étage). Au deuxième étage, toutes les chambres disposent d'une salle de bains privée, d'une télévision, d'un téléphone, d'un coffre et d'un réfrigérateur. Pour les chambres économiques, les salles de bain communes sont bien tenues également.

RESIDÊNCIAL FLORESCENTE

99 Rua das Portas de Santo Antão
Baixa (Restauradores)
✆ +351 213 426 609
www.residencialflorescente.com
geral@residencialflorescente.com
Métro : Restauradores.
Bus : n° 709, 711 736, 744 ou Aerobus.
A partir de 90 € pour une double. Petit-déjeuner, wifi, climatisation.

Face au Coliseu dos Recreios (célèbre salle de spectacle), cette offre s'avère très professionnelle et bien orchestrée par un jeune couple et ses employés, entièrement voués au bon déroulement de votre séjour. Ce *residencial* aux belles couleurs présente 68 chambres (sur 6 étages), lumineuses et très agréables. Les petits déjeuners se prennent au restaurant Perola du residencial, au décor lumineux et moderne.

Autre adresse : Pensão Flor da Baixa – 81-2° rua das Portas de Santo Antão ✆ +351 213 423 153 – www.flordabaixa.com – Chambre double de 30 à 50 €.

RODAMON LISBOA HOSTEL

300 rua dos Fanqueiros
✆ +351 218 873 552
www.rodamonhostels.com/lisbon-hostel/
Les auberges de jeunesse sont de plus en plus rares dans l'hypercentre de Lisbonne mais l'on trouve encore quelques résistants, comme Rodamon. Ouvert il y a peu de temps, cet établis-

The Independente Hostel & Suites.

sement dispose de dortoirs de 4, 6 et 8 lits ainsi que de chambres privées (doubles, twins ou familiales). Vous pouvez également réserver un dortoir entier si vous le souhaitez. Au rez-de-chaussée, un bar vous permettra de rencontrer d'autres voyageurs et échanger autour d'un verre. La décoration est plutôt réussie avec un papier peint qui rappelle les azulejos de Lisbonne.

THE INDEPENDENTE HOSTEL & SUITES

81 Rua de São Pedro de Alcântara
✆ +351 213 461 381
www.theindependente.pt
reservations@theindependente.pt
Métro : Baixa-Chiado, Restauradores puis prendre le funiculaire (Elevador da Glória). Tram n° 28.

Dortoirs à partir de 16 € en basse saison. Chambre double à partir de 88 €. Petit déjeuner inclus. Réception 24h/24.

Situé dans le quartier animé du Bairro Alto, cet ancien palais a été aménagé en hostel, très attaché au développement durable. Dès l'entrée, dans le grand hall de réception, l'atmosphère est conviviale, un grand escalier conduit aux deux étages de dortoirs, 11 au total, et à un troisième où se trouvent les 4 suites. L'hostel dispose ainsi de 90 lits avec des salles de bains communes. A droite de la réception, un bar prend vie le soir et dans le fond se trouve le restaurant Decadente, très fréquenté en fin de semaine. Il s'est fait un nom grâce à la cuisine de son jeune chef, une cuisine portugaise revisitée à déguster dans un cadre chaleureux. Par beau temps, la terrasse ombragée à l'arrière est un plus.

© Francisco Nogueira

The Lumiares Hotel.

THE LUMIARES HOTEL

Rua Diario de Noticias
✆ +351 211 160 200
www.thelumiares.com
reservations@thelumiares.com

Appartements seulement. Studio à partir de 220 €. Cuisine équipée. Rooftop bar.

Un hôtel situé en plein cœur du Bairro Alto, niché sur les hauteurs, avec vue sur le Tage et sur le château Saint-Georges. L'aéroport se trouve à une demi-heure en taxi et la navette passe toutes les vingt minutes. Les appartements lumineux, aérés et spacieux, sont tous dotés d'un lit queen size, d'une salle de bain avec douche ou baignoire, d'une cuisine équipée et d'un séjour.

Possibilité de boire un café ou de prendre un repas léger au Mercado Café attenant ou au restaurant Lumi. Spa et bar *rooftop*.

THE VINTAGE LISBON HOTEL & SPA
2 Rua Rodrigo da Fonseca
✆ +351 210 405 400
www.thevintagelisbon.com
info@thevintagelisbon.com
Chambre double à partir de 140 € et jusqu'à 400 € pour le standing le plus luxueux. Petit déjeuner inclus.
Situé dans un quartier populaire, cet hôtel 5-étoiles est un excellent point de départ pour découvrir la ville. Le bâtiment de style Liberty date de 2010. Les chambres sont spacieuses et très élégantes. Le lieu dispose d'un restaurant ouvert 24h/24 qui sert des repas légers et un petit-déjeuner sous forme de buffet. Il compte aussi un centre de fitness, un spa, un salon de massage et des douches Vichy. Une bonne adresse en plein cœur de Lisbonne.

A L'OUEST, DOCAS ET BELÉM

En plus de nombreux monuments emblématiques de Lisbonne, l'ouest de la ville renferme de sublimes possibilités d'hébergement, alliant charme et élégance.

BOHO GUEST HOUSE
3 Travessa do Alecrim
1er, 3e et 4e étages
✆ +351 932 648 200
Chambre double à partir de 55 €, salle de bains commune, petit-déjeuner compris, wifi.
Située à deux pas du cœur du centre historique (la place Luis Camoes et le Bairro Alto) cette guest house vous accueillera en toute simplicité mais avec confort.

CASA DE SÃO MAMEDE***
159 Rua da Escola Politécnica
Rato
✆ +351 213 963 166
www.casadesaomamede.pt
casadesaomamede@hotmail.com
Chambre double à partir de 90 € en basse saison, la double supérieure à partir de 120 €, petit déjeuner compris. Chambres disposant du wifi, de l'air conditionné, de belles salles de bains privées, du téléphone, de la télévision satellite et d'un coffre-fort digital.
Située dans le quartier aristocratique tranquille du jardin botanique, cette résidence de charme du XVIIIe siècle pour couples romantiques et petites familles possède 28 délicieuses chambres tout confort, romanesques et accueillantes à souhait. Vous pourrez compter sur l'entière disponibilité de la réception pour vous aider à découvrir Lisbonne, la passionnante.

JERÓNIMOS 8****
8 Rua dos Jerónimos, Belém
✆ +351 213 600 900
www.jeronimos8.com
jeronimos8@almeidahotels.com
Tram n° 15. Bus n° 714, 727, 728, 729 et 751. Train ligne de Cascais : arrêt Belém.
Selon la vue et le confort chambre double à partir de 135 € et suite à partir de 180 €, petit déjeuner compris. Promotions et offres spéciales en ligne.
Pour découvrir Belém et ses trésors, le dernier-né des 4-étoiles de la distinguée chaîne Alexandre de Almeida peut se targuer d'une localisation unique, derrière le monastère manuélin des Hiéronymites. Le Jéronimos 8 détient bien des atouts : une décoration design aux tons reposants, ambitieuse mais relaxante, 65 chambres plus que

confortables, un bar à vins et cocktails. Accueil sympathique.

HOTEL DA ESTRELA**** ★★

35 Rua Saraiva de Carvalho, Estrela
✆ +351 211 900 100
www.hoteldaestrela.com
info@hoteldaestrela.com
Chambre double à partir de 99 €, suite à partir de 130 €, petit-déjeuner compris. Wifi. Vue sur le Tage.
Entre Campo de Ourique, Estrela et Rato, c'est un hôtel plein de charme dans l'ancien palais Condes de Paraty, juste à côté du jardin d'Estrela. Les chambres confortables ont une vue sur le Tage, avec par ici et par là des clins d'œil à l'ancienne fonction du bâtiment (une école) : carte du monde, écriture d'enfant, mobilier scolaire, tout cela dans un style contemporain avec pas mal d'éléments de marque. Un hôtel de charme (associé à Small Luxury Hotels of the World), calme et amusant, détenant un restaurant de cozinha de inspiração mediterrânica !

LISBON CALLING

126 rua de São Paolo, interphone 3D
✆ +351 21 343 23 81
www.lisboncalling.net
info@lisboncalling.net
M° Cais do Sodré.
Chambre double à partir de 50 € (salle de bains commune), chambre avec salle de bains à partir de 60 €.
Située dans la rue São Paulo, proche de la pink street (la fameuse rue des discothèques), cette auberge de jeunesse vous réservera un accueil au top. Très bien décorée, propre, conviviale, elle possède notamment une œuvre d'un célèbre *street artist* de Sintra sur ses murs. Les dortoirs sont spacieux et agréables, il existe aussi des chambres privatives si vous le souhaitez.

COUP DE CŒUR

AS JANELAS VERDES****

47 Rua das Janelas Verdes, Lapa
✆ +351 213 968 143
www.asjanelasverdes.com – jverdes@heritage.pt
Selon la saison et l'option (standard ou superior), chambre individuelle de 125 à 280 €, double de 140 à 298 €, suite de 285 à 380 €, lit supplémentaire de 67 à 85 €. Petit déjeuner-buffet américain ou continental inclus (si réservation en ligne). Réduction pour les plus de 55 ans. Ascenseur, air conditionné, TV, garage, Internet gratuit (wifi ou ordinateur dans salon, impressions gratuites). Parking à partir de 10 €.
Près du Musée national d'art ancien, cette belle demeure bourgeoise du début du XVIIIe siècle avec sa collection de petits objets d'art n'a pas perdu le charme désuet et l'agréable ambiance familiale et intime qui ont fait sa notoriété. Eça de Queiros, le fameux romancier portugais y séjourna pour écrire l'une de ces œuvres (*Os Maias*). Dans une décoration raffinée faisant la part belle au clin d'œil et au sens du détail. Optez pour une chambre soignée s'ouvrant sur le splendide jardin et le Tage, éblouissant à toute heure.

LX BOUTIQUE HÔTEL****

★★

12 Rua do Alecrim
Baixa
✆ +351 21 347 43 94
www.lxboutiquehotel.pt
info@lxboutiquehotel.com

Selon la vue, le confort et le marché : chambre double à partir de 114 €, chambre supérieure avec vue sur le fleuve à partir de 175 € et chambre avec rooftop à partir de 365 €. Station d'accueil pour iPod™, télévision à écran LCD et wifi. Petit-déjeuner non inclus.

A côté de Cais de Sodré, dans la rue montante proprette qui mène vers le Largo de Camões, cet hôtel plein de goût et de charme a un emplacement idéal pour partir à la découverte de Lisbonne et pour la festa de fin de semaine (il est en face de la Pensão Amor). Un hôtel « concept » d'où se dégage une certaine poésie, proposant à chaque étage un style différent : sept collines, Fernando Pessoa... Eh oui, vous pourrez même séjourner dans une chambre jadis fréquentée par le célèbre écrivain ! Certaines chambres (plus onéreuses !) offrent une vue sur le Tage.

OLISSIPPO LAPA PALACE*****

★★★

4 Rua do Pau de Bandeira
Lapa
✆ +351 213 949 494
www.olissippohotels.com
info.lapa@olissippohotels.com

Selon la saison et la catégorie de chambre de 350 à 775 €, à partir de 750 € pour une junior suite et 2 400 € pour la suite royale, petit déjeuner buffet ou américain (servi dans la chambre) compris. Air conditionné, spa, fitness, sauna, piscines, solarium, bar et restaurants, parking… : la totale. Promotions et offres pack en ligne.

Nichée dans des jardins subtropicaux tranquilles avec vue sur le Tage, cette ancienne demeure aristocratique du XIXe siècle à la façade rose transformée en palais 5-étoiles fait probablement partie des hôtels les plus luxueux de Lisbonne. Tout y est spacieux et opulent ! Distribuées dans l'édifice historique (datant de 1870) du comte de Valenças et dans des parties plus récentes, la plupart des chambres sont gigantesques mais toutes dotées d'un balcon ou d'une terrasse. Rien que pour s'imprégner de l'atmosphère, fréquentez le restaurant italien du palais, O Lapa.

PESTANA PALACE*****

54 Rua Jau
Santo Amaro
✆ +351 213 615 600
www.pestana.com
palace.lisboa@pestana.com

À partir de 230 € pour une chambre double et de 597 € pour une suite, petit-déjeuner compris. Spa, hammam, Jacuzzi…

Un monde à part ! Sur les quiètes hauteurs de Santo Amaro à l'ouest de la ville, nous voilà en zone privilégiée avec des vues sur Lisbonne et le Tage. Sur un ample et somptueux jardin avec kiosque et énorme piscine circulaire, lové dans le voluptueux Palácio Valle Flôr (datant de la fin du XIXe siècle), classé monument national, l'établissement cinq étoiles, associé au label de luxe Leading Hotels of The World, s'est aussi adjoint une partie plus moderne. Parmi les 194 chambres et suites (avec wifi, véranda, air conditionné…), on préférera celles dans la partie ancienne donnant accès à une chapelle et à quatre somptueux et luxueux salons.

VILA GALÉ ÓPERA****

Travessa do Conde da Ponte
Alcântara
✆ +351 213 605 400
www.vilagale.pt
opera@vilagale.pt
Tram n° 15.

Chambre double à partir de 100 €, 150 € la suite junior. Petit-déjeuner non inclus, possibilité de demi-pension.
Situé entre le quartier de Belém et le centre historique de Lisbonne, le Vila Galé Ópera, doté de 259 chambres, est un hôtel 4-étoiles au design moderne inauguré en 2002. Dès l'arrivée dans le hall d'entrée, la décoration a été pensée autour de la musique et en particulier des succès d'opéra, bien en rapport avec le nom de l'établissement ! Les chambres ont vue sur le Tage et les suites offrent une perspective de front de fleuve avec le magnifique pont du 25-Avril, juste au-dessus de l'hôtel. C'est l'hôtel idéal si vous êtes en voiture car le Vila Galé Ópera dispose d'un parking, parfois il est même facile de se garer à proximité.

VILA GALÉ COLLECTION PALÁCIO DOS ARCOS***** ★★★

Largo Conde das Alcáçovas
Paço de Arcos
✆ +351 210 493 200
www.vilagale.pt
marketing@vilagale.com
A 20 km à l'ouest de Lisbonne en direction à Cascais. Ligne de train Cais do Sodré-Cascais : arrêt Paço de Arcos.

Chambre double à partir de 149 €, suite à partir de 229 €, petit déjeuner compris. Parking payant.
Ici l'histoire s'associe à l'architecture moderne. La décoration sobre du palais a été préservée et crée une atmosphère accueillante. Le palais abrite une petite chapelle par laquelle on passe pour se rendre dans les chambres qui se trouvent dans l'édifice moderne. Ce palais du XVe siècle a donné son nom à la petite ville qui l'abrite, et le roi D. Manuel, au temps des grands navigateurs, y venait pour voir partir les caravelles vers les découvertes de nouveaux territoires.

YORK HOUSE****

32 Rua das Janelas Verdes, Lapa
✆ +351 213 962 435
www.yorkhouselisboa.com
reservations@yorkhouselisboa.com
Tram : n° 25. Bus : n° 713, 727 ou 760.

Selon le confort et la fluctuation du marché, chambre à partir de 100 €, lit supplémentaire de 20 à 40 €, petit déjeuner 15 €. Restaurant environ 35 €. Jardin, climatisation, TV, wifi...
Contre vents, modes et marées, cet ancien couvent du XVIIe siècle, converti en pension au XIXe, demeure l'un des plus ravissants hôtels-boutiques de Lisbonne. Le cadre vraiment magique comporte 32 chambres classiques ou de design chic, plutôt amples (surtout celles de catégorie luxe !) et raffinées, desservies par de longs couloirs voûtés garnis de beaux meubles anciens. Élégant dans sa sobre simplicité, relativement raisonnable dans sa gamme de prix (surtout lors de promos !), l'établissement (avec restaurant d'auteur aux saveurs portugaises et ravissant jardin intérieur) réserve un moment précieux, jadis partagé par de chers disparus comme Marguerite Duras ou Marcello Mastroianni.

ORIENTE

Le parc des Nations et ses environs disposent d'assez peu d'établissements, si ce n'est quelques-uns appartenant à de grandes chaînes hôtelières.

HOTEL OLISSIPO ORIENTE****

Lote 1.03.2 Avenida Dom João II
Oriente
✆ +351 218 929 100
www.olissippohotels.com
auditor.oo@olissippohotels.com
Métro : Oriente.
À partir de 100 € pour une chambre double ou twin, de 170 € pour une suite. Petit-déjeuner compris.
Près de la gare d'Oriente, ce grand bloc moderne, comme posé là, renferme un hôtel 4 étoiles confortable ultra-moderne. Grands espaces donnent accès à 182 spacieuses et élégantes chambres, totalement bien pourvues. Depuis certaines d'entre elles, vous apercevez le parc des Nations et le pont Vasco de Gama, au loin. En plus des équipements business, l'établissement comprend bar, *coffee shop*, restaurants et terrasses.

IKONIK LISBOA

Avenida do Mediterrâneo, lote 1.12.04
✆ +351 211 161 300
recepcion@ikoniklisboa.com
Chambre double à partir de 90 € petit déjeuner inclus et possibilité de parking gratuit.
Ikonik est un hôtel ultra moderne dans le quartier des affaires de Lisbonne. Dès le lobby vous êtes plongé dans un décor aux touches futuristes. Les chambres sont classiques et confortables. Par contre, peu ont vraiment une vue dégagée sur le Tage. A noter qu'il y a un parking disponible et il est couvert.

Hotel Olissipo Oriente.

INDEX

D

E

F

G

H

I

J

K

L

M

N

Vue sur la ville.

Pasteis de nata.

S

T

© SOPOTNICKI – SHUTTERSTOCK.COM

Chanteuse de fado, Lisbonne.

U

V

W / Y

Z